T0271320

Printed in the United States
By Bookmasters

العربية

بين

التغريب والتهويد

تأليف

د. فهد خليل زايد

٢٠٠٦

دار يافا العلمية للنشر والتوزيع دار مكين

للنشر والتوزيع

رقم التصنيف : ٤١٠

رقم الإيداع لدى دائرة المطبوعات والنشر: ٢٠٠٦/٦/١٥٦٤

عنوان الكتاب: العربية بين التغريب والتهويد

المؤلف ومن هو في حكمه: فهدد خليل زايد

الواصفات : /اللغة العربية// النقد / فواعد اللغة/

بيانات النشر : دار يافا العلمية - الأردن

دار يافا العلمية

للنشر والتوزيع

دار مكين

للنشر والتوزيع

الأردن - عمان - الأشرفية
تلفاكس ٤٧٧٨٧٧٠ ٦ ٠٠٩٦٢
ص.ب ٥٢٠٦٥١ عمان ١١١٥٢ الأردن
E-mail: dar_yafa@yahoo.com

الإهداء

إلى كل عربيٍ يعتزُ بلغتهِ ويدرك معنى أن يكون عربيا.

إلى كل فردٍ في هذا الوطن الغالي , يحترم شخصيته ،وذاته ويفتخر بأنه عربي.

إلى كل من تحمّل زمام المسؤولية , ورعى شؤون الأمّة ،وأحب شعبهُ ،وأمته، واعتز بأنهُ عربي.

إلى كل من تجمعنا بهم معنى الإنسانية , ويكرموا أنفسهم بتعلّم العربيّة ......

أقدم لهم جميعا كتابي هذا .

د. فهد زايد

المقدمة

" **تغريب وتهويد اللغة** ".... موضوع أشكل على الكثيرين ممن ركبوا موجه التغريب و " الموضة" ثم لم يتجهزوا بطوق الوعي والعلم بل إنهم ألقوا وجردّوا أنفسهم من كل ما ورثوه من حضارة عريقة مباركة من السماء , لفقدهم أو لفقدانهم الإيمان بكل قيمة تحملها أنفسهم , حتى إذا ما بعدت بهم الأمواج وتلاطمت في اللج وبدأوا يغرقون ... بحثوا عن قشة يتمسكون بها , فتسمعهم يقولون : " اللغة العربية لا تتسع لمسميات الاكتشافات العصرية ....!

هم قالوا ذلك حينما أجابت اللغة العربية على لسان أحد شعرائهما :

أنا البحر في أعماقه الدر كامنُ

فهل سألوا الغواص عن صدفاتي ؟

وللأسف ما زال بحر اللغة العربية يلقى فيه إلى الآن " نفايات الغير" لأننا لم نكلّف أنفسنا مشقة الغوص في أعماق اللغة العربية لنستخرج ما أشكل علينا من وصف يسمي بعض المكتشفات في العصر الحاضر , فماذا لو تطلب الأمر تعريب العلم ذاته وليس المصطلحات فقط , فنسمع حينها بمخترع عربي وآلة عربية .

لقد بلغ منا الكسل أن يجد غيرنا وينشط ويصنع جهازا أو آلة بينما نعجز نحن عن اكتشاف اسم لهذه الآلة .

في صدورنا غيرة تكوي مشاعرنا , مما دفعنا هذا إلى كتابة هذا الكتاب مستعرضين فيه ما يخص اللغة العربية وما تتعرض له من هجوم من المستغربيين قبل الغربيين , وحرصنا من خلال سبعة فصول أن نكشف عن بعض الحقائق , وأن نشخّص الداء ونبحث عن الدواء .

يتضمن هذا الكتاب تعريفا عاما للغة وتذكيرا بأهميتها كما أنه يجيب عن الأسئلة

التالية :-

- ما هي الحقيقة في اتهام اللغة بالعجز ؟

- ما هي ظاهرة الألفاظ ؟ وكيف تولدت ؟

- ما نتائج فصل اللغة عن جذورها ؟

- ما هي الجسور الثلاثة ؟ وما دور كل منها في القضاء على التغريب ؟

- ما هو التغريب والتعويم الحضاري ؟ ما معالمهما ؟ ما هو مفهوم الغزو الحضـاري

  ؟

- من الحكام الذين دعموا حركة التغريب؟

- من رواد التغريب من المفكرين والكتاب ؟

- ما هي نظرية أر نولد توينبي ونقدها ؟

- هل نجحت العامية في القضاء على اللغة العربية ؟

- دور اليهود في تهويد اللغة ؟

- كيف ندافع عن اللغة العربية ؟

- لماذا نحرص على استخدام اللهجات العاميّة ؟

- ماذا نعني بالتعريب ؟

- ما الأسباب الكامنة وراء ضعف الطلبة بشتى مستوياتهم في اللغة ؟

- لماذا ننفر من الفصحى ونستهزئ بها وهي لغة القرآن ؟

أرجو أن أكون قد وضعت أمام القارئ جملة من الأسئلة سيجيب عنها هـذا

الكتاب بالتفصيل .

و اللـه الموفق

الفصل الأول

جذور اللغة العربية

تعريف اللغة

هدف اللغة

اتساع اللغة

هجرة اللغة

مفهوم اللغة

أنواع اللغة

وظائف اللغة

لهجات اللغة

مميزات اللغة

مكانة اللغة العربية

الصلة بين فروع اللغة

وظيفة اللغة العربية

واقع اللغة العربية

أنماط اللغة

أهمية اللغة

أهمية اللغة العربية

خصائص اللغة العربية

الدفاع عن اللغة العربية

جذور اللغة العربية

منابع اللغة العربية

التفاوت اللغوي في اللهجات العربية

إن من أبرز ما تعانيه اللغة العربية في الأوساط التعليمية لدينا عامة ضعف المهارات أو الكفاءات في نقلها وتعليمها للناشئة , وعدم وجود الاهتمام الكافي بتقوية وتطوير هذه المهارات والكفاءات بحيث تصبح مواكبة للطرق والمناهج الحديثة في التعليم ومتلائمة مع معطيات هذا العصر ومع ما تواجهه اللغة من ظروف وما يعيشه أصلها من أوضاع صعبة , فما زال كثير من مدرسي هذه اللغة والمساقات المتعلقة بها في مراحل التعليم المختلفة ينهجون في تدريبهم طرقا سقيمة لا تجتذب التلاميذ ولا تعمل على تنمية رصيدهم اللفظي وتطوير مهاراتهم على النحو المطلوب , بل إن بعض مفرداتها وصيغها المستخدمة بالشكل غير الصحيح تؤدي إلى النفور من دراستها ومن بين هذه الطرق :-

١. اتباع كثير من المدرسين طريقة التحفيظ والتلقين.
٢. اعتياد كثير من المدرسين على طريقة الإلقاء التي تقوم على الشرح أو الحديث من جانب واحد دون اللجوء إلى إثارة حوار.
٣. قلة الاهتمام لدى طائفة من المدرسين بالنواحي الوظيفية للغة.

ولربما قد أدى الاهتمام باللغة الأجنبية ولا سيما في مجال التعليم إلى تقليص حركة التأليف والتصنيف باللغة العربية وإلى الاكتفاء أحيانا بما يستورد من الكتب والمقررات والمراجع المدونة باللغات الأجنبية التي تعتمد في التدريس. وقد زاد ذلك بدوره من غلبة استخدام المصطلحات والتعبيرات الأجنبية وساعد في سريانها على الألسن وتسربها إلى اللغة مما قلل من فرص استعمال مقابلاتها العربية ومن فرص استخدام اللغة وإنعاش مخزونها اللفظي عن طريق الكتابة والقراءة بوجه عام.

ونتيجة لفرض استخدام اللغة الأجنبية وتنحية اللغة العربية في كثير من مجالات التعليم العلمي من جانب وتعميم استخدام هذه اللغة على موظفي

الشركات والمؤسسات الصناعية والتجارية الأجنبية المتعاقدة في عدد من الأقطار العربية من جانب آخر ثم تسرب أعداد كبيرة من ألفاظ هذه اللغة ومصطلحاتها إلى لغة الجمهور العربي تبعا لانتشار السلع والأدوات والأجهزة المرتبطة بها , أو اختلاط هذا الجمهور بأهل هذه اللغة أو بمن ينطق بها من غير العرب , مما أدى إلى تكون شعور لدى عامة الناس بهيمنة هذه اللغة وسيطرة أصحابها من النواحي السياحية والاقتصادية والحضارية فقد ضعفت ثقة أبناء المجتمع العربي"بعضهم"بأنفسهم وبلغتهم وبقدرات هذه اللغة على الوفاء بمتطلبات الحياة ومستلزمات الحضارة الحديثة.

إن هذه طائفة من الأسباب التي أدت وما زالت تؤدي إلى ضعف حصيلة الفرد أو الناشئ العربي بنحو خاص من ألفاظ لغته وتراكيبها وصيغها وأساليبها الفصيحة وتؤدي بالتالي إلى ضعف قدرته على التعبير السليم أو السلس الطليق بهذه اللغة.

وحتى نخطو الخطو الصحيح في معرفة حل هذه المشكلة لا بد أن نتطرق إلى مفهوم اللغة وأهميتها.

* تعريف اللغة :-

اختلف الباحثون القدامى والمحدثون في تعريف اللغة وتحديد مفهومها , ولا يعنينا هنا تتبع الاختلاف في تعريفها أو مناقشة أسس هذا الاختلاف , وإنما الذي يهمنا أساسا هو الوقوف على تعريف يمكن أن يوفق بين هذه الآراء.

عرفت اللغة بأنها :-

قدرة ذهنية مكتسبة يمثلها نسق يتكون من رموز منطوقة يتواصل بها أفراد مجتمع ما.

* هدف اللغة :-

اللغة أساس مهم للحياة الاجتماعية أو ضرورة من أهم ضروراتها, لأنها أساس لوجود التواصل في هذه الحياة وأساس لتوطين سبل التعايش فيها , فهي وسيلة الإنسان للتعبير عن حاجاته ورغباته وأحاسيسه وموافقة وطريقه إلى تصريف شؤون عيشه وإرضاء غريزة الاجتماع لديه , واللغة أيضا وسيلة الإنسان إلى تنمية أفكاره وتجاربه وإلى تهيئته للعطاء والإبداع والمشاركة في تحقيق حياة متحضرة فبواسطتها يمتزج ويختلط بالآخرين , ويقوي علاقاته مع أعضاء أسرته وأفراد مجتمعه وعن طريق هذا الاختلاط والامتزاج وهذه العلاقات القوية يكتسب خبراته وينمي قدراته ومهاراته اللازمة لتطوير حياته.

* اتساع اللغة :-

على الرغم من اتساع اللغة وصعوبة الإحاطة بكل صيغها ومفرداتها ومعانيها فإن نمو الحصيلة اللغوية أو إثرائها لدى الفرد يبقى في اتجاه طردي مع الاتصال المباشر وغير المباشر بالآخرين وبالموارد لاكتساب اللغة.

فكلما زادت نسبة هذا الاتصال زاد المحصول اللغوي وفي الوقت نفسه كلما زاد المحصول اللغوي لدى الفرد نما وعيه وإدراكه وزادت قدرته على التخاطب والتفاهم الأمر الذي يقود في العادة إلى الانفتاح على فئات المجتمع المختلفة.

* هجرة اللغة واتهامها بالعجز :-

كثير ممن ضعفت حصيلتهم من مفردات اللغة وصعب عليهم التعبير بلغتهم بطلاقة أو عجزوا عن التأليف والإنجاز فيها تميل بهم العاطفة أو يدفعهم الجهل أحيانا فلا يقرون بعجز قدراتهم أو ملكاتهم البيانية. ولا ينسبون الضعف

إلى مهاراتهم اللغوية ولا يعترفون بتقصيرهم تجاه اللغة وتقاعسهم عن الجد في اكتسابها وإنما ينسبون العجز والضعف إلى اللغة نفسها فيتهمونها بالضيق والفقر وينسبون مفرداتها إلى الثقل والغرابة والوحشية والقصور عن مجاراة تطورات العصر.

هنالك على سبيل المثال طائفة من العرب الذين تلقوا تعليمهم في بلدان أجنبية أو كثر اختلاطهم بغير العرب , فغلبت ثقافتهم الدخيلة على ثقافتهم الأصلية , أو ضعفت لغتهم القومية وانتابهم شعور بدونية هذه اللغة أو إحساس بعجزها وتفوق الأجنبية عليها , يسعى أفراد هذه الطائفة إلى اجتثاث أنفسهم عن أمتهم فيحاولون التنصل من لغتهم أو التنكر لها أو التباهي بمعرفة غيرها , فيستعملون الألفاظ الأجنبية في تعبيراتهم وأساليبهم بدلا من الألفاظ العربية المساوية لها حتى مع علمهم بها أو إمكان استخدامها ظنا منهم أن ألفاظ لغتهم لم تعد مناسبة للعصر الذي يعيشونه أو أنها لم تعد قادرة على التعبير عن حاجات هذا العصر وشؤونه المتطورة.

مفهوم اللغة :-

يمكن تقديم تعريفات عديدة للغة:

١. اللغة نظام اتصال بين طرفين.

٢. اللغة نظام لتبادل المشاعر والأفكار بين الناس.

٣. اللغة وسيلة للتعبير عن الحاجات والآراء والحقائق بين الناس.

٤. اللغة نظام اعتباري لرموز الصوتية تستخدم لتبادل الأفكار والمشاعر بين أعضاء جماعة لغوية متجانسة.

أنواع اللغة :-

١. اللغة المكتوبة : وهي طريقة لتدوين اللغة الصوتية (الكلام).

٢. اللغة المصاحبة : وهي حركات بعض أعضاء الجسم التي تصاحب الكلام وقد تحل محله أحيانا.

٣. اللغة الصامتة : وهي تقع خارج نطاق علم اللغة ولكنها تدخل في مجال دراسة نظام الاتصال وكما يقال"عدم الكلام كلام"

وظائف اللغة :-

١. باللغة ننقل الأفكار والمعلومات والحقائق والعلوم من عصرـ إلى عصرـ ومن مكان إلى مكان ومن جيل إلى جيل ومن شعب إلى شعب.

٢. باللغة نكتب الكتب والقصص والمسرحيات والشعر والنثر.

٣. باللغة ننقل مشاعرنا إلى الآخرين.

٤. باللغة دعوة إلى المعروف وننهي عن المنكر.

٥. باللغة نعبر عن حاجاتنا ونطالب بحقوقنا ونعبر عن آرائنا ومواقفنا أو اعتراضنا (باختصار اللغة هي الحياة).

لهجات اللغة :-

كل لغة تظهر على الأرض الواقع على شكل لهجات فلا تواجد لغة بلا لهجات وسبب اللهجات يرجع الى انتشار اللغة مكانية (عبر البلاد) وانتشارها زمنيا (عبر القرون) وانتشارها سكنيا (عبر ملايين الناس).

وتتنوع اللهجات على وجوه التالية :-

١. اللهجات الجغرافية : اللغة الواحدة تظهر على شكل لهجات جغرافية أو إقليمية فلهجة أهل المغرب غير لهجة أهل العراق وأهل السودان.

٢. لهجات اجتماعية : لكل مجتمع تجد لهجة فالمتعلمين تختلف لهجتهم عن غير المتعلمين، فلهجة تدل على المستوى الثقافي والاقتصادي للمتكلم.

٣. اللهجة الفصيحة : في كل لغة تجد لهجة فصيحة تظهر في نشرة الأخبار والصحف وفي الخطب الرسمية وكذلك في المحاضرات الجامعية.

٤. اللهجة العامية : في كل لغة توجد لهجة عامية، وهي لهجة دراجة في البيت والسوق والتعامل العادي اليومي.

٥. اللهجة الفردية : كل واحد منا يتكلم اللغة بطريقة خاصة وهناك مميزات صوتية خاصة لكل واحد منا تجعله مختلفا عن الآخرين.

مميزات اللغة :-

إن للغة مميزات عامة منها :-

١. اللغة بشرية.

٢. اللغة صوتية.

٣. اللغة تنمو مفرداتها.

٤. اللغة لا تنمو نحويا.

٥. اللغة نظامية.

٦. اللغة الكلامية تصحبها لغة حركية عادة.

٧. اللغة تتأثر بالسياق الاجتماعي الآني [١]

مكانة اللغة العربية.

إن اللغة العربية مكانة خاصة بين لغات العالم كما أن أهمية هذه اللغة تزداد يوما بعد يوم في عصرنا الحاضر **وترجع أهمية اللغة العربية الى الأسباب التالية :**

[١] محمد علي الخولي"مدخل الى علم اللغة"دار الفلاح للنشر والتوزيع ،عمان ١٩٩٣.

١. لغة القرآن الكريم.

إن اللغة العربية هي اللغة التي نزل بها القران الكريم وهي بذلك اللغـة التـي يحتاجهـا كل مسلم ليقرأ أو يفهم القرآن الذي يستمد منه المسلم الأوامر والنواهي والأحكام الشرعية.

٢. لغة الصلاة.

إن كل مسلم يريد أن يؤدي الصلاة عليه أن يؤديها بالعربية ولذلك فان العربيـة مرتبطـة بركن أساسي من أركان الإسلام، فتصبح تعلم العربية بذلك واجبا على كل مسلم.

٣. لغة الحديث الشريف.

إن لغة أحاديث الرسول الكريم (صلى الـله عليه وسلم) هي اللغة العربية ولذا فان كـل مسلم يريد قراءة هذه الأحاديث واستيعابها عليه أن يعرف اللغة العربية.

٤. المكانة الاقتصادية للعرب.

إن العرب الآن ينمون اقتصاديا بشكل سريع بفضل ما لديهم من ثروات نفطية ومعدنية مما يجعل لهم وزنا اقتصاديا كبيرا ووزنا سياسيا موازيا، وتتواكب أهمية اللغة العربية مـع الأهميـة الاقتصادية والسياسية لأصحابها.

٥. عدد ممثلي العربية.

إن العربية مستخدمة كلغة أولى في اثنتين وعشرين دولة عربية وتستخدم كلغة ثانيـة فـي كثير من الدول الإسلامية، وهذا يعني أن سبع دول من العالم تتكلم العربية كلغة أولى كما أن كثيـرا من شعوب الدول الإسلامية لها الاستعداد النفسي بل وترحب بـتعلم اللغـة العربيـة لارتبـاط هـذه اللغة بديانة هذه الشعوب.

الصلة بين فروع اللغة العربية.

هي صلة جوهرية طبيعية ,لأن الفروع جميعها متعاونة لتحقيق الغرض الأصلي , وهـو تمكين المتعلم من استخدام اللغة العربية استخداما صحيحا للإفهام والفهم , علينا النظر الى أن :-

١. الفروع جميعها شديدة الاتصال.

٢. التقسيم المعروف الى (قراءة ,أناشيد,إملاء، تعبير.....الخ) تقسـيم اصطناعي ويقصـد مـن وراء هذا تيسير العملية التعليمية.

٣. معالجة أكثر من فرع واحد في كل حصة بصورة خالية من التكلف, مع إيلاء الفرع الـذي خصصت له الحصة الاهتمام الأكبر.

ولبيان هذه الصلة الوثيقة بين فروع اللغة العربية فإننا نقول :

- القراءة فيها مجال للتدرب على التعبير والتـذوق والاستعمال اللغوي والإملائي , وفيهـا كذلك تدرب على القراءة والفهم.

- والأناشيد مجال للتدرب على القراءة والاستعمال اللغوي ,والفهم والتذوق , وتنمية الـثروة اللغوية.

- والإملاء مجال للتدرب على الاستعمال اللغوي , والتدرب على رسم الحروف والكلمات.

- والتعبير مجال للتدرب على التحدث والاستعمال اللغوي والتذوق.

وعليه فإننا عندما نمارس هذا الربط فإنما :

١. نشـعر التلاميـذ إن اللغـة العربية متآلفـة العناصر , متكاملـة الأجـزاء , وبهـذا لا يتهيبـون اتساعها ونموها.

٢.ندفع السأم والملل عنهم أثناء الدروس بالانتقال من فرع الى آخر.

٣. تمكنهم من إتقان فروع اللغة العربية بطريقة طبيعية تساير وظيفة اللغة واستعمالاتها.

٤. أما صلة اللغة العربية بالمواد الأخرى فهي صلة وطيدة , فتقدم التلميذ باللغة يساعده على التقدم في الماد الأخرى التي تعتمد في تحصيلها على القراءة والفهم بل أنه (أي التلميذ) قد لا يستطيع حل مسالة رياضيات لا يفهم لغتها ولا يستوعب دلالا ت ألفاظها , ولقد رأينا كثيرا من التلاميذ وقد أخفقوا في حل مسائل حسابية لأنهم لا يفهموا معنى كلمة تلف أو ربح.... وهكذا.

وظيفة اللغة العربية :

اللغة وسيلة اتصال بين البشر , بل هي أهم وسيلة للاتصال بينهم , وهي وسيلة تفكير أيضا وهي أهم وسيلة لاكتساب المعلومات من الآخرين أو نقلها إليهم , والتواصل بين البشر يتم بالاستماع إليهم أو قراءة ما كتبوه , ونقل الأفكار والأحاسيس إليهم. يتم بالتحدث معهم أو الكتابة لهم.

واللغة وسيلة من الوسائل التي يستخدمها الإنسان للوصول الى أهدافه , وليست هدفا نسعى إليه , وهذه الوسيلة مكتسبة , ولا يمكنها أن تؤدي وظيفتها إلا إذا تحولت الى مهارة , ولما كان الأفراد يختلفون في درجة إتقان المهارات تبعا للاختلاف قدراتهم , والمواقف الحياتية تتطلب مستويات مختلفة من إتقان المهارات, فإنه يجب تحديد المهارة ومستوى إتقانها المطلوبين للنجاح في أداء عمل ما.

ومن وظائف اللغة العربية نقل الأفكار والمشاعر وليس نقل الأفكار فقط ويبرز دور اللغة في نقل المشاعر في عبارات المجاملة والتحية والمواساة التي يتبادلها الناس , فهم في هذه الحالة لا يتبادلون الأفكار بل هم يتبادلون المشاعر فإن للغة دورا اجتماعيا بالإضافة الى دورها الفكري الإعلامي.

واقع اللغة العربية.

إن ما يجري في تعلم وتعليم اللغة العربية في مدارسنا ما زال بعيدا جدا عما يجري في اللغات المعاصرة , ولعل قصر فهمنا للغة وطريقة اكتسابها هو السبب في سيادة الطريقة التقليدية في مدارسنا , فقديما كان يظن أن اللغة العربية ملكة تجري مع الدم في عروق الإنسان العربي يتوارثها الأبناء عن الأجداد وكل ما يحتاجون إليه هو صقل هذه الملكة , وقد وضعت طرق التدريس تبعا لهذا الفهم , والحقيقة أن الإنسان لديه القدرة على تعلم اللغة , وأن يتعلمها من مجتمعه , ولا صلة للوراثة باللغة , فالطفل المولود لأبوين عربيين إذا ولد في مجتمع يتحدث الصينية فقط , فإنه يكتسبها ولن يعلم شيئا عن العربية.

وقديما كان العرب يعتقدون بالسليقة , وهي تعني أن العربي يتحدث العربية بالفطرة , وانه لا يخطئ , وقد رتبوا على ذلك أمور أدت الى اقتحام كثير من الأخطاء الفردية ضمن القواعد النحوية , ولم يفرقوا بين اللغة المشتركة (الفصحى) واللهجات, مما ادخل كثيرا من المظاهر اللهجية الى ساحة اللغة المشتركة, وعندما فكروا بتعليم اللغة اعتمدوا أساسا على استخراج القواعد مما تجمع لديهم من لغة مروية ومحفوظة , من الفصحى واللهجات , ولذلك كان فيها كثير من الظواهر غير المضطردة , ولما كانت العربية – في نظرهم - سليقة للعربي , تجري في عروقه بالوراثة فإن ما يحتاجه المتعلم صقل هذه السليقة والرقي بها , ورأوا أن ذلك يتم بمعرفة شاملة لكل قوانينها , ومعرفة عيون الأدب للقياس عليها ومحاكاتها , ولذلك قسمت علوم اللغة الى نحو وبلاغة ونصوص وتاريخ أدب............. الخ.

وقامت طرق التدريس على أساس حفظ النماذج الجيدة من اللغة للنسج على منوالها , وحفظ القواعد النحوية والبلاغية التي تساعد على صياغة النماذج الجديدة بطريقة سليمة , وقد كان لطلاب المدارس أثر في اختيار طرق التدريس في

ذلك الزمن حيث أن الطلاب كانوا من الأذكياء الذين لديهم القدرة على حفظ جميع القواعد. كما أن لديهم القدرة على تطبيق ما حفظوه على الاستخدام اللغوي, أما طلاب هذه الأيام ففيهم جميع مستويات الذكاء , وكما نعلم فإن غالبية البشر متوسطو الذكاء , ولذلك يصعب عليهم تطبيق ما يحفظون – إن استطاعوا حفظ كل شيء – على الاستخدام الفعلي للغة.

وقد استمر ذلك المنهج بشكل عام في مدارسنا الى يومنا هذا , ونحن لا نريد أن ننقص المدرسة حقها فنقول بأنها لا تعمل على اكتساب الطلاب للغة , ولكن الحق إن ما يجري في البيئة المدرسية عمل ناقص مبتور , يبدو متناقضا أحيانا كثيرة , فما يبنى في ميدان يهدم في عدة ميادين أخرى , فالطالب يقرا في كتابه لغة فصحى ولكن معظم معلميه يستخدمون العامية , ويندر أن يصر أحدهم على استخدام الفصحى من طلابه , أي أن الطرق الطبيعية لتعلم اللغة لا تمارس في مدارسنا.

أنماط اللغة :-

إن صراع اللغات ودور اللغة في المجتمع وتغير هذا الدور حسب عوامل متشابكة وتأثير الغزوات والهجرات والحروب وتأثير الزمن والحاجات المتبدلة للناس تؤدي الى وجود أنماط عديدة في اللغة :-

١. اللغة الحية : وهي اللغة التي ما تزال تستعمل في الكلام اليومي العادي , وهي لغة لم تنقرض ولم ينقرض أهلها. كما أنها تستخدم في كل المناسبات.

٢. اللغة البائدة : هي لغة كانت مستخدمة يوما ما. لكنها بادت مع اندثار أهلها أو اندثرت لأن أهلها تحولوا الى لغات أخرى ومن أمثلتها : اللغات الفينيقية , الفرعونية , ويعرف العلماء هذه اللغات عن طريق الآثار والنقوش وبعض الكتابات القديمة.

٣. اللغة نصف الحية : هي لغة لا تستعمل في الحياة اليومية العادية ولم تندثر اندثارا كاملا , بل بقيت تستخدم على نطاق ضيق. مثال ذلك اللاتينية التي يقتصر ـ استخدامها حاليا على بعض الشعائر في الكنيسة.

٤. اللغة الأولى : هي أول لغة يسمعها الطفل في حياته وهي لغة والديه في العادة.

٥. اللغة الثانية : هي اللغة التي يتعلمها المرء بعد لغته الأولى ويجدها مستخدمة خارج منزله.

٦. اللغة الأجنبية : هي اللغة التي يتعلمها المرء بعد لغته الأولى وفي غير موطن اللغة الأجنبية.

٧. لغة التفكير.

٨. لغة التعليم.

٩. اللغة المشتركة.

١٠. اللغة الرسمية :- وهي لغة يتم اختيارها لتكون لغة البلد الرسمية.

١١. اللغة المحلية واللغة العامية : هناك لغات غير معروفة إلا داخل حدود شعبها نـدعوها لغات محلية , ولكن هناك لغات مستخدمة خارج حدود أهلها ندعوها لغات عامية.

١٢. اللغة الحالة واللغة المزاحة :- بسبب عوامل الغزو العسكري والاحتلال والاستيطان نرى أن لغة تحل محل أخرى بالتدرج فيتضاءل استعمال لغة على حساب لغة أخرى وتسـمى اللغة المنتصرة لغة حالة وتسمى اللغة المهزومة اللغة المزاحة.

الثنائية اللغوية والصراع اللغوي.

في بعض الحالات , ينشأ مع الثنائية اللغوية ثنائية ثقافية , حيث أن اللغة ترتبط بالفكر والثقافة والقيم والعادات.

أحيانا يكون اختلاف الثقافتين قليلا رغم اختلاف اللغتين , مثال ذلك الفرنسية والإنكليزية , إذ رغم وجود لغتين لكن الثقافتين متقاربتان من حيث القيم.

في المجتمع الواحد , لا بد من أن تقوم الدولة باتخاذ قرارات معينة لاحتواء الثنائية الثقافية الناجمة من الثنائية اللغوية حيث تهدد وحدة البلاد ووحدة العباد وقد تؤدي الى محاولات انفصالية [1]

أهمية اللغة :

اللغة فكر ناطق , والتفكير لغة صامتة , واللغة هي معجزة الفكر الكبرى , إن للغة قيمة جوهرية كبرى في حياة كل أمة فإنها الأداة التي تحمل الأفكار , وتنقل المفاهيم فتقيم بذلك روابط الاتصال بين أبناء الأمة الواحدة, وبها يتم التقارب والتشابه والانسجام بينهم. إن القوالب اللغوية التي توضع فيها الأفكار , والصور الكلامية التي تصاغ فيها المشاعر والعواطف لا تنفصل عن مضمونها الفكري والعاطفي.

إن اللغة هي الترسانة الثقافية التي تبني الأمة وتحمي كيانها. وقد قال فيلسوف الألمان (فيخته):"اللغة تجعل من الأمة الناطقة بها كلا متراصا خاضعا لقوانين. إنها الرابطة الحقيقية بين عالم الأجسام وعالم الأذهان".

ويقول الراهب الفرنسي (غريغوار) :"إن مبدأ المساواة الذي أقرته الثورة يقضي ـ بفتح أبواب التوظف أمام جميع المواطنين , ولكن تسليم زمام الإدارة الى

---

[1] محمد علي الخولي , دار الفلاح للنشر والتوزيع , عمان,١٩٩٣.

أشخاص لا يحسنون اللغة القومية يؤدي الى محاذير كبيرة. وأما ترك هؤلاء خارج ميادين الحكم والإدارة فيخالف مبدأ المساواة , فيترتب على الثورة - والحالة هذه - أن تعالج هذه المشكلة معالجة جدية ؛ وذلك بمحاربة اللهجات المحلية , ونشر اللغة الفرنسية الفصيحة بين جميع المواطنين".

ويقول (فوسلر) :"إن اللغة القومية وطن روحي يؤوي من حرم وطنه على الأرض".

ويقول (مصطفى صادق الرافعي):"إن اللغة مظهر من مظاهر التاريخ, والتاريخ صفة الأمة , كيفما قلبت أمر اللغة - من حيث اتصالها بتاريخ الأمة واتصال الأمة بها - وجدتها الصفة الثابتة التي لا تزول إلا بزوال الجنسية وانسلاخ الأمة من تاريخها."

وقد صدر بيان من مجلس الثورة الفرنسية يقول :"أيها المواطنون : ليدفع كلا منكم تسابق مقدس للقضاء على اللهجات في جميع أقطار فرنسا لأن تلك اللهجات رواسب من بقايا عهود الإقطاع والاستعباد"

أهمية اللغة العربية :

اللغة - عند العرب - معجزة الله الكبرى في كتابه المجيد.

لقد حمل العرب الإسلام الى العالم , وحملوا معه لغة القرآن العربية واستعربت شعوب غرب آسيا وشمال إفريقية بالإسلام فتركت لغاتها الأولى وآثرت لغة القرآن , أي أن حبهم للإسلام هو الذي عربهم , فهجروا دينا الى دين, وتركوا لغة الى أخرى.

لقد شارك الأعاجم الذين دخلوا الإسلام في عبء شرح قواعد العربية وآدابها للآخرين فكانوا علماء النحو والصرف والبلاغة بفنونها الثلاثة : المعاني ,

والبيان , والبديع.

واللغة العربية أقدم اللغات التي ما زالت تتمتع بخصائصها من ألفاظ وتراكيب وصرف ونحو وأدب وخيال , مع الاستطاعة في التعبير عن مدارك العلم المختلفة. ونظرا لتمام القاموس العربي وكمال الصرف والنحو فإنها تعد أم مجموعة من اللغات تعرف باللغات الأعرابية أي التي نشأت في شبه جزيرة العرب , أو العربيات من حميرية وبابلية وآرامية وعبرية وحبشية , أو الساميات في الاصطلاح الغربي وهو مصطلح عنصري يعود الى أبناء نوح ثلاثة : سام وحام ويافث.

فكيف ينشأ ثلاثة أخوة في بيت واحد ويتكلمون ثلاث لغات ؟

إن اللغة العربية أداة التعارف بين ملايين البشر المنتشرين في آفاق الأرض , وهي ثابتة في أصولها وجذورها , متجددة بفضل ميزاتها وخصائصها.

إن الأمة العربية أمة بيان , والعمل فيها مقترن بالتعبير والقول , فللغة في حياتها شأن كبير وقيمة أعظم من قيمتها في حياة أي أمة من الأمم , إن اللغة العربية هي الأداة التي نقلت الثقافة العربية عبر القرون , وعن طريقها وبوساطتها اتصلت الأجيال العربية جيلا بعد جيل في عصور طويلة, وهي التي حملت الإسلام وما انبثق عنه من حضارات وثقافات , وبها توحد العرب قديما وبها يتوحدون اليوم ويؤلفون في هذا العالم رقعة من الأرض تتحدث بلسان واحد وتصوغ أفكارها وقوانينها وعواطفها في لغة واحدة على تنائي الديار واختلاف الأقطار وتعدد الدول.

واللغة العربية هي أداة الاتصال ونقطة الالتقاء بين العرب وشعوب كثيرة في هذه الأرض أخذت عن العرب جزءا كبيرا من ثقافتهم واشتركت معهم - قبل أن تكون المؤسسات الدولية - في الكثير من مفاهيمهم وأفكارهم ومثلهم ,

وجعلت الكتاب العربي المبين ركنا أساسيا من ثقافتها , وعنصرا جوهريا في تربيتها الفكرية والخلقية.

إن الجانب اللغوي جانب أساسي من جوانب حياتنا , واللغة مقوم من أهم مقومات حياتنا وكياننا , وهي الحاملة لثقافتنا ورسالتنا والرابط الموحد بيننا والمكون لبنية تفكيرنا , والصلة بين أجيالنا , والصلة كذلك بيننا وبين كثير من الأمم.

إن اللغة من أفضل السبل لمعرفة شخصية أمتنا وخصائصها , وهي الأداة التي سجلت منذ أبعد العهود أفكارنا وأحاسيسنا , وهي البيئة الفكرية التي نعيش فيها , وحلقة الوصل التي تربط الماضي بالحاضر بالمستقبل , إنها تمثل خصائص الأمة , وقد كانت عبر التاريخ مسايرة لشخصية الأمة العربية, تقوى إذا قويت , وتضعف إذا ضعفت.

لقد غدت العربية لغة تحمل رسالة إنسانية بمفاهيمها وأفكارها , واستطاعت أن تكون لغة حضارة إنسانية واسعة اشتركت فيها أمم شتى كان العرب نواتها الأساسية والموجهين لسفينتها , اعتبروها جميعا لغة حضارتهم وثقافتهم فاستطاعت أن تكون لغة العلم والسياسة والتجارة والعمل والتشريع والفلسفة والمنطق والتصويب والأدب والفن.

واللغة من الأمة أساس وحدتها , ومرآة حضارتها , ولغة قرآنها الذي تبوأ الذروة فكان مظهر إعجاز لغتها القومية.

إن القرآن بالنسبة الى العرب جميعا كتاب لبست فيه لغتهم ثوب الإعجاز , وهو كتاب يشد الى لغتهم مئات الملايين من أجناس وأقوام يقدسون لغة العرب , ويفخرون بأن يكون لهم منها نصيب.

وأورد هنا بعض الأقوال لبعض العلماء الأجانب قبل العرب في أهمية اللغة العربية , يقول الفرنسي (إرنست رينان):"اللغة العربية بدأت فجأة على غاية الكمال , وهذا أغرب ما وقع في تاريخ البشر , فليس لها طفولة ولا شيخوخة."

ويقول الألماني (فريتاغ):"اللغة العربية أغنى لغات العالم".

ويقول (وليم ورك) :"إن للعربية لينا ومرونة يمكنانها من التكيف وفقا لمقتضيات العصر."

ويقول الدكتور (عبد الوهاب عزام):"العربية لغة كاملة محببة عجيبة , تكاد تصور ألفاظها مشاهد الطبيعة , وتمثل كلماتها خطرات النفوس , وتكاد تتجلى معانيها في أجراس الألفاظ , كأنما كلماتها خطوات الضمير ونبضات القلوب ونبرات الحياة"

ويقول (مصطفى صادق الرافعي):"إنما القرآن جنسية لغوية تجمع أطراف النسبة الى العربية , فلا يزال أهله مستعربين به , متميزين بهذه الجنسية حقيقية أو حكما "

ويقول الدكتور (طه حسين):"إن المثقفين العرب الـذين لم يتقنـوا لغـتهم ليسوا ناقصي ـ الثقافة فحسب , بل في رجولتهم نقص كبير ومهين أيضا"

خصائص اللغة العربية :

للعربية خصائص كثيرة يضيق المجال عـن حصرها في هـذه الكتـاب ,لـذا سأقتصرـ على بعضها تاركا , لمن أراد التوسع , الرجوع إلى أمهات الكتب في هذا المجال.

١- الخصائص الصوتية :

إن اللغة العربية تملك أوسع مدرج صوتي عرفته اللغات , حيث تتوزع

مخارج الحروف بين الشفتين إلى أقصى الحلق , وقد تجد في لغات أخرى غير العربية حروف أكثر عددا ولكن مخارجها محصورة في نطاق أضيق ومدرج أقصر. كأن تكون مجتمعة متكاثرة في الشفتين.

وتتوزع هذه المخارج في هذا المدرج توزعا عادلا يؤدي الى التوازن والانسجام بين الأصوات , ويراعي العرب في اجتماع الحروف في الكلمة الواحدة وتوزعها وترتيبها فيها حدوث الانسجام الصوتي والتآلف الموسيقي فمثلا لا تجتمع الزاي مع الظاء والسين والضاد والذال , ولا تجتمع الجيم مع القاف والظاء والطاء والغين والصاد , ولا الحاء مع الهاء , ولا الهاء قبل العين , ولا الخاء قبل الهاء , ولا النون قبل الراء , ولا اللام قبل الشين.

وأصوات العربية ثابتة على مدى العصور والأجيال منذ أربعة عشر قرنا , ولم يُعرف مثل هذا الثبات في لغة من لغات العالم في مثل هذا اليقين والجزم.

إن التشويه الذي طرأ على لفظ الحروف العربية في اللهجات العامية قليل محدود , وهذه التغيرات مفرقة في البلاد العربية لا تجتمع كلها في بلد واحد , وهذا الثبات , على عكس اللغات الأجنبية , يعود إلى أمرين :

١-القرآن.

٢-نزعة المحافظة عند العرب.

وللأصوات في اللغة العربية وظيفة بيانية وقيمة تعبيرية (فالغين تفيد معنى الاستتار والغيبة والخفاء كما نلاحظ في : غاب ,غار , غاص , غال , غام، والجيم تفيد معنى الجمع : جمع , جمل , جمد , جمر , وهكذا).

وليست هذه الوظيفة إلا في اللغة العربية , فاللغات اللاتينية مثلا ليس بين أنواع حروفها مثل هذه الفروق , فلو أن كلمتين اشتركتا في جميع الحروف لما كان ذلك دليلا على أي اشتراك في المعنى , فعندنا الكلمات التالية في الفرنسية مشتركة

في أغلب حروفها وأصواتها ولكن ليس بينها أي اشتراك في المعنى Ivre سكران oeuvre أثر وتأليف ouvre يفتح Iivre كتاب levre شفة.

٢- الاشتقاق

الكلمات في اللغة العربية لا تعيش فرادى منعزلات بل مجتمعات مشتركات كما يعيش العرب في أسر وقبائل , وللكلمة جسم وروح , ولها نسب تلتقي مع مثيلاتها في مادتها ومعناها : كتب – كاتب – مكتوب – كتابة.. فتشترك هذه الكلمات في مقدار من حروفها وجزء من أصواتها.

وتشترك الألفاظ المنتسبة إلى أصل واحد في قدر من المعنى وهو معنى المادة الأصلية العام , أما اللغات الأخرى كالأوروبية مثلا فتغلب عليها الفردية , فمادة (ب ن و) في العربية يقابلها في الإنكليزية : son ابن و daughter بنت. أما في الفرنسية فتأتي مادة (ك ت ب) على الشكل التالي : كتاب Iivre مكتبة عامة bibliotheque محل بيع الكتب librairie يكتب ecrire مكتب bureau.

وثبات أصول الألفاظ ومحافظتها على روابطها الاشتقاقية يقابل استمرار الشخصية العربية خلال العصور , فالحفاظ على الأصل واتصال الشخصية واستمرارها صفة يتصف بها العرب كما تتصف بها لغتهم , إذ تمكن الخاصة الاشتقاقية من تمييز الدخيل الغريب من الأصيل.

إن اشتراك الألفاظ المنتمية الى أصل واحد في أصل المعنى وفي قدر عام منه يسري في جميع مشتقات الأصل الواحد مهما اختلف العصر أو البيئة, يقابله توارث العرب لمكارم الأخلاق والمثل الخلقية والقيم المعنوية جيلا بعد جيل , إن وسيلة الارتباط بين أجيال العرب هي الحروف الثابتة والمعنى العام.

والروابط الاشتقاقية نوع من التصنيف للمعاني في كلياتها وعمومياتها , وهي تعلم المنطق وتربط أسماء الأشياء المرتبطة في أصلها وطبيعتها برباط واحد ,

وهذا يحفظ جهد المتعلم ويوفر وقته.

إن خاصية الروابط الاشتقاقية في اللغة العربية تهدينا الى معرفة كثير من مفاهيم العرب ونظراتهم الى الوجود وعاداتهم القديمة , وتوحي بفكرة الجماعة وتعاونها وتضامنها في النفوس عن طريق اللغة.

٣- خصائص الكلمة العربية (الشكل والهيئة أو البناء والصيغة أو الوزن):

إن صيغ الكلمات في العربية هي اتحاد قوالب للمعاني تصب فيها الألفاظ فتختلف في الوظيفة التي تؤديها. فالناظر والمنظور والمنظر تختلف في مدلولها مع اتفاقها في أصل اللفظة.

الدفاع عن اللغة العربية.

يعتبر الدفاع عن اللغة العربية شأنها شأن سائر اللغات من أوجب الواجبات الفكرية المطلوبة في عصرنا الحاضر بسبب ما نشاهده من سعي غربي حثيث لتنميط العالم وتغريبه والقضاء على كل الخصوصيات اللغوية والتمايزات الثقافية.

فدفاعنا عن التعدد اللغوي والتنوع الثقافي تابع من اعتقاد مفاده أن المستهدف من عمليات التغريب وأساليب التنميط المسلمون والإسلام والوقوف الى جانب اللغة العربية ينبغي أن يندرج ضمن هذا الإطار.

وفي الوقت نفسه نرى أن اختيار اللغة العربية لتكون لغة الرسالة الخالدة أمر ينبغي أن نتوقف عنده مليا لان هذا الاصطفاء يدل على أن هذه اللغة توفر من الخصائص والسمات ما يمكنها من ملامسة كل آمال الإنسانية وآمالها المختلفة.

فالخلود يشير الى أن القرآن الكريم قادر على معالجة الانحراف البشرية في مختلف أطوارها وكيفما كانت طبيعتها وهذا الأمر يتطلب لغة في مستوى القيام

بهذه المهمة أي لغة تحمل بنيتها الداخلية قدرة هذا النص على الخلود ومعانقة أمال وآلام الإنسانية.

وعلاقتنا نحن المسلمين المتميزة مع اللغة العربية نابعة من اعتقادنا إن هذه اللغة اصطفاها الله تعالى لتكون لسان الرسالة الخاتمة القادرة على إعادة معنى الحياة للإنسان.

فلا يمكن أن نفصل بين علاقتنا بالإسلام (الدين والرسالة) بخصائصه التي تشير الى عالميته وخلوده وإنسانيته وبين علاقتنا باللغة العربية فالفصل مستحيل.

التنوع اللغوي.

ينبغي اعتبار الدفاع عن اللغات واللهجات مطلبا إسلاميا بامتياز ؛ فليس من أخلاق المسلم أن يترك مجموعة من اللغات تنقرض ؛ بل المطلوب أن يحافظ على التنوع اللغوي عن طريق تطوير اللغات التي كتب لها البقاء , وإنقاذ تلك التي تقف على حافة الانقراض.

ولعل من أبرز الآيات التي ذكرها الكتاب العزيز اختلاف الألسن – أي اللهجات واللغات – يقول الله تعالى : (ومن آياته خلق السماوات والأرض واختلاف ألسنتكم وألوانكم إن في ذلك لآيات للعالمين) (الروم:٢٢)

فعندما تشير هذه الآية إلى أن من آيات الله اختلاف الألسن فهذا دعوة الى توظيف كل الإمكانات التي يوفرها عصر من العصور وزمن من الأزمنة في إظهار هذه الآيات للناس لحثهم على العمل بها.

ولكن لا بد من الإشارة الى أن الدفاع عن التنوع اللغوي لا يعني التعدي على اللغات ومحاولة التغيير فيها وتحريفها بدعوى التنوع فالتغريب اللغوي يتنافى مع قضية التنوع , فالتنوع يقضي محافظة كل لغة على أصالتها لا اندماجها أو

تغييرها والتحديث فيها.

وهذه قضية مشابهة لقضية التنوع الديني , فالدين الإسلامي جاء واحترم بقية الأديان.

(**لا إكْراه في الدين**) (البقرة : ٢٥٦) ولكن في الوقت نفسه حافظ المسلمون على دينهم وقاتلوا ومن اجله وإعلاء له.

اللغة العربية اختيار ذاتي.

إن الإسلام في تجربته التاريخية لم يفرض على الشعوب الأخرى - غير العربية - اللغة العربية ولم يلزم بتعلمها. فقد كان الدفاع عن اللغة العربية وعن تعلمها وتعليمها مطلبا ذاتيا اختصت به هذه الشعوب ولم يلزم أحد بنهج لهذا السلوك الذي يجعل الارتباط باللغة العربية ارتباط مقدسا. فالتعلق باللغة العربية كان يمر على الدوام عبر التعلق بقيم الإسلام الخالدة وتصوراته الفاضلة.

واستمرار الشعوب غير العربية المسلمة في التعلق بلسانها غير العربي يمكن اعتباره أكبر دليل على أنه ليس من شروط انتشار الإسلام القضاء على الثقافات الأخرى أو إحالة لغاتها على التقاعد كما يقال... كما هو شأن بعض الحضارات الأخرى، كالحضارة الغربية التي علمنا تاريخها خاصة الحديث والمعاصر، أنها لن تستطيع أن تهيمن على العالم انطلاقا من فكر ذاتي يستهوي الناس , بل هيمنت وسادت عن طريق إبادة حضارات بأكملها وتدمير ثقافات بأجمعها.

جذور اللغة العربية.

لا نغالي إذا قلنا أن انطلاقة اللغة العربية كانت من منابع أجواء جنوب الجزيرة العربية ومن اليمن بشكل خاص.

وهنا يداهمنا الظن ويساورنا التساؤل : كيف تسنى للغة الجنوب فيما بعد

أن تستحوذ على لغة ولهجات مناطق شمال الجزيرة التي تختلف عنها كليا , ولتصبح بالتالي لهجة إحدى القبائل الشمالية مصدرا أساسيا لعربية اليوم.

ولكي نوفي حق التساؤل أعلاه عادة ما تتراقص في أخيلتنا مؤثرات استحواذ لغة على لغة أخرى بحكم العوامل السياسية والاجتماعية والاقتصادية وغيرها مجتمعة أو منفردة , وأحيانا ما تتحكم في ذلك ظروف البيئة الطبيعية التي تحتمها الأحداث المفاجئة , وهذا ما حصل فعلا قدر تعلق الأمر بتساؤلنا , حيث أن انهيار سد مأرب الشهير والمعروف باسم عاصمة المملكة السبئية الثاني (٦٥٠-١١٥ ق م) في اليمن , وخرابه إثر السيل العرم بين (٥٤٢- ٥٧٠) , ألحق أضرارا لا حصر- لها في المنطقة الجنوبية , غيرت من ظروف الحياة المعيشية من جراء أخطار الفيضانات العارمة وتدميرها شبكات تنظيم الري والأراضي الزراعية ودور السكن.

وإن هذه الكارثة حدت بإعداد كبيرة من سكان قبائل المنطقة للنزوح والهجرة صوب المناطق الشمالية , واستقرت في يثرب ومكة والشام والعراق , حتى قيل عن ذلك (تفرقوا أيدي سبأ) هذا بالإضافة الى غزوات الأحباش والروم والفرس التي سببت فيما بعد توالي هجرات سكان المنطقة الى الشمال.

إن هذه الهجرة المباغتة وما تعاقبها من هجرات بسبب الغزوات لا تعني بأنه من السهولة على تلك القبائل من فرض سيطرتها على المنطقة برمتها بقدر ما تعني الخضوع لمتطلبات الاستقرار وضمان الحياة المعيشية. إلا أنه رغم الظروف السلبية في الحياة المعيشية فإنها حتمت مستلزمات الحاجة على مدى الزمن لتوطيد أواصر التقارب والاختلاط والجوار والمصاهرة , ومما لا شك فيه أن أزمات التنافر والمشاحنات ظلت دائرة الى فترة ظهور الإسلام عام ٦٢٢ م ونشوء فكرة أسس الدولة العربية.

إن ما تجدر الإشارة إليه هو انتشار الديانة اليهودية والمسيحية في المنطقة , وتواجد العرب بعيدين عن هاتين الديانتين وانعزالهم الى الوثينة, حيث ألهوا بعض قوى الطبيعة ومن آلهتهم الشهيرة (مناه) آلهة الحظ في مكة, (واللات) وتدعى الربة في الطائف, (والعُزى) أي الزهرة في قريش , إضافة للحجر الأسود في مكة حيث كانت تنصب فوقه الأصنام. إن هذا الانعزال الوثني في العهد الجاهلي لم يكن حاجزا ومانعا من إقدام جماعات من العرب على اعتناق الديانتين المذكورتين , فقد كان هناك من دان باليهودية في اليمن ويثرب وخيبر , وبالنصرانية في مناطق الجزيرة والعراق والشام , وهناك دلائل عديدة على ذلك الاعتناق.

ومما سبق ذكره يتسنى لنا القول من تواجد لغتين متفاوتتين في منطقة الجزيرة العربية هما الآرامية والعبرية الى جانب العربية التي تأثرت بهما واستعارت منهما العديد من المفردات التي سنأتي على ذكرها فيما بعد..

من هذا المنطلق يسعنا القول : إن العربية أحدث لغة من حيث المنشأ والتاريخ بين مجموعة اللغات السامية , وتُعد أغلبها وسعا وانتشارا, قياسا بأختيها الآنفتي الذكر رغم انتمائهن جميعا لذات الأرومة.

منابع اللغة العربية المشتركة.

إذا ما القينا نظرة عاجلة على نشأة اللغة والكتابة العربية , فإننا نجد أنفسنا أمام عدة نظريات متفاوتة في الرأي والدعم والإسناد , ما لا يمكن حصرها هنا في هذا العرض المقتضب.

تشير الدلائل والشواهد التاريخية بأن أقدم كتابة للخطوط العربية يرتقي عهدها الى القرن الثاني والثالث الميلادي وليس أدل على ذلك من الكتابة التي وجدت على قبر أحد الملوك الملقب بامرئ القيس دونت في السابع من شهر كانون

الأول ٣٢٨ م أي قبل الإسلام بثلاثة قرون , تقرب لهجتها من عربية قريش , ظاهرة فيها تعليق الحروف بعضها ببعض , وبمرور الزمن تسنى للغة العربية بلهجاتها المتعددة والمتفاوتة أن تتسع نطاقا وتزداد وسعا وبشكل خاص في أواخر القرن الخامس للميلاد والنصف الأول من القرن السادس،وذلك في العصر الجاهلي من خلال القصائد الشعرية التي بعثت في التكوين اللغوي روح حركة فاعلة ممهدة لتوطيد ركائزها ووجودها في منتصف القرن السابع.

وهنا ينبغي علينا الوقوف على معرفة اللهجة أو اللهجات واللغات التي مهدت الطريق لتكوين لغة عربية موحدة , والظروف أو العوامل التي ساهمت وساعدت على تطور تلك اللغة كلغة مشتركة لسكان الجزيرة رغم اختلاف اللهجات باختلاف أصول القبائل والمناطق الجغرافية , وفي هذا المعنى هناك من الشواهد والأدلة الكثيرة التي تثبت ذلك ونكتفي هنا بعرض ما قاله (الأب لويس شيخو) في مؤلفه النصرانية وآدابها بين عرب الجاهلية حيث يقول :

" إن العرب في تلك الأثناء تكلموا بلغة خاصة لكن تلك القبائل كانت تختلف اختلافا عظيما في كل قبيلة على اختلاف مواقعها في أنحاء الجزيرة وتأثير اللغات المجاورة لها وحالة المتكلمين بها من أهل حضر أو أهل المدر فيطلقون على كل هذه اللهجات اسم اللغة العربية كما يطلقون اسم العرب على أهل الجزيرة مع اختلاف عناصرهم القحطانية والعدنانية والإسماعيلية. "

سبق وان نوهنا عن أولوية أصالة لغة اليمن القحطانية أي لغة الجنوب الحميرية , إلا أنه هناك من الآراء التي تفند هذا الافتراض بدلالة النقوش الكتابية المكتشفة مؤخرا حيث وجدت فيها كلمات وعبارات مقاربة ومطابقة للعربية الحجازية والعدنانية من لهجات الشمال رغم اختلاف مواقع استعمالها وتصريفها واشتقاقها.

إن هذا التمازج والتقارب اللغوي عادة ما يعتري مسالك اللغات لإظهار البراعة والتفوق في لغة أو فصاحة لهجة ما. أما إذا فرضنا التساؤل بأن لغة اليمن الجنوبية هي الأصل , والشمالية هي الفرع , فكيف تسنى الحال إذا من فرض لغة الفرع سيطرتها على الأصل ؟

يسوقنا البحث للقول : بأن كل لغة تكون لها ميزات وخصائص في إطار كيان مميز انطلاقا من المنحى البيئي وعملية التفاعل والتأثر, وهذا ما اتضح جليا بدور الظروف الاجتماعية والثقافية لوضع العديد من القبائل الشمالية كقريش مثلا , وتفاوت الظروف من حيث الموقع والوضع الجغرافي الذي يساعد على تقريب القبائل من بعضها وتوحيد لهجاتها كاليمن مثلا, أو الحجاز من موقعها البحري , أو نجد لأحاطتها بالطبيعة الصحراوية , ناهيك عن مؤثرات العوامل الأخرى والتي من أهمها التجارة والاستحواذ السياسي.

لنعود ثانية الى صيغة تساؤلنا أعلاه ونستعرض أسباب فرض لغة الشمال سيطرتها على لغة الجنوب , وذلك من خلال ما يلي :

١. هجرة قبائل الجنوب الى شمال الجزيرة بسبب كارثة سد مأرب.
٢. اختلاط أهل الجنوب بأهل الشمال وتقارب لغتهم بغية التفاهم والانسجام.
٣. ارتياد أهل الجنوب مناطق الجزيرة الشمالية بغية التجارة.
٤. انهيار دولة الجنوب وتغلب اللغة والعدنانية على القحطانية.

فإذا كان التفاوت اللغوي واضحا وجليا بين لغتين منتميتين لأرومة واحدة , فكيف هو الحال لتفرعاتها اللهجية ؟!

إن الأمر لا يدعنا الى الشك بهذه البديهة ما دمنا نألفها ونعيشها يوميا في أحاديثنا العادية ومعنى ذلك تواجد صعوبات في فهم واستيعاب العديد من

المفردات المستعملة والعبارات المقصودة في عملية التعبير.

التفاوت اللغوي في اللهجات العربية.

ولكي نكون على بينة من ذلك نعرض فيما يلي نماذج من الأمثلة الشائعة والمألوفة في بطون مدونات الأقدمين مستلين إياها من لهجات القبائل وأشهرها في عملية الإبدال في حروف الكلمة والأحكام الأعرابية واللفظ.

١. تقديم بعض أحرف الكلمة كما في (صاعقة) و(صاقعة) أو (ملعقة) و(معلقة).

٢. نصب خبر ليس لدى استعمال (ما) و(لا) في لغة الحجاز , ورفعه عند لغة تميم.

٣. الغمغمة : عدم تمييز حروف الكلمات وظهورها في أثناء الكلام.

٤. العنعنة: لفظ الهمزة إذا وقعت في أول الكلمة عينا،فيقال في (أمان) (عمان) وفي (أسلم) (علسم) , وفي (آلة) (عال).

٥. الفحفحة : جعل الحاء عينا , كقولهم : (علت الحياة لكل حي) بدلا من (حلت الحياة لكل حي).

٦. الكشكشة: إبدال كاف الخطاب المؤنثة الى شين مثل : (عليك : عليش , منك : مش , بك : بش) أو إضافة الشين بعد ضمير المخاطب المفرد مثل : (عليكش وبكش بدلا من عليك وبك).

٧. الشنشة : وهي جعل الكاف شينا , كقولهم : (لبيش بدلا من لبيك), (الديش بدلا من الديك).

٨. العجعجة : وهي نتيجة اختلاط نطق الجيم بنطق حرف الياء, أو جعل الياء المشددة جيما مثل : (تميمي : تميمج , علي : علج) أو (الراعج خرج معج) بدلا من (الراعي خرج معي).

٩. الطمطمانية : وهي إبدال لام التعريف ميما أو نونا , كقولهم : (طاب

امهواء أي الهواء) , (مم بكر: مـن بكـر) , ومـا روي عـن قـول الرسـول : (ليس مـن امبـر امصيام في الفر) ومعناه (ليس مـن الـبر الصيام في السفر). واللخلخانيـة كحـذف بعـض الأصوات مثل (مشا لله).

١٠. الوقف : تبديل حرف اليـاء بالواو كقولهم : (رجل (ريل) أسوان) بدلا مـن (رجل أسـيان) من الأسى , أو كما هو الحال اليوم في بعض دول الخليج بإبـدال الجيـم الى يـاء كقولهـم : (ريال ودياية) بدلا من (رجال ودجاجة). ومثيلها مـا يـسـمى بالاستنباط وهـي أن يقولـوا (انطى) بدلا من (اعطى) , وكما هو متعارف عليـه في اللهجـة العاميـة العراقيـة, أو الـوتم أي قلب السين تاء كقولهم : (النات: الناس), (ختيت) بدلا من (خسيس).

١١. اتساع المنحى اللغوي اللفظي كوسيلة للتعبير على المنحى النحوي في لغة اليمن.

١٢. اختلافات لا حصر لها في النحو أي أحوال الألفـاظ عنـد دخولهـا في التركيـب, والصـرف أي عند تحويل الكلمة إلى صور مختلفة على ضوء الأوزان وبحسب المعنى المقصود, سـواء في تبديل موقع الحركات أو التسكين والجمع وحـذف بعـض الحـروف وغـير ذلـك. كقـولهم وعلى التوالي (لعب) بدلا من (لعب) , (مع الرجل) بدلا من (مع الرجُل) , وجمع (طريـق : أطرقاء) بدلا من (طُرُق) قياسا عـلى وزن (صـديق : أصـدقاء) أي (أفعـلاء), وكسـر أول الفعل المضارع الذي كان شـائعا بـين القبائل باسـتثناء قـريش وأسـد, أو اسـتعمال الـذل للموصول بدلا من (الذي) فيقولون: (فلان ذو سمعت عنه) بدلا من (فلان الذي سـمعت عنه).

١٣. احتواء اللغات واللهجات على نسبة عالية من المفردات الثقيلة اللفظ والتي قلما تجد لها ذكرا في لغة القرآن مثل : (الكخب: الحصرم, الحوبجة: الورم, الشخاب: اللـبن , الشـبص : الخشونة , الخمج : الفتور, الخنطثة:

التبختر , القصقص : ضرب من البقل , الضال الأشكل : السدر الجبلي , صرت هذا الأمر : إذا ملت إليه, شنج على عنج: شيخ على بعير, أتاني حساب من الناس : أي جماعة كثيرة, هلض الشئ: إنتزعه , اللصت: اللص, المرحاض أو المخفاج : خشبة صغيرة تضرب بها المرأة الثوب إذا غسلته: الخرديق: طعام شبيه بالحساء , الأحريض: صبغ أحمر, السعوط: الاستنشاق , تحجهُ برجله : ضربه بها , دهدهتُ الشيء وهدهدته: حدرته من علو إلى أسفل , فوما : الخبز, فوموا لنا : اختبزوا لنا , قبح الله كرشمته : (أي وجهه).

وما الى ذلك من الكلمات الغربية معنى ولفظا. وإذا ما قرأنا قطعة نثرية أو سمعنا حديثا صيغ بأمثال هذه الكلمات نكون حتما أمام لغة غريبة علينا , كما هو الحال لأبي زيد الأنصاري أحد فطاحل أئمة اللغة الذي لفته الحيرة وساوره الاستغراب من لغة ذلك الأعرابي الذي قال :

"إني امرؤ من هذا الملطاط الشرقي , المواصي أسياف تهامه , عكفت علينا سنون محش , فاجتبت الذري , وهشمت العري , وجمشت النجم , وأعجبت ألبهم, وهمت الشحم , والتجت اللحم , وأحجنت العظم , وغادرت التراب مورا , والماء غورا , والناس أوزاعا والنبط قعاعا , والضهيل جراعا , والمقام جعجاعا, يصبحنا الهاوي , ويطرقنا العاوي , فخرجت لا أتلفع بوصيده , ولا أتقوت بمهده , فالبخصات وقعه, والركبات زلعه, والأطراف فقعه , والجسم مسلهم , والنظر مدرهم , أعشوا فأغطش , وأضحى فأخفش, أسهل ظالعا , واحزن راكعا , فهل من أمر بمير, أو داع بخير, وقاكم الله سطوة القادر, وملكة الكاهر, وسوء الموارد , وفضوح المصادر.".

قال ابو زيد أعطيت الأعرابي دينارا وكتبت كلامه واستفسرت منه ما لم أعرفه , فإذا كان قد استصعب الأمر على مثل الأنصاري كفطحل في اللغة , فكيف

يكون الأمر على عامة الناس الذين ينضوون تحت قبائل متفاوتة ويتشعبون الى بطون عديدة؟! وهنا ليس بالغريب أن ينفي اللغوي البصري أبو عمرو بـن العـلاء (المتوفى ٧٧٠م) غرابة وصعوبة تلك المفردات اللغوية بقوله : (ليست لغة حمير بلغتنا ولا عربيتهم بعربيتنا).

بالرغم من اتساع رقعة لهجات القبائل والتزام كل قبيلة بمـا وقفت عليه وآلت إليه , ورغم تفاوتها واستعصاء فهمها وإدراكها , فإنه لم تكن حاجزا ومانعا في طريق خلق لغـة مشـتركة, حيث أن اتساع رقعة لهجة أو لغة ما بما تتميز به من المرونة والسهولة والسلاسـة والفاعليـة تكون دافعا لتوليد لغة مشتركة وموحدة وبالتالي ووحدة للناطقين بها , وهذا ما حصـل في اللغـة العربيـة من خلال لهجة قريش التي كان لها القدح المعلى بين كافة اللهجات وذلك للأسباب التالية:

١. أهمية الموقع الجغرافي لقبيلة قريش وما تمتعت به من شرف وسؤدد وثراء حيـث كانـت قبلة زيارة العرب.

٢. دور أسواق المناسبات التي غلبت عليها لهجة قريش لكونها أهم الأسـواق واشـهرها مثل سوق عكاظ ومجنة وذو المجاز في ضواحي مكة.

٣. توافد الناس مـن مختلـف نـواحي الجزيـرة علـى تلـك الأسـواق لشـؤون تجاريـة وأدبيـة وقضائية وغيرها.

٤. تمتع لهجة قريش بصفة الأكثر قرابة للفصاحة والشمولية , وأقل اللهجات عيوبا وهفوات.

٥. دور لغة الحضارات الأخرى ودياناتها على تطعيم لهجـة قـريش بمـا ينقصها ويزيد مـن شأنها وذلك من خلال التبادل التجاري وعلى وجه الخصوص مصر والشام والفرس والروم والهند.

٦. اعتلاء راية قريش الشعرية, ورفرفتها في أجواء الأصقاع الأخرى مـن البـلاد , حيـث حمـل الشعر سحنة وافرة من لهجة قريش فاشتهر جماعة براويته

ومعرفة الأنساب كمخرمة بن نوفل وحويطب العزي.

٧. استعارة الكثير من المفردات والتسميات من النصرانية والعبرانية اللتين كانتا معروفتين في تلك الأرجاء.

ولتأكد ما جاء أعلاه ذكر (الجاحظ) في الجزء الثالث من البيان والتبيين ما يلي : (سأل معاوية يوما : من أفصح الناس ؟ فقال قائل : قوم ارتفعوا من لخلخانية الفرات وتيامنوا عن كشكشة تميم وتياسروا عن كسكسة بكر , ليست لهم غمغمة قضاعة ولا طمطمانية حمير. قال من هم ؟ قال : قريش).

الفصل الثاني

أسباب الضعف باللغة العربية

الأسباب التي أدت الى ضعف اللغة العربية.

أسباب الشكوى من اللغة العربية.

أسباب الضعف في اللغة العربية.

أسباب ضعف الطلبة في اللغة العربية.

أسباب الخطأ الكتابي.

١. أسباب الخطأ الإملائي.

٢. أسباب الخطأ النحوي والصرفي.

الاصطلاحات اللفظية.

فصل اللغة عن جذورها.

خطورة عدم الاعتماد على النصوص القرآنية والتراثية.

الأسباب التي أدت ضعف اللغة العربية :

أسباب ضعف اللغة العربية بصفة عامة وبالمدرسة.

تتمثل الأسباب في الدعوات الهدامة التي انطلقت من بعض المفكرين في الـدول العربيـة ففـي مصر كانت هناك دعوة الى الفرعونيـة، وفي الشام دعوة الى الفينيقيـة، وفي العراق الى السـامرية، ولكـن الحمد لله زالت هذه الدعوات بسرعة لأنها انطلقت من قبل القليل ودعو الى التحدّث بالعاميـة، والخطـر هنا كيف يستطيع بعضنا فهم البعض.

وتعد وسائل الإعلام عامل من عوامل ضعف اللغة فهناك أعمال بالعامية وتجاهل اللغة العربيـة مع وقوع بعض المذيعين والمذيعات في الأخطاء اللغوية.

وتساهم البيئات المحلية في ضعف اللغة نتيجة لاختلاط الأجناس وخاصة في دول الخليج ففـي الإمارات ١٧٠ جنسية، وهذا يؤدي بالطبع الى فقدان اللغة، وأيضا ضعف الأمة العربية، فعندما كانت قوية كانت اللغة قوية وعندما ضعفت اثر هذا على اللغة بصورة ملحوظة.

أما بالنسبة لأسباب الضعف في المدرسة: طالب المرحلة الثانوية يتخرج ولا يسـتطيع أن يتحدّث عدة جمل قصيرة دون الوقوع في الأخطاء , والسبب وراء الضعف والحشو في المناهج المدرسية.

ومن أهم هذه الأسباب أيضا تكرار الحديث المسـتمر عن صعوبة اللغة العربية وهو أمر وضـعه بعض الأجانب في نفوس بعض آبائنا فأخذوا يرددونه, فأصبح التلميذ من نشأته الأولى حتى نهاية المرحلـة الجامعية استقر في نفسه أن هذه اللغة صعبة، ولذلك ينصرف الى أي لغة أخرى يعتقد أنها أسهل منها.

إن هذه اللغة العربية حوصرت في التعليم منذ الصف الأول أو الفصل الأول الابتدائي حتى نهاية المرحلة الثانوية يعني ما يسمى بالتعليم الأساسي.أي

أنها حوصرت في حصة واحدة فقط فأصبحت لا تدرّس إلا في خلال هذه الحصة, وأصبح تـدريس بقية المواد باللهجات المحكية العامية المختلفة وهي لهجات لا حصر لها في بلادنا العربية, وأصبح المعلم أو المدرّس يستسهل أن ينطلق بهذه اللهجة المحكية ويعلم من خلالها المواد.

ولا شك أن الأزمة الأولى الأساسية هي المعلم لأن كثيرا من المعلمين لا يحسنون التحدّث باللغـة العربية ونقل أفكارهم ومشاعرهم من خلال لغة سليمة فصيحة، فحينما حوصرت في حصة واحدة ضعف شأنها لكن المشكلة الكبرى حقيقة أنه حتى معلم اللغة العربية في هذه الحصة انزلق لسانه وأصبح يعلـم اللغة العربية باللهجة المحكية، وفي مراحل التعليم الأساسي والتعليم الثانوي الذي هو التعليم العـام , فـإذا انتقلنا بعد ذلك الى الجامعة نجد عجبا.

وقد تمثل الأسرة عاملا من عوامل ضعف اللغة وخاصة مع وجود خادمات تتحدّث الأسرة معهـا بلغتها.

إن اللغة العربية تصلح لمستحدثات العصر وقادرة على مواكبة الحضارة الحديثة فمنذ القرن التاسع عشر تم الوقوف على المنجزات الصناعية وحاولوا اللحاق بالركب وهناك دليـل تـاريخي واسـهام في تقدمها، وقد تم وضع ألفاظ تدل على المعاني في كافة العلوم.

وقد واجهت اللغة العربية تحديا يشبه ما نواجهه الآن وهناك وسائل في التوسع ومنها :

الاشتقاق , والنقل المجازي , والإدخال , والتعريب , والنحت وجميعها وسائل تقوم على مسايرة الألفاظ والمعاني الحديثة وفقا للغتنا العربية.

إن اللغة العربية عامل من عوامل التوحد بين الناس وفي حالة ضعف اللغة سيؤدي الى ضعف هذا الارتباط , واللغة العربية هي لغة فكر وحضارة ونحن موصولون بحضارتنا من خلالها ويجب أن نتمسك بها.

إن المسؤولية لا تقع على جهة معينة وإنما هي مسؤولية أمة بكاملها وتبدأ من الأسرة فلا بد أن ينتقي الزوج زوجة عربية لينبت الأبناء بشكل صحيح , ولا بد من توفير الجو الصحي والإمكانات المناسبة كقصص الأطفال البسيطة ذات المعنى.

وتعتبر أيضا التربية والتعليم من الجهات المعنية بتعزيز اللغة العربية, فعليها من خلال المدارس زرع حب اللغة العربية وتدريسها بأسلوب سلس والتركيز على تنمية القدرات. وهناك جهات أخرى كالإعلام من الممكن أن تساعد على تنمية حب اللغة العربية وتنظيم دورات مستمرة للمقدّمين بحيث يستخدموا اللغة بشكل سليم وبسيط.

ومن الجهات المسؤولة أيضا الحكومات فعليها إنشاء جمعيات لحماية اللغة العربية كما هو في بعض الدول كالشارقة على سبيل المثال.

على الجميع الاهتمام باللغة العربية لمكانتها في حياتنا وارتباطها بالقرآن حيث أنها لغة عالمية ؛ فهي لغة العبادة ورسالة الى البشرية , ونتمنى من الله أن تعود اللغة العربية الى مجدها القديم في ظل عالم عربي واحد فنفخر بحضارتنا وديننا.

* أسباب الشكوى من العربية.

وتنحصر في وجوه أهمها :

١. طغيان اللغات الأجنبية على حياتنا العامة في كل مرافقها الضرورية كـالبيع والشراء ومـا إليها. وهذا الطغيان حرم متخصص العربية مـن الثمار العملية لتخصصه , حتـى يكـاد يشعر بالغربة في محيطه وبين ذوي قرباه.

٢. الرغبة الثقافية ؛ وهذه الرغبة لا تتحقق للعربي , ما لم يعرف اللغة الأجنبية , لأن الإنتاج الفكري المعاصر أجنبي من كل نواحيه. والحاجة ماسّة لإعداد العقل العربي إعدادا ثقافيا كاملا ولا يتسنى له ذلك إلا بالإقبال على اللغات الأجنبية , لأنه لا يثق بالترجمات الناقصة والتجارية السريعة , ولأن حكومات الشرق العربي لم تبذل الجهد الكبير لسد هذا النقص.

٣. الامتياز : بمعنى أن المـتعلّم اللغات الأجنبية , المتحدّث بها , شخص مميز, لأن هـذه (اللغـات بـالنظر العـام , عنوان الحضارة في الحيـاة وعنوان الـترف العلمـي والعقلي والاجتماعي من كل الوجوه.

وبالتالي ليس في جميع أسباب الشكوى يرجع الى طبيعـة اللغة وجوهرها , وإنما هـي أسباب عرضية غـير موضوعية , خـامرت أجيالنـا , فأعرضت عـن لغتها واستصعبتها , ومالت الى الأجنبيـات واستسهلتها , بينما الدراسة العلمية المخلصة تثبت أن (العربية أسهل من كل اللغات , بل أكثرها آليـة إذا صحّ التعبير).

إن الأساس اللغة لا يقوم على ما تحتويه من كلمات , وإنما يقوم على تركيبها الخاص وبإمكاننا أن نقول : إن العرب في ظل الاستعمار , لجأوا الى حماية هويتهم وأصالتهم الى اللغة العربية , أو بالجري الى اللغة العربية القديمة, ومن هنا نلمس قوة وصلابة قيم ومزايا اللغة العربية التي ناضلت بنجاح , لا ضد غزو اللغات الغربية المسلحة بقدرة عملية على الإيصال وحسب وإنما كذلك ضد

اللهجات (المحلية العامية) التي حاول الاستعمار تغذيتها لزرع الفرقة التجزئة بين العرب الـذين كانوا موحدين بلغتهم العربية لغة القرآن الكريم.

فكل أمة من الأمم تعرف مستوى من اللغة رفيعا يستعمله أبناؤنا في الشـعر والنـثر وصنوف الفكر ومجالات التأليف ومستوى آخر عاديا يستعمله السواد من النـاس في قضاء حاجـاتهم والتعبير عـن أغراض حياتهم في البيت والسوق وما شبههما.

ولا يمكن أن يدور بخلد امرئ أن الإنجليزي مثلا يخاطب بائع الخضار في لنـدن باللغـة العليـا , لغة الأدب أو العلم , ومثله الفرنسي والأمريكي.

فوجود مستويين , أو ما يمكن أن نسمية الثنائية أو الازدواجيـة اللغويـة , أمـر معـروف في كـل لغات العالم وهو ظاهرة طبيعية عرفتها لغتنا كما عرفتها كل اللغات في كل عصر.

ولقد استعمل العرب لفظه – الفصحى – للتعبيـر عـن المسـتوى الرفيـع مـن اللغـة العربيـة أو الفصيح من لغتهم , كما استعملوا لفظة – العامية- للدلالة على ذلك المستوى مـن اللغـة العربيـة الـذي يستعمله سواد الناس وعاميتهم في التعبير عن أغراضهم. وما العامية إلا الوجه الآخر للفصحى محرفا قليلا أو كثيرا على ألسن الجماهير ونطقهم , ولقد كانت الفصحى في كل العصور قريبة من فهم الجماهير مهما بلغت أميتهم , وكان الخطباء حينما يتحدثون بالفصحى الى سـواد النـاس يلهبـون مشـاعرهم ويدغـدغون عواطفهم , وكان الناس الأميون من الناس يحتشدون لسماع الخطب الفصيحة في المساجد والمحافل الدينية دون أن يجدوا أدنى عقبة في فهم لغة الخطيب.

ولكن الاستعمار المفتري استغل هذه الظاهرة الطبيعة - ظاهرة ازدواجية اللغة - وأشعلها مشكلة أراد أن يحرق بها ذلك الرباط المقدّس , رباط الفصحى, الذي يشد العرب من المحيط الى الخليج , بأواصر التفاهم والتضامن والوحدة.

فعندما سيّطر الاستعمار على تركه الرجل المريض , وأمسك بتلابيب البلاد العربية رأى أن اللغة أهم دعائم الوحدة العربية باعتبارها لغة الدين والتاريخ المشترك والتراث العريق وطريقة التعبير عن الآلام والآمال المشتركة , فأراد القضاء عليها وإحلال اللغة الأجنبية محلها.

وقد كان الاستعمار الفرنسي ينجح في ذلك لطول المدة التي تحكم فيها أجزاء المغرب العربي وخاصة الجزائر , إلا أن العرب في تلك البقاع سرعان ما التمسوا أصول قوميتهم عندما نفضوا غبار الاستعمار عن كواهلهم. وأما الاستعمار البريطاني فقد فشل منذ البداية في فرض لغته على العرب , فاكتفى بأن جعلها لغة الدوائر والدواوين، باعتبار أن هذه المؤسسات واقعة في قبضته مباشرة ويديرها موظفون من لدنه. وترك لسواد الناس ذلك المستوى من اللغة العربية الذي يستعملونه في الأسواق والبيوت لقضاء حاجاتهم اليومية يعرف باللغة العامية أو اللهجات المحلية. ومن هنا راح الإنجليز يكرسون العامية بين الناس ويتحيزون لها ضد الفصحى, والناس في تلك الأيام , في أواخر القرن الماضي وأوائل القرن الحاضر في غفلة من أمرهم , يعمهون في جهلهم. غير أن بعضهم فطن الى هدف المستعمر, فتصدى له وبدأت بذلك مشكلة الصراع بين الفصحى والعامية , وبين أنصار كل وجه من وجهي اللغة الواحدة.

وظل الصراع بين مناصري الفصحى ودعاة العامية يستعر , ولم تخمد جذوته ,حتى إذا ما فشل الأجانب من أمثال(وليم ولكوكس، وسيلدون ولمور) ويئسوا , ظهر من العرب أمثال (سلامة موسى) في مصر في الربع الثاني من القرن

العشرين الذي راح يعمل بما حباه اللـه مـن أسلوب سلس , ومنطق سهل وقلم طيّع ضد الفصحى ويدعو إلى نبذها , لأنها على حد زعمه لغة بدو الجاهلية في عصر الناقة ولا تصلح أن يتعامل بها الحضر في عصر الطائرة.

والعجيب الغريب أن جلّ دعاة العامية – من أجانب وعرب – خاضوا معاركهم ضد الفصحى باللغة الفصحى , وكأن الفصحى تهزأ بهم , تسخر من جهودهم التي ذهبت تذروها الرياح , وتمضي الفصحى مرفوعة الرأس شامخة لجبين , تتهادى كالعروس وسط كوكبة من اللهجات المحليات , التابعات لها بإخلاص , تؤثّر فيهن, ولا يؤثّرن فيها , وفي يقيننا نرى أنه قد آن الأوان لأن نضع حدّا حاسما لما عرف بمشكلة الفصحى والعامية , فنتعرف ونقرّ بأن الفصحى هي لغتنا العليا التي نكتب بها الأدب والفكر , ويرتهن بها وجودنا كعرب مسلمين , كما يرتهن بها تقدّمنا الثقافي والفكري , وفي الوقت ذاته لا بد من أن نقر أيضا أننا لا نستطيع القضاء على العامية أو الاستغناء عنها , فهي لغة التخاطب اليومي , ولكن ما نتمكن من فعله في هذا الصدد هو أن نستمر في تهذيب الألفاظ العامية لتكون دائما قريبة الى الفصحى.

ليس هناك مناص من الاعتراف بالضعف المتفشي في اللغة العربية، الضعف في طرائق التحدّث بها وكتابتها وقراءتها، ويبدأ الضعف في قراءة الصغار والكبار على السواء, حتى المذيعين والمثقفين كثيرا ما يخطئون في القراءة , وطريقة – سكّن تسلم – دارجة مستساغة لدى الكبير قبل الصغير هذه الأيام. وفي الحديث والتعبير لا يكاد يفلت متحدّث من زلة لسان أو خطأ مهما كانت سيطرته على قواعد اللغة قوية, وألفه بنظام العربية متينا , حتى مدرسي اللغة العربية , بالرغم من تفهمهم لقواعد اللغة ومعايشهم لتطبيقاتها , يسهون أحيانا ويخطئون.

والحصيلة اللغوية ضعيفة أيضا عند الجميع , فمفردات اللغة التي يعرفها الناس ضئيلة ومحدودة وبيئية , أما القواعد اللغة النحوية والصرفية باتت العبء الذي ينوء بحمله طلاب المدارس والجامعات على السواء ويتذمرون منه , ويخالفونه أشد صعوبة من قواعد اللوغاريتمات أو حساب المثلثات.

ومن أهم العوامل التي أدّت الى ضعف اللغة العربية العامل النفسي ـ فلقد دخل في روعنا أن اللغة العربية صعبة , معقدة , كثيرة القواعد, وأن الكتابة العربية بما فيها من مشاكل الهمزة والألف المقصورة والحروف التي تنطق ولا تكتب تشكل عائقا كبيرا , وسببا جسيما في ضعف الناس باللغة. ولا سيما أن للاستعمار الأثر الأكبر في العامل النفسي الذي عادى اللغة العربية باعتبارها همزة الوصل التي كان من الصعب عليه قطعها بين العرب من أقصى بلادهم الى أقصاها , وباعتبارها وعاء عقائدهم وتقاليدهم وتاريخهم , والبوتقة التي تنصهر فيها آلامهم وآمالهم , فراح يثير قضايا موهومة , كمشكلة الكتابة بالحرف اللاتيني بدل الحرف العربي, ومشكلة استيعاب ألفاظ الحضارة ,ويسعى إلى ضعاف النفوس من أبناء العربية لتجسيد هذه القضايا , وبثّ الشكوك حول قدرة اللغة العربية على معايشة التطورات الحثيثة في حضارة القرن العشرين.

ولعل تعقّد الحياة في هذا العصر , وما يصاحبه باطراد من غلاء الأسعار, وازدياد اهتمام الناس بالسعي لتوفير قوتهم, وتحصيل معاشهم , يشكل عاملا آخر في ضعف الناس في اللغة العربية , حيث لم يعد لديهم الوقت لارتياد المكتبات , وعزّ عليهم المال لشراء واقتناء المقروءات. فالمطالعة بطبيعة الحال تقضي اللغة وقلتها تضعف اللغة وتضعف الثقافة.

وتفشي الأمية , وشيوع العامية , من أسباب ضعف اللغة, فعلى الرغم من الجهود الحثيثة التي تبذلها الحكومات العربية في سبيل مكافحة الأمية, فإن نسبتها في بعض البلاد العربية ما تزال كبيرة جدا.

ومن الأسباب المعروفة ندرة المعلم الجيد , فقد أصبحت مهمة تدريس العربية في شتّى مراحل الدراسة تسند الى مدرسين غير أكفاء.

ووسائل الإعلام المختلفة التي لا تهتم باللغة العربية, ولا تضع في أهدافها العمل على سموّ اللغة.

إن التحدث باللغة الفصيحة إذا وجد المخلصين للعمل على نشره وإشاعته والالتزام به ينتقل من الجامعة والمعهد الى المدارس الثانوية. سيقضي على الضعف والخوف وبالتالي على العامية المتفشية بشكل رهيب.

ولعل تقديم مقطوعات من النثر الجميل والقصص الأدبية والعلمية, ومناقلات الظرفاء , تنبت في غضون دروس القراءة , وكتب المطالعة لقراءتها بغية الاستمتاع لا من اجل الفحص والاختبار , يمكن أن ترتفع بمستوى التعبير لأنها تثري الذهن بالعبارات الجميلة الأنيقة. كما أن سماع اللغة الفصيحة في بيئة تهتم وتلتزم بها.

ومن خلال وسائل الأعلام المرئية والمسموعة(الصور المتحركة المدبلجة بالعربية الفصيحة) , والتمثيليات المهتمة بالفصحى، والمشاركة بالتحدّث باللغة الفصيحة كلما أمكن ذلك تساعد على النهوض بمستوى التعبير والمحادثة.

ومن أسباب الضعف في اللغة العربية: ردّدت الجرائد والمجلات الشكوى من ضعف الطلبة وخريجي الجامعة في اللغة العربية , ولا شك أنها مسألة لا يصح أن يتداولها الكتّاب بالشرح والتعليل , ويقبلوها على وجوهها المختلفة ,حتى يصلوا الى علاج حاسم.

أما أن الطلبة ضعاف جدا في اللغة العربية فأمر لا يحتاج الى برهان , فأكثرهم لا يحسن أن يكتب سطرا ولا أن يقرأ سطرا من غير لحن فظيع , وهم إذا خطبوا أو كتبوا أو قرؤوا أو أدّوا امتحانا رأيت وسمعت ما يثير العجب ويبعث الأسف, وأما أن الضعف في اللغة العربية نكبة على البلاد فذلك أيضا أمر في منتهى الوضوح , لا لأن اللغة العربية لغة البلاد , والضعف فيها ضعف في القومية فقط , بل لأنها اللغة التي يعتمد عليها جمهور الأمّة في ثقافتهم وتكوّن عقليتهم ؛ فاللغة الأجنبية التي يتعلمها طلاب المدارس الثانوية والعالمية ليست هي عماد الثقافة للبلاد, وليست هي التي تكوّن أكبر جزء من عقليتنا إنما الذي يقوم بهذا كله هو اللغة العربية التي نتعلمها في الكتاتيب ورياض الأطفال , وندرس بها العلوم المختلفة , فالضعف في اللغة العربية ضعف في الوسيلة والنتيجة معا , على حين أن الضعف في اللغة الأجنبية في كثير من الأحيان ضعف في الوسيلة فقط.

ولهذا فإن معلم اللغة العربية أكبر واجبا وأخطر تبعة, وبمقدار قوته وضعفه تتكون - الى حد كبير - عقلية الأمة.

إن الأسباب ترجع الى أمور ثلاثة: طبيعة اللغة نفسها , والمعلم الذي يعلمها , والمكتبة العربية.

١. فأما طبيعة اللغة فهي صعبة عسرة إذا قيست - مثلا - باللغة الإنجليزية والفرنسية. ويكفي للتدليل على صعوبتها بعض عوارضها : فهي لغة معربة , تتعاور أواخرها الحركات من رفع ونصب وجزم وجر حسب العوامل المختلفة.

٢. أما المعلم فقد وصلنا الى نقطة شائكة , ذلك لأننا اعتدنا أن ننقل النقد في الأمور العامة الى مسائل شخصية, ونحوّل الكلام في المبادئ العامة الى فئات وأحزاب , ونسيء الظن بالناقد, فإن كان من فئة خاصة ظنوا انه يدافع عن

فئته , وأنه يريد تنقّص غيره. وإذا أردنا قول الحق فإن جزءا كبيرا من الضعف يرجع الى المعلمين , ولسنا ننكر أن منهم أفذاذا نابغين يصح أن يكونوا المثل الـذي ننشده , ولكن المنطق عوّدنا أن يكون حكمنا على الكثير الشائع لا القليل النادر.

٣. أما السبب الأخير هي مسألة المكتبة العربية , فالحق لأنها مكتبة ضعيفة فاترة , هي مائدة ليست دسمة ولا شهية ولا متنوعة الألوان. والحق أيضا أن القائمين بإحضارها لم يجيدوا طهيها. فمكتبتنا في كل النواحي ناقصة من ناحية الأطفال , ومن ناحية الجمهور , ومن ناحية المتعلمين. وحسبك أن تقوم بجولة في مكتبة غـير عربية وأخـرى عربية لـترى الفرق الذي يحزنك , ويبعث في نفسك الخجل والشعور بالتقصير. فماذا يقرأ الطفل في بيته وفي عطلته ؟ وماذا تقرأ الفتاة في بيتها ؟ وأين الروايات الراقية التي يصح أن نضعها في يد أبنائنا وبناتنا ؟ وأين الكتب في الثقافة العامة التي تزيـد بها معلومـات الجمهور ؟ وأين الأدب القديم المبسّط ؟ وأين الأدب الحـديث المنشأ ؟ الإجابة واضحة إنهـا اللغة العربية لا ترقى بكتبها في قواعد النحو والصرف والبلاغة بمقدار ما ترقى بالكتب الأدبية ذوات الموضوع.

أسباب ضعف الطلبة في اللغة العربية.

يعاني الطلبة في مدارسنا من صعوبة مادتي النحو والقراءة كثيرا الأمر الذي أوجد جيلا غـير وفي للغته الأم وجعل اللغة تشكو عقوق أبنائها وتشكو غربتها في هذا الزمن الغريب لكنها لا زالت محافظة على جمالها ورونقها رغم كل الظروف.

إن المشاكل التي يعاني بعض الطلاب في دراسته النحو مثلها مثل المشـاكل التـي يعانونهـا في دراسة الحساب والهندسة واللغة الإنجليزية وغيرها من العلوم

فالنحو علم كغيره من العلوم فيه مفاهيم ومصطلحات وكل ذلك يحتاج الى تعلّم يعتمد على ملكات ذهنية ويأتي الخلل من أن الطلاب لا يأخذون التعلّم مأخذ الجد ويعتمدون في التحصيل على الحفظ لا الفهم.

وإن هناك خلطا بين مسألتين أما إحداهما: فهو ضعف الطلاب وغيرهم في المهارات اللغوية المختلفة والأخرى: الضعف في النحو مصطلحا ومفهوما وكثيرا ما اتهم النحو والنحاة بأنهم سبب الضعف اللغوي وهم بريئون منه براءة الذئب من دم يوسف. والحق أن العالم كله يشهد على نحو متفاوت ضعفا لغويا وعلة ذلك أن المتعلّم لا يجد وقتا كافيا لتجويد ملكاته اللغوية فهو مقتحم منذ نشأته بطوفان من المعارف المتلاحقة ومحوط بجملة من الصوارف الذهنية مما يحول دون الانكباب على التحصيل اللغوي ومن السهل أن ندرك ذلك إذا عرفنا أن القدماء لا يشغلهم عن أمور دنياهم سوى لقمة العيش على هونها سوى الانصراف بكل جوارحهم وطاقاتهم للتحصيل اللغوي وهذا ما يفسر لنا هذا التراث المعرفي المذهل في كيفيته وكميته إذ يعجب الإنسان من الوقت المنفق في تحصيل العلوم وتدوينها , وعلينا أن ندرك أن الضعف اللغوي ضعفان أحدهما: ضعف لغوي في المهارات اللغوية والآخر: ضعف في تحصيل العلوم اللغوية ولكل منهما أسبابه وعلاجه. أما الضعف في المهارات اللغوية فمرده الى أن الطالب يبدأ تعلم العربية على نحو يشبه تعلمه للغة الثانية ولكنه لا يجد من التعليم ما يكفل له إتقان المهارات فتعلّم اللغة يحتاج الى وقت طويل وتدريبات كثيرة متواصلة وهذا لا يتيحه التعلّم وذلك لأسباب كثيرة منها كثرة الطلاب في الفصل الواحد، وكثر أعباء المعلمين،وضيق الوقت المتاح للتعلم،وكثرة العلوم التي يطالب بتعلمها الطالب،وقلة اهتمام الطالب نفسه بالتحصيل والدرس،وإهمال أهله من ورائه مستواه الحقيقي، وطلب النجاح كيفما اتفق،ثم كثرة الأمور الملهيات عن الدرس من مشاهدات تلفزيونية وحاسوبية.

أما الضعف في تحصيل العلوم اللغوية فمرده الى جهـل الطـلاب بمصطلحاتها واعتمادهم عـلى الحفظ في تعلّمها لا الفهم والإدراك والتحليل. وتحصيل هذه العلوم عـلى الوجه المـرضي يحتـاج الى وقت طويل والى تدريبات خاصة وكل هذا غير ميسر في التعليم العام أو الجامعي.

أما العلاج فالقول فيه طويل ومتشعب ولعله يغني في هذا المقام أن نقول: إنه بأخذ الأمور الجد ووضع الخطط الصارمة وإدراك الأولويات والعمل على تحصيلها , وإعـادة النظر في طرائق الامتحانـات في التعليم العام والجامعي والصرامة في هذه المسألة, ثم معالجة المشكلات التـي تعـوق المسـيرة التعليميـة الجادة من مثل تخفيف أعباء المعلم وتهيئة الظروف المسـاعدة عـلى الإنجاز وإعادة تدريبه وتحديث معارفه وتوسيع مداركه والاهتمام بجوهر الأمور لا أعراضها وأشكالها ثـم إعطاء اللغة وعلومها الوقت الكافي لإتقانها اتقانا مرضيا وتوفير الوسائل المعينة على التعليم وكل ذلك يحتـاج الى اهـتمام سـياسي قـوي فإن الله ليزع بالسلطان ما لا يزع بالقرآن.

إن اللغة أصوات في المقام الأول والأصل في تعلمها المشافهة وهكذا يتعلم الوليـد لغـة أمـة دون معلم إذ قد هيأه الخالق بملكه تعلم أية لغة يسمعها في صغره, أما تعلم القراءة فهو تعلم الكيفيـة الصحيحة لتحويل الرسم الكتابي الى أصوات لغوية, وإذا أدركنا هذه الحقيقية إدراكا واعيا أمكن لنا ذلك تعليم القراءة تعليما جيدا، والبدء بتعليم القراءة يكون بالبدء بتعليم الأحرف تعليما صوتيا، ومن هنا نجد التوفيق بجانب بعض المتصدين للتعليم الأولى في الروضة إذ نجدهم يشغلون أنفسهم بتعليم الصغار أسماء الحروف وأشكالها دون أن يعلموهم نطقها نطقا صحيحا يعينهم عـلى القراءة الصحيحة، انك تجدهم يرسمون الألف بالرمل والصلصال والخيوط ويرددون اسم الحرف كاملا (ألف , بـاء,تـاء) وكنهم آخر الأمر يخفقون حين يريدون قراءة كلمة وبجانب التوفيق ما نجده من تعليم القراءة في كتب

وزارة المعارف إذ هي معتمدة على ما يسـميه التربويـون بالطريقـة الكليـة وهي تعليـم قراءة كلمات بأعيانها تعلّمه معرفة صورة بعينها وهو لا يتمكن من قراءة كلمة أخرى لم يحفظها من قبل وليس هذا ملائما لطبيعة اللغة العربية التي من ميزات رسمها انك تستطيع كتابة أي كلمة لم تسـمعها مـن قبـل وقراءة أي كلمة لم تقرأها من قبل وما يلائمها ما كـان يسـمى بالطريقـة البغداديـة وهـي طريقـة التعليـم الصّوتي وهي أنسب مدخل لتعليم القراءة العربية للمبتدئين , أما التعليم الصّوتي الـذي أشرت إليه فهو تعليم قراءة الحرف بحركة دون التطرق أو التعرض لأسماء الحـروف بـل تنطـق محرّكـة عـلى هـذا النحـو (ب,ت,ث).

وكان الناس قديما يعلمون أبناءهم في الكتاتيب أو في المساجد عند إمام المسجد بطريقة صوتية تسمى الطريقة البغدادية وهي تعتمد على تعليم الحرف متلوا بحركة الفتحة ثـم تعليمـه الحـرف متلـوا بالكسرة وهكذا حتى يتقن الجمع بين نطق الصوت ورسمه , حتى إذا انتقل الى قراءة الكلمات أمكنـه متابعة قراءة بالكسرة وهكذا حتى يتقن الجمـع بـين نطـق الصـوت ورسـمه , حتى إذا انتقـل الـى قراءة الكلمات أمكنة متابعة قراءة الأحرف وفق حركاتها قراءة سليمة.

فإذا تمكّن الطالب من إتقان القراءة اتقانا أوليا بدئ بتعليمه رسم الأحرف ثم رسم الكلمات كـل ذلك على نحو تراكمي متدرّج. ونطالب بتقسيم المرحلـة الابتدائيـة الى قسمين الأول يخصص لتعليم المهارات اللغوية فقط: القراءة والفهم والتكلّم والكتابة. القسم الثاني للتربية الدينية والعلوم المبسطة مثل الحساب والطبيعة والجغرافيا، كما يبدأ بتعلم النحو في المرحلة المتوسطة ويركز على ما يمكن التدرّب عليـه وماله صلة قوية بلغة العصر ويتجنب ما تجاوزه الاستعمال وتكثيف التدريبات في جميع المراحل والعمـل داخل المدرسة وتجنب الاتكال على الأسرة. والإعلاء من أهمية اللغة اجتماعيا وتمكينها من أن تأخـذ حظهـا من الاهتمام.

أن المشكلة تكمن في نوعية الكتاب المقرر فبعض الكتب المقررة كتب تراثية كتبت بلغة عصر ـ غير الذي نعيش فيه وتغلب عليها أمثلة لا تتردد على ألسنة الناس في عصرنا هذا مما يسبب فجوة فكرية وصعوبة في فهم بعضها. منبها الى الاهتمام بالجانب النظري على حساب الجانب التطبيقي ولا شك أن استنتاج القاعدة من النص يجعلها قريبة وسائغة أكثر من التلقين والحفظ , كما أن قواعد اللغة كثيرة ومتشعبة إضافة إلى أن هناك بعض الأبواب قريبة المأخذ مع أبواب أخرى مما يجعلها تتداخل وتختلط في أذهان الطلاب فكثيرا ما يحار الطالب في إعراب كلمة أحال هي أم تمييز , أتمييز هي أم عدد ؟ وهكذا أن المضي على أسس في تأليف الكتب المقررة وطريقة تدريسها هي أفضل طريقة لمعالجة ضعف الطلاب وذلك بتحديث المصنفات النحوية وصياغتها بأسلوب قريب من لغة العصر ـ يسهل على الطالب تناوله وفهمه حتى لا تكون لغة الكتاب عائقا بينه وبين فهم القاعدة وأن تكون الأمثلة من استعمالنا اليومي، وان ننأى عن الأمثلة الغريبة التي تجاوزتها لغة العصر. واستنتاج القاعدة من خلال النص الصريح كأفضل طريقة لعرض وتدريس النحو فينتقي الأستاذ بعض النصوص من القرآن الكريم والشعر والنصوص النثرية ذات القيم التي تتلاءم مع أعمار الطلاب وتكليفهم بحفظ بعض النصوص البليغة التي هي لتقويم اللسان. مشددا على الاكتفاء بالقواعد الرئيسية في المراحل الدراسية الأولى والبعد عن التفريعات والخلافات فيما قبل الدراسات المتخصصة.

إن سبب معاناة الطلاب في دراستهم النحو عدم فهمهم أو إفهامهم هدف هذه المادة والغرض من تعلمها فأكثرهم تتوالى عليه مناهج القواعد في الصفوف دون أن يدري شيئا سوى أن هذه مادة لا بد له من معرفة مقررها وحسب. ويضيف أن أهم وسيلة لتسير هذه المادة توعية الطالب بأهمية النحو وقيمته والغرض من تعلّمه وان الغرض من إقامة اللسان من الزلل،وأنه الوسيلة الوحيدة

للفهم والإفهام إذ لن يتيسر لك إيصال فكرتك وكلامك إيصالا حسنا إلا بالمحافظة على النظام النحوي , وفي الوقت نفسه ليس لك أن تفهم النصوص العربية السليمة إلا بمعرفتك ذلك النظام , كما أن هناك مسألة مهمة أخرى إلا وهي أن يؤكد على الطالب ودارس النحو أن علم النحو تطبيقي عملي وليس نظريا فحسب , فالمعرفة بالقواعد النحوية واستظهارها لا تكفي , بل لا بد من تطبيق تلك المعارف النظرية عمليا في الحديث والكتابة والقراءة وأن معرفة القواعد النحوية معرفة مجردة شبيهة مثلا بمعرفة جدول الضرب وحفظه فقط , ولكن الهدف منه تطبيقه في واقع الحياة العملية وألا فلا فائدة من ذلك.

كما أن من الوسائل المهمة إفهام الطلاب بمدلولات المصطلحات النحوية وشرحها وتيسيرها وبيان أثر الأساليب النحوية في المعاني والربط بين علوم اللغة وعلاقتها ببعضها. ومن أهم ما ينبغي التنبيه عليه عند تعليم الطلاب النحو أن الإعراب فهم وروح , وان استيعاب الكلام ومعانيه عن طريق المصطلح النحوي , وأنه وسيلة من وسائل الفهم في العربية وليس مقصودا بذاته. كما يحسن لمن أراد تيسير النحو وتخفيف معاناة الطلاب فيه أن يبعدهم عن الجمود في الشرح والأمثلة وألا يكتفي بأمثلة المقرر بل عليه التنوع والتجديد حتى لا يقف عند"أكل محمد التفاحة".

ومن وسائل تيسير النحو ودراسته على الطلاب التخفيف من القواعد نفسها واعني به الاهتمام بالقواعد الدراجة كثيرة الاستعمال والدوران على الألسنة.

أن ضعف القراءة مشكلة تنشأ في الصفوف الأولى ثم تستمر بالإهمال وعدم الجد في علاجها فتلازم بعض الطلاب في المرحلة الابتدائية وتظل معهم

قائمة في المرحلتين المتوسطة والثانوية. ونستعرض بعض أسباب ذلك الضعف فان من أهمها :

١. عدم التحقق من معرفة الطالب رسم الحرف.

٢. عدم تعويده على إخراج الأصوات من مخارجها الصحيحة.

٣. إغفال دور الحركات والضبط في رسم الكلمة.

٤. بالإضافة الى عدم إعطاء الطالب التدريبات الكافية على القراءة.

٥. ومن الأسباب إغفال دور السمع في تجويد القراءة إذ يقل عند تعليم القراءة استخدام وسائل سمعية معينة على القراءة.

ومن أهم وسائل العلاج هي أن يتحقق المعلم من معرفة الطلاب رسم الحرف ونطقه الصحيح ويعطي أهمية كبرى لمخرج الصوت كما يجب على المعلم أن يولي أيضا عناية فائقة للحركات والضبط،و كثرة التدريبات والتمرينات القرائية للطلاب، وان يعطى كل طالب نصا يتناسب مع مستواه طولا وقصرا صعوبة وسهولة ومن وسائل القضاء على ظاهرة الضعف في القراءة أن يحفظ الطلاب نصا أو نصوصا ثم تلقى عليهم مكتوبة أمامهم ويترك لهم جانب المتابعة بين الرسم والصوت ويتحقق المعلم من حسن المتابعة وصحتها،ومن الوسائل إثارة التنافس بين الطلاب ووجود الحوافز المادية والمعنوية.

إن أسباب معاناة الطلاب من دراسة النحو تكمن في أسباب ذاتية ونقصد بها الطالب نفسه فبعض الطلاب لا يراجع المادة الدراسية بالقدر المطلوب لفهمها وبعضهم لا يراجع المادة إلا إذا أراد أن يستعد للاختبار فتتراكم عليه المادة العلمية ويصعب فهمها فهما جيدا ثم أن مادة النحو بطبيعتها جافة لأنها تتعلق بقواعد لغوية مجردة تنظم لغة فصيحة لا نمارسها في حياتنا اليومية.

مما يزيد النحو صعوبة الازدواجية اللغوية التي نمارسها في الحديث الشفوي والخطاب الرسمي تزيد الأمور صعوبة وأن النحو يدرس كمادة مستقلة لذاتها سواء في مراحل التعليم العام أو الجامعة وهذا يصعب الأمر خاصة إذا لم نركز على الجانب التطبيقي للنحو.

إن المعاناة ليست في النحو العربي وحده ولكن في مستوى اللغة ككل فنحن نشاهد انحطاطا ملموسا لمستوى طلابنا في اللغة العربية وهي ظاهرة يعرفها العامة قبل الخاصة ولكي تتغلب على ظاهرة ضعف طلابنا في اللغة العربية ينبغي علينا أن نقوم بأمور عدة:

١. تدريس اللغة العربية كمادة واحدة مدمجة في برامج التعليم العام ويكون الانطلاق من نص يتعلم الطالب فيه النحو والمفردات والقراءة والكتابة والاستماع والمحادثة.

٢. وأن يتم تدريس اللغة العربية بوصفها مجموعة من المهارات التي يجب إتقانها وهي فهم المسموع والمحادثة (التعبير الشفوي) والقراءة والكتابة (التعبير التحريري) بالإضافة الى النحو الذي يخدم هذه المهارات كلها , والمفردات التي يجب إتقان معانيها.

٣. وان نتخلص من الفرضية التي نعامل الطلبة بموجبها على أنهم طلبة عرب يتقنون العربية وان نعاملهم بأنهم طلبة عرب يحتاجون الى إتقان اللغة العربية الفصيحة التي لا تمارس إلا في الخطاب الرسمي (لغويا كان أم تحريريا).

٤. وأن يلغى تدريس النحو في المراحل الجامعية ويستعاض عنه بمادة النحو التطبيقي أو التحرير اللغوي الذي يعالج أخطاء الطلاب وان ندخل في تعليمنا الجامعي سواء للمتخصصين بالعربية أو بغيرها مواد عربية تقوي مهاراتهم اللغوية كفهم المقروء والإنشاء وكتابة التقارير وفهم المسموع

والخطابة ويكون تدريس النحو من خلال هذه المواد , أي بطريقة غير مباشرة تخدم اللغة وتفيد الطالب وتربطه بواقع ملموس لا بقواعد جامدة لا تنبض بالحياة.

٥. ويشخص معاناة طلاب الصفوف الأولى في المرحلة الابتدائية من ضعف في القراءة بسبب طبيعة مادة القراءة التي تدرس لهم فالكتاب بني على أساس الطريقة الكلية في تعليم القراءة وهي تنطلق من الجملة الى الكلمة الى الحرف بعكس الطريقة الجزئية التي تعلم القراءة انطلاقا من الحرف فالكلمة فالجملة.

٦. ولا شك أن جهود المعلّم القدير لها دورها في إتقان مهارة القراءة مهما كانت طريقة تدريسها ومما يعقد المشكلة توجه بعض مديري المدارس الى توجيه المدرسين الأكفاء الى تدريس الصفوف العليا وهذه ممارسة خاطئة لأن الصفوف الدنيا والصف الأول بالذات هو الأساس الذي نبني بقية المراحل عليه فإن كان أساسا قويا تحمل بقية المراحل وان لم يكن كذلك أنهار البنيان في أية مرحلة من المراحل تبعا لقوة هذا الأساس.

إن المشاكل العلمية سمة عامة في كل العلوم فالمتغيرات الاجتماعية والتطور الحضاري الذي صبغ مجتمعاتنا بالصبغة الاستهلاكية ابعد كثيرا من أجيال المتعلمين عن الانصراف الى التحصيل في العلوم كافة حيث استكانوا الى الملهيات من قنوات فضائية وغيرها من المغريات التي تأخذ من وقتهم وصحتهم مما يؤثر على تحصيلهم العلمي أن القضية ليست تسهيل مادة النحو والصرف وإنما كيف يتلقاها الطالب وكيف يوظفها في استخداماته اليومية والتعبير بها عن احتياجه وأفكاره , أما العلاج فهو علاجات وليس علاجا واحدا فلكل مرحلة ولكل مستوى أسلوب مختلف في تنمية مهارات طلابه فالقضية تتعلق قبل كل شيء بالمهارة اللغوية ولو اهتم التعليم العام في المرحلة الابتدائية بأن يجعل السنة الأولى

والثانية لتنمية المهارات وممارستها دون التحصيل العلمي لكثير من المواد التي لا تعلق بذاكرة الطفل لكان أجدى بأن يهتم بالسنتين الأولى والثانية بالمهارات فقط القراءة والفهم والتعبير المنطوق لا المكتوب،ويتدرج بعد ذلك في التعبير المكتوب.

وقديما كان التعليم يعتمد على حفظ القرآن في مرحلة مبكرة ونلحظ تأثير ذلك على حفظه القرآن فقد استقامت ألسنتهم ومن ثم استطاعوا في المراحل التالية من تحصيل العلوم اللغوية بسهولة ويسر كالنحو والأدب والبلاغة، كما أن معاناة طلاب الصفوف الأولى في المرحلة الابتدائية من ضعف القراءة ظهرت عندما استوردنا طرق التعليم من الخارج وأنا لا اعترض على المعرفة المستقاة من الآخر فالحكمة ضالة المؤمن ولكن لا يعني هذا أن نستورد من الآخرين تجاربهم ونعربها دونما مراعاة لطبيعة لغتنا ونظامنا المعرفي ورصيدنا الثقافي , فالطريقة الكلية التي ظهرت تعلم صورة الكلمة ولا يستطيع الطالب قراءة الكلمات التي تخرج عن صورتها , وعندما كان التعليم القديم يعتمد تعليم اللغة قراءة وكتابة بطريقة الحروف المقطعة مع نطقها صوتيا بالحركات المختلفة وتوالي الحروف بعد ذلك لتشكل الكلمات وهو ما يعرف بالطريقة البغدادية التي كانت معتمدة في تعليم قراءة القرآن الكريم وما زالت أقطار إسلامية تأخذ بها ونسمع من قراء تلك المصار نطقا جيدا وسلامة لغوية مشيرة الى أهمية التزام المعلمين بالنطق الفصيح وعدم الخروج عن استخدام الفصحى فالطالب في المرحلة الابتدائية تحاصره مستويات لغوية متعددة من عامي ومن مختلط فصيح وعامي مما يفقده القدوة الجيدة التي يحتذى بها. ولمعالجة هذه الأسباب. أن غيرنا وضع كثيرا من الخطط العلاجية على مر السنوات التي بدأ ينحدر فيها المستوى اللغوي وتوالت المؤتمرات والندوات العلمية في الجامعات والمؤسسات الثقافية وكلها جهود مضنية في مجابهة الضعف اللغوي فهل يمكن أن نقدم جديدا أو نجتر ما انتهوا إليه , وتواصل بلغة حزينة بأن

الأجوبة السابقة تكشف طموحاتنا المتواضعة حول مستوى الاستخدام اللغوي ولكن هل أسمعت لو ناديت حيا ؟

معالجة أسباب هذا الضعف مثل تعزيز احترام العربية والفصحى.والالتزام بها في تدريس العلوم المختلفة وفي وسائل الإعلام وتنمية روح الانتماء لهذه الأمة وللغتها عند الناشئة فكيف اطلب منهم أن يتقنوا لغة وشعورهم أن الغرب ولغاته هم الحضارة والمستقبل , أن الروح الوطنية تنمي الإحساس بالحب والغيرة على هذه اللغة الجميلة. الاهتمام في المراحل الأولى بتنمية المهارة اللغوية ليس عن طريق الحصص الصفية فحسب وإنما عن طريق النشاط اللامنهجي الذي يزاوج بين المادة اللغوية والمتعة في محتواها وطريقة أدائها. فالنص الذي يلائم المستويات العمرية والألعاب اللغوية والشعر المنتقى كل ذلك يضفي متعة وجذبا للمتلقي للإقبال على الالتزام الفصحى،والاهتمام بمعلم العربية وتحسين صورته ومكانته الاجتماعية،وحث وسائل الإعلام على تقديم الصور المشرقة لمعلم العربية لا السلبية القائمة التي تظهر معلم العربية في المسلسلات التلفزيونية والأعمال الفنية الأخرى على أنه شخصية كاريكاتورية مضحكة تثير سخرية المشاهدين مما يعزز هذه الصورة عند الناشئة فيفقد المعلم مصداقيته بعد ذلك.

إضافة الى تطوير الخطط الدراسية ونظم الامتحانات وتحديثها بصورة مستمرة متوافقة مع المتغيرات الاجتماعية المتوالية وتكثيف المسابقات اللغوية وتشجيع الطلاب بالحوافز وفتح مجالات جديدة للعمل لمن يتخرج من أقسام اللغة العربية ويثبت تميّزه.

المشكلة في عدة أسباب منها ما يتعلق باستعدادهم للتحصيل ومدى حرصهم على الإفادة من مدرسيهم ومنها ما يتعلق في بعض الأحيان بالكتاب

المقرر ومنها ما يتعلق بالمقرر ذاته الذي قد يطول فيكون شغل المدرس الشاغل الانتهاء منه ولو كان ذلك على حساب فهم الطلاب واستيعابهم.

أن السبيل الى تسهيل هذه المادة يكمن في معالجة المشاكل السابقة وذلك بحث طلابنا على الاهتمام بهذه المادة المهمة والمواظبة على حضور محاضراتها ومذاكرتها أولا وكذلك تيسير هذه المادة والاهتمام بالجانب التطبيقي فيها من قبل الأساتذة القائمين على تدريسها ويعاني أبناؤنا طلاب الصفوف المبكرة في المرحلة الابتدائية من ضعف في القراءة لأسباب منها ما يتعلق بالمدرس فقد يكون المدرس نفسه ضعيف المستوى فلا يقوى على تعليم طلابه القراءة وأنه لا يكرر قراءة النص لطلابه أو لا تتاح له الفرصة لكي يقرأ إمامه جميع طلابه فصيح لهم ويعودهم على القراءة الصحيحة وقد يكون الطالب نفسه ضعيف القدرة على القراءة والتحصيل ويمكن علاج هذه الأسباب بأمرين :

الأول : إعداد المدرس إعدادا مناسبا وإلحاقه بدورات تعليمية لتأهيله قبل تكليفه بمهام التدريس.

الثاني : اختبار الطلاب اختبارات شفوية ودورية للكشف عن مستواهم العلمي ومدى استعدادهم وقدرتهم على التحصيل والاستيعاب وتصنيف الطلاب بحسب المستوى والقدرة على الاستيعاب والاهتمام بالطلاب من ذوي القدرات المحددة ومنحهم ساعات إضافية لتعويضهم عما فاتهم.

أسباب الخطأ الكتابي.

مشكلات الكتابة العربية كثيرة ومتعدّدة , أدت الى ضعف التلاميذ في الإملاء والنّحو والصّرف , وتدنّي تحصيلهم , وظاهرة الضّعف تكاد تكون مشتركة بين أبناء الأمّة العربيّة , فظهرت الأخطاء الشائعة الكتابيّة عند تلامذة المراحل

التعليميّة , فأصبحت ظاهرة تستحقّ التوقّف عندها والتعرّف على أبعادها لتحديد أسبابها , واقتراح أوجه العلاج المناسب لها.

١. أسباب الخطأ الإملائيّ

أولا : أسباب عضويّة

قد تبدو في ضعف قدرة التلاميذ على الإبصار , حيث يؤدي هذا الضّعف الى التقاط التلميذ لصورة الكلمة التقاطا مشوّها , فتكتب كما شوهدت بتقديم بعض الحروف أو تأخير بعضها , وأمّا ضعف السمع فقد يؤدّي الى سماع الكلمة بصورة ناقصة أو مشوّهة أو مبدّلة , وأكثر ما يقع ذلك بين الحروف المتشابهة في أصواتها.

ثانيا : أسباب تربويّة

كأنّ يكون المعلّم سريع النطق أو خافت الصوت أو غير مهتم بمراعاة الفروق الفرديّة ومعالجة الضّعاف أو المبطئين , أو يكون في نطقه قليل الاهتمام بتوضيح الحروف توضيحا يحتاج إليه التلميذ للتمييز بينه , وبخاصة الحروف المتقاربة في أصواتها أو مخارجها , أو تهاونه في تنمية القدرة على الاستماع الدقيق , أو التسامح في تمرين عضلات اليد عند الكتابة مع السرعة الملائمة , أضف الى ذلك تهاون بعض المعلمين بالأخطاء الإملائية وعدم التشديد في المحاسبة عند وقوع الخطأ.

ثالثا : أسباب ترجع الى الكتابة العربيّة , والّتي يمكن تلخيصها فيما يأتي :

١. عدم المطابقة بين رسم حرف الهجاء وصوته , والّذي يتكون من صوت الرمز والحركة المرافقة , حيث يغلب في اللغة العربيّة الاتفاق بين نطق حروف الكلمة وكتاباتها , أي كتابة ما ينطق والعكس , إلا أنّ هذه القاعدة غير مطّردة حيث

توجد حالات خاصة زيدت في كلماتها أحرف لا تنطق أو نطقت في كلماتها أحرف غير مكتوبة , ومن الأحرف الّتي تنطق ولا تكتب الألف في (ذلك , لكنّ, طه , هذا) , ومن أمثلة الأحرف الّتي تكتب ولا تنطق الواو في كلمة (عمرو) وألف واو الجماعة في (ذهبوا) , ومثل هذه الأمور الكتابيّة توقع التلميذ في لبس وحيرة.

٢. تشابه الكلمات في شكلها لكنّها مختلفة في معناها مثل عِلم , عُلم , علّم , ثمّة أخطاء كثيرة في ضبط مثل هذه الكلمات , لأن طريقة الضبط تحتاج الى جهد ليتم التوصّل إليها.

٣. ارتباط قواعد الإملاء بقواعد النّحو والصرّف.

أدّى ربط الإملاء بعلمي النّحو والصرّف الى تعقيد أمره , وإثقاله بكثير من العلل النّحويّة والصّرفيّة , فساعد على فتح باب فسيح للتأويل وتعرض الآراء , وتتجلّى هذه الصّعوبة في كتابة الألف حرف ثالث في نهاية الكلمة , فإذا كانت ثالثة وأصلها الواو رسمت ألفا كما في (سما ,دعا) , وإذا كانت زائدة على ثلاثة أحرف رسمت ياء كما في (بُشرى, كُبرى) , فأن كانت قبل الألف ياء رسمت الألف اللّينة ألفا قائمة مثل (ثريا ,خطايا) , إلاّ إذا كانت الكلمة علما فترسم الألف ياء كاسم (يحيى) للتفرقة بينها وبين الفعل يحيا.

تشعب قواعد الإملاء وكثرة الاختلاف والاستثناء فيها.

يعاني كثير من المتعلمين من هذه المشكلة, فقلّ أن تجد قاعدة إملائيّة تخلو من هذا الاختلاف , وهكذا أصبح رسم الحروف يشكل صعوبة من صعوبات تعليم الإملاء وتعلّمه. ومن الأمثلة على ذلك كتابة الهمزة , حيث تكتب في وسط الكلمة في مواضع مختلفة, ويحكم ذلك قواعد تتباين وتختلف حركة الهمزة, أو حركة الحرف الّذي يسبقها مباشرة فمثلا , ترسم الهمزة على الألف

مثل (يقرأون) وقد ترسم على السطر (يقرءون) وقد ترسم تارة على الـواو (يقـرؤون) وجميـع هذه الصور صحيحة وفق قواعد الرسم الإملائي الذي تواضع عليه علماء اللغة.

تعدّد صور الحرف الواحد باختلاف موضعه.

هناك حروف تبقى على صورة واحدة مثل (الـدال) وهنـاك حـروف هجائيّـة أخـرى لكـل منهـا صورتان, كما في حرف (الباء) مثلا , وهناك حـروف هجائيّـة لكـل منهـا ثـلاث صـور إملائيّـة مثـل (الكـاف والميم) أو لكل منها أربع صور (العين والغين). وغني عن البيـان أنّ تغـير أشـكال الحـرف الهجـائي الواحـد بتغير موضعه في الكلمة يتطلّب إجهاد الذّهن , ويستدعي مزيدا من التفكـير والمراجعة , فعنـدما تتعـدد الصوّر الخطيّة المحتملة يحتاج التلميذ الى ممارسة عمليّة الاختيار في ضوء القواعد المرتبطة.

عامل وصل الحروف وفصلها.

تتكوّن الكلمات العربيّة من حـرف يجـب وصـل بعضـها بغيرهـا , وأخرى يجـب فصـلها عنهـا , والقاعدة العامّة أن تتكوّن الكلمة في الكتابة من مجموع أحرفها المنطوقة متّصلة , فتطابق الكلمة النطق , وتتوالى الكلمات منفصلة بعضها عن بعض ما دام لكل منها معنى مستقبل , ولكّن رسم بعض الكلمات شذّ ولم يخضع لهذه القاعدة حيث انفصلت الحروف في كلمات , فأصبح لدينا مواضع للوصل وأخرى للفصل , ولا شكّ أن تعدّد أنظمة رسم الحروف والربط بينها صعوبة بحدّ ذاتها , والأمثلة على ذلك كثيرة فـالحروف بعد الواو لا تتصل بها , وكذلك بعد الدال والراء, وهناك الوصل والفصل عـلى مسـتوى الكلـمات , حيـث ترسم أحيانا كلمات في صورة خطيّة واحدة مثال ذلك الضّمائر المتّصلة

في (ذهبت) , (قلمها) , ومن مواضع فصل الكلمات عدم اتصال كلمة (ذاك) بما يسبقها من ظروف مثل (حين ذاك, يوم ذاك) والشواهد على ذلك كثيرة.

الإعجام

والمقصود بالإعجام هو نقط الحروف , والملاحظ أنّ نصف عدد حروف الهجاء معجم وقد يختلف عدد النقط باختلاف صور حروف الهجاء المنقوطة, حيث يشكل هذا التنوع صعوبة أخرى تضاف الى الصعوبات المتمثلة في الكتابة العربيّة , لبعض الحروف أشكال متشابهة ولكّنها تختلف بوضع النقاط مثل : (ب,ت,ث) ,(د,ذ), (ج,ح,خ).

استخدام الصوائت القصار

إنّ استخدام الحروف الّتي تمثل الصّوائت القصار أوقع التلاميذ في صعوبة التمييز بين قصار الحركات وطوالها , وأدخلهم في باب اللبس , فرسموا الصوائت القصار حروفا , كإشباع الفتحة في آخر الفعل مثل (انتظر: انتظرا) , وإشباع صوت الضمة بحيث تبدو كصوت حرف الواو مثل (منه , منهو) ويبدو ذلك جليا في مواقف التلقي للوحدات الصوتيّة.

اختلاف تهجئة المصحف عن الهجاء العاديّ.

من الملاحظ أنّ هجاء المصحف مختلف عن الهجاء العاديّ وذلك في عدة مواضع هي الحذف , والزيادة, ومد التاء, وقبضها , والفصل والوصل في بعض الكلمات , ويشكّل هذا الاختلاف بين نوعي الهجاء على التلميذ مواطن صعوبة , يواجهها التلميذ حين تقع عينه على بعض آيات القرآن الكريم.

الإعراب : يختلف شكل الحرف حسب موقعه من الإعراب , فعندما نقول , جاء زملاؤنا , الفاعل مرفوع وجاءت الهمزة مضمومة وسط الكلمة, مررت

بزملائنا جاءت الهمزة مكسورة فرسمت على كرسي الياء, هنأت زملاءنا جاءت الهمـزة مفتوحـة وسط الكلمة واختلف رسمها.

اختلال القراءة والكتابة لاختلاف علامات الترقيم.

يؤدّي اختلاف الترقيم الى اختلاف واضح في الفهـم والإعراب , فالترقيم مـرتبط بحـالات الوصل والفصل , ويؤدّي الى اختلاف الإعراب , واختلاف الإعراب يؤدّي الى اختلاف الفهم , وهـذه العبارة الأخـيرة تصلح أن تكون معادلة صحيحة ذات اتجاهين نحو : مرض سعيد وأخوة في سفر. مرض سـعيد , وأخـوه في سفر.

اختلاف القراءة لاختلاف الكتابة.

من عبقرية هذه اللّغة الخالدة أن طريقة كتابة لفظة من ألفاظها ,تؤثر تأثيرا مباشرا في قراءتها , أو تحدّد تحديدا قاطعا معناها المقصود, كوقوع الهمزة المتوسطة في (نقرؤه) (لتقرأه) (سنقرئك).

فالهمزة في (نقرؤه) كتبت على الواو , ومعناها نقرؤه نحـن (فعـل مضارع) وهـي في (لتقـرأه) كتبت على الألف , ومعناها تقرؤه أنت (فعل مضارع منصوب) وهـي في (سـنقرئك) كتبت علـى اليـاء , ومعناها أنّ غيره سيقرئه أو يجعله يقرأ (فعل مضارع متعدّ بالهمزة).

رابعا : أسباب اجتماعيّة

ومن هذه الأسباب تزاحم اللهجات العاميّة مع الصوّر الصوتيّة الفصيحة للكلمات , تزاحما يؤدّي الى الخطأ في رسم الصّورة الصّوتية للحروف والكلمات , فضلا عن عدم اكتراث أفراد المجتمع بالخطأ الكتابي , وقد يشاهد هذا التهاون

واضحا في ورود الأخطاء الإملائية في وسائل الإعلام , كالصحافة والتلفزة , وفي كتابة أسماء المحال التجاريّة والشوارع والإعلانات.

خامسا : أسباب ترجع الى الإدارة المدرسيّة والنظام التعليميّ.

المعلّم مجهد من حمل الأعباء , مرهق من زيادة أعداد التّلاميذ في الصفّوف ,إذ يبلغ عدد الصف في حدوده الدنيا (٥٠) تلميذا أو تلميذة , ويصل نصاب المعلّم من الحصص الأسبوعية ما يقارب (٢٨) حصة درسيّة. وعلى الرغم من هذه الأعباء فإن عاملا آخر يسهم في تراجع مستوى المعلّمين ينحصر بفقر الإدارة التعليميّة للكوادر المؤهّلة. وإنّ قلّة وجود الحوافز التشجيعيّة تسهم بانعكاسات سلبيّة على المعلّمين , فيقلّد البعض الآخر فيسود الترهّل حتّى في تقويم التّلاميذ , لذا يعمدون الى الترفيع الآلي.

سادسا : أسباب تعود الى المعلّم.

المعلّم في المرحلة الأساسية غالبا ما يكون ضعيفا في إعداده اللّغوي , لا يلتفت الى أخطاء التّلاميذ ويبادر بمعالجتها فور وقوعها , وإنّما يحرص على تغطية المادة , وإرهاق أذهان التّلاميذ بالكم الهائل من القواعد الّتي يقدمها لهم وهي غير وظيفيّة.

إنّ إغفال تصحيح الكرّاسات , وإغفال تصحيح الأخطاء الّتي ترسخ في أذهان التّلاميذ لا مبرر له إطلاقا , فلا كثرة التّلاميذ ولا نصاب المعلّم الكبير , يبرر إن للمعلّم تجاوز هذه القضيّة.

وهناك من المعلّمين من يتهاون بمجمل العمليّة التعليميّة , فلا يقيم وزنا للأعمال الكتابيّة , ويقوم بتجزئة المادّة اللغويّة , واتباع الطرائق التقليديّة , وإهمال الجمل الّتي ترتبط بمهارة الإعراب بقصد أو بدون قصد , فضلا عن قلّة الاهتمام

بالحركات في أثناء كتابة التّلاميذ , وعدم محاسبة التّلاميذ عليها , يؤدي ذلك الى إهمالها.

ومن المؤسف حقا أن يضيّع المعلّم وقت الحصّة في أمور هامشيّة , لا علاقة لها بمجريات الدّرس. فلا يسعى إلى إثارة دافعيّة التّلاميذ نحو الموضوعات المستجدّة , ولا يستخدم الوسائل التعليميّة المساعدة , إنّ القلق المتزايد بإنهاء خدمات المعلّمين في كل لحظة , يثير الإحباط والخوف اللّذان ينتقلان الى التّلاميذ بصور شتّى.

والمعلّم لا يكترث بلغته داخل غرفة الصّف , ويحرص على استخدام أسلوب متكرّر في تدريس النّحو والصرّف , ولا يميل الى التّجديد والابتكار , فيضعف التّفاعل اللّفظي ويقل النّشاط الذاتيّ , إنّ عدم تنظيم أوجه النّشاط الصفّي تنظيما منطقيا , وعدم طرح الأسئلة المثيرة للتفكير, تسهم في إيجاد جيلٍ متلقٍ غير مبدع.

ومن الضروري بمكان من تطوير طرائق التّدريس , وعدم الاقتصار على الطريقتين القياسيّة والاستقرائيّة في تدريس اللّغة العربية , والنّظر الى فروع اللّغة العربيّة على إنّها وسائل لتحقيق غايات أربع : الكتابة الصّحيحة, فهم المسموع , القراءة الصحيحة , فهم المقروء.

كما أبرزت المقابلة مع المعلّمين وآخرين في أثناء زيارتنا للمدارس أنّ الأخطاء تنحصر في الأسباب التالية من وجهة نظر المعلّم :

١. الشكل : ويقصدون به الحركات القصار (الفتحة , الضمة , الكسرة, وتكاد هذه المشكلة أن تكون المصدر الأول من مصادر الصعوبة لديهم).

٢. الفرق بين رسم الحرف وصوته , فهناك حروف تنطق ولا تكتب , وهناك حروف تكتب ولا تنطق.

٣. كثرة قواعد الإملاء وكثرة الاستنثناءات فيها.

٤. تشعب قواعد الإملاء.

٥. الإعجام (الحركات والضّوابط).

٦. اختلاف صور الحرف باختلاف موضعه في الكلمة.

٧. وصل الحروف وفصلها.

٨. عدم قدرة التلاميذ على التمييز بين الحركات وما يقابلها من حروف الجر.

٩. الإعراب. تغيّر حركات الإعراب أواخر الكلمات وفق وظيفتها في التركيب , إذ إنّ الاسم المعرب يرفع وينصب ويجر, والفعل المعرب يرفع وينصب ويجزم , وقد تكون علامة الإعراب الحركات , وقد تكون الحروف , وقد تكون بالاثبات , وقد تكون بالحذف ,بالإضافة الى التغيّر الّذي يحدث وسط الكلمة نتيجة الإعراب فتحذف بعض الحروف كما هو الحال في الفعل الأجوف , وهذا كلّه يؤدي الى صعوبات لا يقدر عليها التلميذ لعدم درايته بها.

١٠. الحروف المتشابهة والمتقاربة لفظا.

١١. استخدام بعض المعلّمين اللّهجة العاميّة المحليّة.

سابعا : أسباب بناء المناهج المدرسيّة وطرائق التدريس.

هذه المناهج الّتي نعلّم تلاميذنا عن طريقها لغتهم , تعاني عدة مشكلات تحتاج الى حلول تسهم في إنقاذ تلاميذنا من هذا الضّعف الملحوظ , فهي لا تراعي ظروف العصر الحاضر المعقّد. ويلاحظ على هذه المناهج ازدحامها بالمباحث النّحوية والصرّفية غير الوظيفيّة الّتي لا تفيد المتعلّم في قراءته وكتابته وتعبيره , إذ يتم اختيار هذه الموضوعات النّحوية من دون دراسة مسبقة لمعرفة الأساليب

الكلاميّة والكتابيّة الّتي توظّف في لغة التلاميذ, إضافة الى عدم تحديد الصّعوبات الّتي يعاني منها التلاميذ.

وعدم وضوح الأهداف العامّة والأهداف الخاصّة وضوحا كافيا يساعد المعلمين على تحديد أهدافهم. إنّ طول المنهاج وكثرة عدد وحداته يجعل همّ المعلّم منصبا على الكمّ لا الكيف , وهذا يؤدي الى ضعف التركيز على المهارات الأساسيّة في اللّغة العربيّة ومتطلباتها. وإنّ من أهم ما يضعف المناهج التسرّع في التطبيق دون إخضاعها للتّجريب , واتصافها بالثبات فهي غير قابلة للّتعديل بسهولة , واعتمادها التلقين دون الاهتمام بالنّشاطات بشكل كبير , وسيرها على نمط واحد , فالمناهج التقليديّة لا تراعي الفروق الفرديّة , وتتعامل مع التلميذ باعتباره فردا مستقلا لا فردا في إطار اجتماعيّ متفاعل , وتركّز المناهج على الجانب المعرفيّ أكثر من الجانب الخاص بالمهارات , وعدم الإفادة من الاختبارات في مجال التغذية الراجعة لسد ثغرات المناهج ومعالجة الضّعف الحاصل عند التلاميذ , ويكفي بالحكم على نجاح المنهاج بنجاح المتعلّمين في الامتحانات مع أنّ العكس هو الصّحيح , ونتحدّث هنا عن المنهاج المقود بالاختبار, وهي قضية خطيرة قليلا ما تثار.

هذه المناهج تحدد دور المعلّم فهو ثابت في تنفيذ المنهاج, وينعكس على عمليّتي التخطيط والتنفيذ , وتحدّد دور التلميذ الّذي ينحصر على التنافس في حفظ المادّة, فلا توفّر جوّا ديمقراطيّا لينطلق منه بإبداعات خلاّقة وتستمر بالتهديد بالعقاب ممّا يسهم في إقامة الحواجز ما بين المدرسة والبيئة المحلية , فضلا عن قصورها عن الاطلاع على مستجدّات الأدب التربوي الحديث.

ثامنا : أسباب تعود الى الطالب.

يعتبر الطالب محور التنمية التعليميّة فمن أجله تكتب المناهج, وتعقد الورشات والنّدوات , وتذلل الصّعاب , لتوفير البيئة التعليميّة المناسبة ليتلقّى تعليمه ضمن ظروف تعليميّة مناسبة , وعلى الرّغم من ذلك فإنّ جملة من العوامل تسهم في تدّني مستواه التّعليمي متمثلة:

١. النواحي النفسيّة (الخجل , التردد , الخوف , الانطواء).

٢. تذبذب الاستقرار الانفعاليّ.

٣. انخفاض مستوى الذكاء.

٤. فقدان الاتساق الحركي.

٥. العيوب الجسديّة (ضعف البصر , ضعف النطق , ضعف السّمع).

إن الطالب يتأثر بمن حوله فينعكس ذلك على سلوكه التّعليمي , وتظهر عنده سلوكيّات سلبيّة تسهم في تدّني مستواه التّعليميّ , كقلّة اهتمام الوالدين بالأبناء وعدم المحاسبة , بل أنّ الأمر يتعدّى ذلك الى الإهمال الكلّي لهؤلاء الأبناء , فتتدّنى الدافعيّة عند الطلاب للتّعليم , وتزداد نسبة الغياب عن حضور الحصص بشكل ملحوظ ليفقد الطالب معنى جدوى التّعليم , وكلّما قلّت المتابعة ازداد التسيّب , ممّا يؤثّر سلبا على البيت والمجتمع.

تاسعا : أسباب عامّة

تنحصر هذه العوامل بالعمليّة الإشرافيّة وطريقة اختيار المشرفين الّذين يناط بهم مهمّة تنمية المعلّمين مهنيّا من النّاحية الفنيّة. وتحديد الدّور الّذي يلعبه المشرف التربوي في تطوير الجانب الخاص بالمعلّم الذي ينعكس إيجابيا – إذا ما أحس أداء الدّور بفاعلية – على الطلاب , إلاّ أن الواقع غير ذلك ,فأعداد المشرفين قليلة لذا نراه يشرف على عدد كبير من المعلمين , فمن الطبيعي أن يظهر

ضعف في الخدمات الإشرافيّة المقدّمة الى المعلّمين , فيؤدي ذلك الى عدم إحداث تغير حقيقي في سلوكهم التعليميّ , وهناك عامل مهم جدا يقع به معظم القائمين على العمليّة التعليميّة (المشرف والمدير والمعلّم) وهو الافتقار الى أدوات القياس الموضوعيّة في تقويم التّعليم اللّغوي والكتابي.

ومن العوامل الّتي تسهم في الضّعف تجزئة المادة اللغويّة , فقد جرت العادة أن تقسم اللغة العربيّة الى فروع يخص كل فرع أو اكثر حصّة في الأسبوع , فهناك درس للقواعد , وآخر للنصوص , وآخر للإملاء, وفي الاختبارات توزّع الدرجات على هذه الفروع , وفي هذا التوزيع تجزئة لا ترسّخ في ذهن المتّعلم يشعر بأن هذه المواد تدرّس لذاتها , وأنّ تعلّم اللّغة على هذا النّحو لا يتجاوز الكتاب المقرّر والحصّة المقرّرة له , وأنّ استعمال كلّ فرع لا يكون إلاّ في الزّمن الخاص به , إذ يؤدي الى فشل المتعلم في الإفادة مما يقدم له , ويؤكد ذلك ما توصل إليه احمد عليان في دراسته من أن تدنّي مستوى الطلاب في القواعد النحويّة يرجع الى استخدام فهم المواد المنفصلة في تدريس اللغة العربيّة لطلاب المرحلة الابتدائيّة.

١- أسباب الخطأ النحوي والصرفي.

كره التلاميذ مادة اللغة العربيّة لما يلاقونه من عنت وصعوبة في دراستهم للقواعد النحويّة والصّرفية ومحاولاتهم فهمها وتطبيقها , ولعلّ أهمّ سبب يتركز في صعوبة مادة النحو العربي , وقد أدرك القدماء صعوبة النحو وجفاف قواعده وأحكامه التي ظلت كما كانت منذ يومها الأول مجرا عصيا إلا على السباح الماهر , وتعود صعوبة مادة النّحو وجفافها الى عوامل منها :

- اعتمادها على القوانين المجردة والتحليل والتقسيم والاستبدال مما يتطلب جهودا فكريّة قد يعجز كثير من التلاميذ عن الوصول إليها.

- كثرة الأوجه الأعرابية المختلفة , والتعاريف المتعددة , والشواهد والنوادر والمصطلحات مما يثقل كاهل التلميذ ويجهد ذهنه , ويستنفد وقته , ويضطره الى حفظ تعاريفات.
- عدم وجود صلة بين النّحو والصرّف وحياة التلميذ واهتماماته وميوله , ولا تحرك في نفسه أيّة مشاعر أو عواطف.
- فرض القواعد بترتيبها الحالي على التلاميذ الصغار دون تجريبها مسبقا.
- هدمها من المعلمين الآخرين , فما يبنيه معلّم اللغة العربيّة , يأتي معلّم المواد الأخرى فيهدمه إمّا لجهلة بقواعد اللغة العربيّة , وإمّا لازدرائه لها , ولو مس التلاميذ اهتماما من جميع المعلميّن وحرصا على الالتزام بقواعد النحو العربي , لزاد اهتمامهم بها وإيمانهم بضرورة الأخذ بهذه القواعد لا في حصص اللغة العربيّة وحدها , ولكن في جميع المواد الأخرى , ولا شك أن مبدأ التعزيز في التعليم من المبادئ التي تؤدي الى نتائج محققة.

ومن العوامل عدم مراعاة التكامل في مهارات اللغة العربية وإهمال الوظيفية في اختيار الموضوعات النحوية والإملائية وازدواجية اللغة, ونعني بها وجود لغتين , لغة الكتابة والقراءة وهي الفصحى ولغة الحديث اليومي التي يمارسها ويسمعها في المدرسة والبيت والشارع , واللغة العاميّة هي اللسان الّذي يستعمله العامة مشافهة في حياتهم اليومية لقضاء حاجاتهم والتفاهم فيما بينهم , ومع مرور الزمن تتخذ هذه الصفات لغويّة خاصة متأثرة بعوامل البيئة , فاللهجات تتقارب وتتباعد بمقدار اقترابها من اللّغة ألام أو ابتعادها عنها.

ومن أهم الأسباب التي أدت الى ضعف التلاميذ في القواعد النحوية والصرفية وانصرافهم عنها عدم مراعاة الوظيفية في اختيار المباحث النحوية , إذ أن اختيار هذه الموضوعات النّحوية في فهم اللغة العربيّة لا تتم على أساس علميّ أو موضوعيّ , فهي لا تراعي حاجة الطلاب , وفي توزيعها تجزئة لا ترسخ في ذهن

الطالب بصورة شاملة, وفيها إغفال لبعض المباحث التي يكثر فيها الخطأ , كما أنها تتوسّع على حساب مباحث أهم , هذا كلّه يؤدي الى نفور الطلاب من هذه المادة وعدم إقبالهم على دراستها لأنها لا تحرك لديهم أي دافع للتعلّم.

لا بدّ من أن تقوم المناهج على دراسة علميّة موضوعيّة حتى يمكن التوصل الى القواعد النّحوية الوظيفيّة اللاّزمة للطلاب.

إن مفهوم النّحو كان يضيق أحيانا ليقتصر على ضبط أواخر الكلمات , ثم أضفى العصر الحديث على النّحو مفهوما أوسع مما كان قبلا, ولم يعد يقتصر فقط على ضبط أواخر الكلمات والبنية الداخليّة للكلمة , وإنّما تجاوز الى التراكيب اللغوية وبناء الجمل الفرعيّة الأساسيّة وأن أي تغيير في أي جانب من هذه الجوانب يؤدّي الى تغيير الجوانب الأخرى.

إنّ كثرة التدريب على استعمال الكتابة النحوية استعمالا صحيحا يقوّي التلاميذ ويباعد بينهم وبين الخطأ في الكتابة , ويساعدهم على استعمال ما درسوه بسهولة ويسر , فالقواعد إذا ربطت بأساليب التعبير اليوميّ , وما يتصل بخبرات التلاميذ اللغويّة تجعلهم يحسون بأن لها هدفا لا بدّ من بلوغه والوصول إليه , لذا يجب أن تكون التدريبات النّحوية متناسبة مع قدرات التّلاميذ ومستوحاة من واقعهم , وتحرص على تعديل النطق العاميّ من خلال تنوعها وأنشطتها الكتابيّة.

ويمكننا التغلّب على الصعوبات التالية:

١. التيسير مطلوب حيثما دعت إليه الحاجة إلاّ أن يكون في التيسير إخلال بأصول الكتابة.

٢. الاعتماد على الموازنة بين اللغة العربيّة واللغات الأخرى , والاسترشاد بآراء علماء اللغة وبخصائص الكتابة العربيّة.

٣. الالتفات الى أسس المنّهج السليّم ,والى طرق تعليم الهجاء في التغلّب على صعوبات الكتابة.

في الوقت الذي يتم فيه استعراض العوامل التي تؤدي الى وقوع التلاميذ في أخطاء الرسم الإملائي , فإن من المفيد هنا الإشارة الى العوامل والمؤثرات التي قد تسهم في تحسين مستوى الأداء في كتابة الكلمات ورسم الحروف بما يتطابق وتحسين مستوى الأداء من الوحدات اللغوية موضع الكتابة.

فقد ذكر (Temple & Chelt) أن تعلم عمليات الرسم الإملائي, وما تتطلبه من حركات فنيّة وأدائيّة , يتم وفق مراحل متداخلة متدرّجة , وأن القدرة على الرسم الإملائي وفق معايير متقدمة, تتأثر بعوامل القدرات الصوتية والبصرية والسمعية كل على حدة أو مجتمعة , وأن الفرد يتشكل لديه سلوك الكتابة عبر ست مراحل متداخلة.

الاصطلاحات اللفظية :

تشيع في أوساط الطلاب على اختلاف أعمارهم ومراحلهم المدرسية واللفظية اصطلاحات تعني : استعمال أو ترديد الكلمات دون معرفة معانيها أو دون إدراك دقيق لهذه المعاني , فهناك عدد من الناشئة في جميع مراحل التعليم ومن ضمنها التعليم الجامعي يرددون فيما يكتبون أو يتحدثون به أمام مدرسيهم كلمات قرؤوها في كتبهم أو سمعوا مدرسيهم يتلفظون بها أو حفظوها في نصوص فرض عليهم حفظها دون أن يدركوا معانيها , ولا يقتصر وجودها بين الناشئين الناطقين بالعربية بل تعدهم الى الناطقين بالإنجليزية حيث صرح أحد الباحثين في هذه اللغة بوجودها بينهم وأقر بما تتركه من آثار سلبية فيهم وفي مستوياتهم التعليمية.

وهناك بعض العوامل التي تؤدي أو تساعد على التخلص من هذه الظاهرة أو الحد من انتشارها :

١. أنه من أسهل وأقرب ما يمكن أن يرجع إليه الطالب للبحث عن معنى كلمة غـير مألوفة لديه أو تركيب لغوي جديد يواجهة هو كتابه المدرسي.

٢. أن إجابة المدرس الفورية عن سؤال طالبه في تفسير أو شرح معنى كلمة أو صيغة لفظيـة ولو بشكل موجز في الوقت الذي تمر فيه هذه الكلمة أو الصيغة اللفظية لأول مرة تكون أفضل من إرجائها.

٣. مـن الأفضـل أن يختار المـدرس ومدرس اللغة والآداب خاصـة مجموعـة مـن الكلمـات الجديدة المناسبة لموضوع الدرس.

٤. ينبغي أن يشجع المدرس طلابه على المشاركة في النشاطات اللغوية الصفية.

٥. حفظ آيات القرآن الكريم والأحاديث الشريفة لا بد أن يكون لـه أثر إيجابي في تهذيب لسان الناشئ.

* فصل اللغة عن جذورها.

لكل كائن جذر وأساس وانه ليظل قادرا على الاستمرار ما دام مرتبطا بجذره فإن لم يعد متصلا به فذلك آذان بموته وهذه الحقيقة المرة توشك أن تنطبق متناهية على واقع اللسان العربي.

وقد يحسن بنا أن نوضح الأسباب التي أوجدت هذا الواقع , وهي مـن التعـدد والتنـوع بحيـث يصعب حصرها , ولكنها تدخل تحت إطار رئيسي واحد وهو ضعف الذات وذوبانها في محلول كبير الحجم , بحيث لم تترك فيه أثرا إيجابيا , نقصد واقع هذه الذات وليس ماضيها الذي انسلخت منه أو كادت.

جرت عادة العرب في العصور المختلفة, أن يتعلموا لغتهم ويعرفوا قواعـدها ونحوها ومعانيها من خلال نصوص تعكس حضارتهم وفكرهم , مكتوبة من وجهة نظرهم هم , وليس من خلال مـا يعكس حضارات غيرهم, ولا مما يكتب من وجهة نظر غيرهم , وقد جرت العـادة أن تكون الأمثلة مـن القرآن الكريم , ومن السنة النبوية الشريفة , ومن أشعار العرب وأمثالهم وأخبارهم , ومما

يهدف الى خدمة نواحي نفسية وتربوية واجتماعية إضافة الى الناحية اللغوية , فاستخدام هذه النصوص يقوم على تنمية الوحدة الشخصية والفكر , ويشد البنيان, وتزداد اللحمة.

إن في استخدام نصوص تدور حول موضوعات عصرية ولكتاب معاصرين عدة محاذير , فالعديد من هؤلاء الكتاب لا يلتزمون بقيم التراث , وإن كثيرا مما يكتب هو في المجالات المادية التي تنمي الجانب الاستهلاكي في الحياة , وغالبا ما تكون على حساب الجوانب القيمة.

وهذا لا يعني أن نكف عن استخدام النصوص الحديثة , بل ينبغي أن يكون لها مكانها في المناهج , لكن باتزان , وعلى أن تكون مرتبطة بالناحية المعنوية.

● خطورة عدم الاعتماد على النصوص القرآنية والتراثية :

أن في عدم الاعتماد على النصوص القرآنية والتراثية , وفي تجنب الشواهد والأمثلة المستقاة من المصادر الأصلية , ما يعرض الوحدة النفسية والسلوك العام الى مخاطر عديدة , ربما كان أبلغها وأشدها ما تعانيه الأمة اليوم جراء اختلاف المشارب وتعدد الأهواء , نتيجة لقنوات التسرب والتسريب التي تنال من الذات وتعود دون تبلورها وتحقيقا , ذلك أن الآثار الطارئة الوافدة لا تجد ما يردها , بل تنحرف في الزمان والمكان والإنسان محدثة فيها تغيرا يتدرج في تحويرها ومسخها , إن في فصل اللغة عن جذورها وتراثها تمزيقا للفكر , وضربا لوحدته وإجهاضا لأي حمل بحضارة أصلية.

الفصل الثالث

بين الفصحى والعامية

بين الفصحى والعامية.

الفصحى والعامية بين الصراع والوفاق.

العامية صدى للفصحى.

ما هو الاختلاف بين الفصحى والعامية.

اوجه الاختلاف ما بين الفصحى والعامية.

الفصحى والعامية.

بين الفصحى والعامية.

إن استعمال اللغة العامية المحكية في الرواية المحلية وبخاصة في الحوار الوارد فيها , فيه ما يحد من آفاق انتشار الرسالة أو الفكرة التي يبعثها صاحب القلم. هذا ما أشار إليه البعض مؤكدا على مدى تأثير الحوار بالعامية في الرواية , حيث يحد من مساحة انتشارها , وبالتالي يضيق على القول الذي يريده الروائي , فيصبح أسيرا للمحلية , وللتدليل , ضرب أحدهم مثالا , ذلك " المثقف " الذي أطل على الشعب من علية الإعلام المرئي " في بلده الثاني " حيث استضافته إحدى القنوات الفضائية , و"أفصح " هذا بلهجته المحلية المحكية , بكثير من الظرافة والتحبب , موضحا استصعابه فهم اللهجة المحلية في "بلده الثاني " , وسأل البعض الآخر , مستسيغا الفكرة , إذا كان المثقف والفنان و" صانع " الحالة الإبداعية الثقافية يستصعب فهم اللهجات الأخرى , فما بالك بالعامة من القراء؟!

ولكن , هل هذا فعلا ما يواجهه القارئ العربي من " المحيط الى الخليج "؟ هل فعلا من الصعوبة بمكان فهم أو استيعاب ما يقال من العربية بلهجات محلية؟! أم أن في ذلك اختزالا , وتقعيرا وتحديبا وفق مصالح متشابكة واقعة وراء الأكمة؟!

تجدر الملاحظة بداية وعلى وجه العموم , إن اللغة عنصر مهم،ولكنها ليست الوحيدة والأهم في معادلة الإبداع هذه , الأهم هو ماذا نقول وكيف نقول, ذلك أن اللغة تبقى في هذا السياق أداة , للتعبير , ومن الضروري " لأصحاب المهنة " إتقان أدواتها. فالعمل الأدبي بالنهاية هو انتقاء المفردات من لغة معينة وسبكها , بحيث تشكل شحنة مكثفة ومعبرة الى أقصى حد ممكن , تماما كما ينتقي الرسام ألوان وأدوات لوحته. وعليه فالقول الجدير أن يصل , لأهميته وعظمته أو لصدق أصالته وجماله , ببساطة تتم ترجمته وبذلك ينتقل الى لغات أخرى. لذلك لم تتوقف حركة النقل والترجمة عبر التاريخ , والعرب قد شكلوا إحدى هذه الحلقات , وهذا

ما ثبت للبشرية جمعاء روائع الإنتاج من كل أطراف الدنيا ومن كل الحضارات واللغات على مر التاريخ.

يحصل ذلك فيما يتعلق باللغات المختلفة في كافة أرجاء العالم , حتى بين اللغات التي تفرعت عن عائلة أو جذر واحد كاللغات السلافية , أو كالتي تفرعت عن اللاتينية , فما سر هذا النقاش الدائم والمتواصل فيما يتعلق باللغة العربية فصحى أم محكية؟! أو ربما يستحسن "اختراع " لغة وسط أتكون وسيطة يفهمها الناطقون بالضاد!.. والاهم من ذلك , هذا النقاش الدائر سجالا من أي جذور يستقي؟ حتى يظهر وكأنه الشغل الشاغل للجميع يدلون بدلوهم فيه , لماذا أصبح بمثابة معضلة العصر- لأصحاب القلم؟ هل فعلا هذا الموضوع يشغل بال الناطقين بالضاد؟ أم أنه وهم يشغلهم وانشغالهم هذا , فيه ما يريح الضمير ويتيح لهم الشعور ببراءة الذمة؟! تماما كما المريض نفسيا أو جسديا يتعاطى المسكنات ويدمن عليها , ناكرا منكرا أن هناك مرضا خبيثا مستحكما يتطلب الشفاء منه , بالوعي والإقرار بوجوده أولا , ثم معالجته إن أمكن ذلك , أو بعبارة أخرى ترك القشور والمظاهر أو الأعراض المرضية جانبا , ومعالجة مكامن الداء.

جاء في كتاب تاريخ الأدب العربي ,(لاحمد حسن الزيات) , حول نشأة اللغة العربية:" فإن العرب كانوا أميين لا تربطهم أمارة ولا دين , فكان من الطبيعي أن ينشأ من ذلك ومن اختلاف الوضع والارتجال , ومن كثرة الحل والترحال , وتأثير الخلطة والاعتزال , اضطراب في اللغة كالترادف واختلاف اللهجات في الإبدال والإعلال والبناء والإعراب وهنات المنطق كعجعجة قضاعة , وطمطمانية حمير وفحفحة هذيل , وعنعنة تميم , وكشكشة أسد , وقطعة طيء وغير ذلك ".

لكن, ما تقدم لم يمنع من تضافر عوامل عديدة أخرى من تسجيل تاريخ آخر مميز للعرب , فقد جاء انطلاق الفتوحات في فترة صدر الإسلام , حاملا معه ,

ولأسباب لا مجال لتفصيلها هنا , لهجة قريش من اللغة العربية, ما يهمنا من ذلك أن هذه اللهجة حطت ترحالها فقط في الأقطار المتعارف عليها اليوم بالعربية من " المحيط الى الخليج " ذلك أن هناك العديد من الأقطار والمناطق قبلت الإسلام دينا , لكنها حافظت على هويتها اللغوية. على أن المناطق التي عرفت فيما بعد بالأقطار العربية في المشرق والمغرب لم تكن قفرا, وقد كان للاحتكاك مع ما هو قائم فيها , بما في ذلك اللغة, اثر كبير في صياغة اللغة العربية المحلية أو المحكية. وقد ازداد التباين واتسعت هوامش الفروقات بين اللهجات مع تقادم الأزمان. لا حاجة للإسهاب في هذا السياق, يكفي التذكير على سبيل المثال لا الحصر , بان أنماط وحتى أدوات الحياة اليومية المستخدمة في بلاد ساحلية أو صحراوية تختلف عن تلك الموجودة في بلاد جبلية.

لقد تفاوت تأثير هذه التطورات من منطقة الى أخرى ومن زمن لآخر , فكان مد وجزر بين الشام وبغداد , الأندلس والفسطاط أقصى المغرب العربي على الصدارة كمركز إشعاع علمي ثقافي وإبداعي , وذلك في محاولة لانتزاع المواقع الريادية في تاريخ العرب. ولكن الواضح أن ذلك كان مرهونا بالإرادة والسيادة الاقتصادية السياسية والعسكرية , وهذا ينسحب كذلك على فترة حكم الإمبراطورية العثمانية , والمعتبرة من اشد العصور ظلمة في تاريخ العرب.

إن من أهم خصائص الهوية اللغة , وفي هذه الصيرورة نحت اللهجة المحكية للغة العربية شتى المناحي , إذ تأصل وتعمق التباين بين اللهجات , ومع الاستعمار الأوروبي الحديث , نشأت مدرسة تنادي باستعمال اللغة المبسطة المفهومة للجميع , وأخرى شطحت بعيدا الى حد اقتراح تبديل الأبجدية العربية , على غرار ما حصل في تركيا الحديثة بالإضافة الى أدوار أخرى كثيرة.

اللغة في المحصلة النهائية هي كذلك أداة ووسيلة الاتصال والتواصل, يتم تذويتها كأحد أركان الهوية الخصوصية للجماعة , هي كما غيرها من الأشياء منوطة بالاتفاق بين الذين يستعملونها , فاللغة هي الكلام المصطلح عليه بين كل قوم.

ما يهمنا في هذا السياق , أن للغة دلالات عميقة ضاربة الجذور في الهوية الجماعية للقوم (كل قوم). وهناك من يقول بأن اللغات تعكس التكوين النفسي للشعوب , تتطور بتطورها ومرتبطة بمسيرتها عبر التاريخ.

ويتبادر الى الذهن السؤال المفروغ منه , هل وفق ذلك تعكس اللهجة في اللغة أم اللغة بعينها نفسية وهوية الشعوب؟ فمثلا هناك لهجات مختلفة للغة الإنجليزية , وهناك تباين بين الايرلندية والأسترالية , حتى بين شمال الولايات المتحدة الأمريكية وجنوبها هناك لهجات , هل الدعوة لاستبدال العربية بالفينيقية أو بالهيروغليفية مثلا , لها من يستسيغها أو يطالب بها لأهداف وغايات متأصلة في نفسية الشعوب في هذه الأقطار؟! أم أن تحجيم وتقزيم الهوية العربية ولجم الامتداد والعمق الحضاري العربي , على كل إيجابياته، افرز هذه الحاجة الماسة للتفرد ولإشهار الخصوصية المحلية, علما أن في ذلك ما يقتضي التأكيد على المحلية وإبراز كل معالمها بما في ذلك اللهجة المحلية , فإن النبش في عناصر الهوية يأتي كتحصيل حاصل. وعليه , فالمسألة ليست قدرة الناطقين بالضاد على استيعاب وفهم اللهجات المختلفة, إنها أبعد واعمق من ذلك بكثير.

من الملاحظ في معظم الأقطار العربية التي تشكلت كدول في العصر الحديث في حدود سايكس - بيكو, أن هناك محاولات حثيثة للتفتيش, التمحيص, لاستصلاح ونفض الغبار عن بعض الرموز السابقة للوجود العربي , ثم استعمالها كدلالات ورموز سيادية في الحياة اليومية الجارية وعلى المستويين الرسمي

والشعبي، وذلك في محاولة لتجذير التفرد والتأكيد على الخصوصية, تجدر الإشارة الى أن هذه العملية بحد ذاتها تعتبر من أهم دلالات السيادة , هل في هذا تأكيد على صيرورة خاصة؟ أم انه خلق , ولم لا يكون اختلاق لكيان متفرد؟ والأهم من ذلك هل نحن بصدد تخطيط مسيرة واعية وعن سابق دراية , لصيرورة أخرى , محلية؟ أم أننا نخبط خبط عشواء , دون وعي أو علم أو دراية لما نحن فيه. هل هي " غزوة العولمة " الراهنة؟ ونحن نسير في ركابها لأسباب عديدة قد تكون , تنازلا أو تجاهلا أو ضعفا وقعودا ونكوصا , لكن ولا بأي حال عن إرادة حرة وبمحض الاختيار!.

مهما يكن من أمر فإن هذا حاصل على المستوى المؤسسات الرسمية , وفيه ما يؤكد السعي الدؤوب للمؤسسة الرسمية لتأصيل هذا التوجه المحلي ولكن المدهش أن هذا حاصل على مستوى بعض " النخب " أيضا , إذ تنساق هذه وتتذبذب للمؤسسات الرسمية. قد يقول البعض إنها القشور ولا يجوز تحميلها فوق ما تحتمل ولكن لهذه القشور دلالات لما وراء الأكمة.

في هذا السياق على سبيل المثال , استذكر ذلك المثقف الذي يستصعب فهم اللهجات الأخرى فيما راح يتباهى ويفاخر بإتقانه للغات الأجنبية , هذا من حقه بطبيعة الحال , ولنا نحن أيضا قراؤه , أن نفاخر بتمكنه من الآداب العالمية وبسعة اطلاعه عليها من مصادرها الأولية. إلا أن المفاخرة تفقد مصداقيتها وتصبح بمثابة لوازم الزينة كالقشور من الأشياء. كما إنها لا تستقيم وهذه العفوية في إنكار, أو هل أقول " الترفع " عن فهم اللهجات العربية؟ ويتبع ذلك بطبيعة الحال دعوى عدم التمكن من الاطلاع أو فهم الإبداعات العربية, بذريعة استصعاب فهم اللهجات المحلية.

في هذا السياق يجدر الفصل بين العامة والخاصة أو النخب , فإذا كان من المعقول والمقبول الأخذ بهذا للعامة , آخذين بعين الاعتبار نسبة الأمية والجهل

والتخلف السائدة في أرجاء الوطن العربي من أقصاه الى أقصاه , وأهم من ذلك الانغلاق القسري الممارس على العامة من الناس , فليس من المعقول أن تقبع النخب القيادية التي تشارك في بلورة الحالة الإبداعية في مكامنها , ولا من المقبول أن تتخندق , هذه النخب التي تدعي حمل رسالة المساهمة في بناء الهوية الثقافية العربية , في أزقة التاريخ الغابر . ثم تلوح لنا براية المستقبل , من السراديب لا بل تستسيغ ذلك . إن قول بعض أقطاب النخب في المشرق العربي بعدم فهم ما يقوله الآخر من المغرب أو بالعكس , في سياق الهزل والدعابة أو في سياق النقاش الجاد الرزين من شأنه أن يدفع بشحنة جديدة من البلبلة .

في العهد الثاني لملوك الطوائف , هذا الذي نعيشه اليوم في العالم العربي هناك كذلك أمراء الطوائف , هؤلاء هم النخب الثقافية التي تضرب عن سابق علم ودراية بسيوف ملوكها , العاملة ليلا ونهارا لتعميق هذا الحالة من التفتت والتشرذم وانحسار الهوية العربية , واهم أركانها اللغة , ومن ذلك التنكر , الغربة والاغتراب عن اللهجات الأخرى .

ثم توظيف ذلك كرافعة لتأصيل حالة التشرذم , بواسطة اجترار الحوار وافتعال نقاش محتدم " جدي رزين وموضوعي " بين الداعين الى هذه وتلك , كل هذا عن قصد أو بدونه . لأن كان عن قصد ودراية وفهم , إنها لمصيبة وإن كان عن براءة ذمة من الفهم والدراية والقصد , فالمصيبة أعظم!. ذلك أن هناك حدا أدنى من التوقعات من هذه النخب .

من الواضح أن هناك حيوية وأصالة ملتصقة الجذور بالعامية , وتشغل حيزا من الهوية اللغوية , ولكن بين هذا وبين بث البلبلة لترسيخ حالة التشرذم هناك الكثير , إن إعلان الحرب سجالا بين العامية والفصحى , والتلويح بعصا الترهيب

من " الأسر في حدود المحلية" ما يحمل في طياته الكثير مـن الخطـورة , حيـث لا يجـوز تخطيـه والمرور عليه مر الكرام.

إن للنخب موقعا رياديا في صياغة لإشكالية اللهجات في اللغة العربية, إذا كان هناك من أقطاب هذه النخب من لا يزال غير مدرك لذلك.

لا يجوز ولا ينبغي نفي الواقع والعيش في الأوهام. واقع اللهجات وأوهام الفصحى , على الـرغم من التباين في اللهجات مما يستدعي ويتطلب جهدا خاصا بالفعل , وربما مضاعفا أحيانا.

الفصحى والعامية بين الصراع والوفاق.

لا بد من الفصل بين اللغة الفصحى والعامية , وأن ننظر الى العامية بدقة لتمييـز الـدخيل مـن الأصيل , لأن كثير من المفردات اللهجة العامة فصيح أصيل , ابتعد عنه الأدب لأنه درج على ألسنة العامـة , إذ أن إبراز الجوانب الفصيحة في العامية وإحيائها هو سند للغة الفصحى لغة القرآن الكريم.

ورغم الحوادث والمحن التي اجتاحت الأمة العربيـة فقـد ظلـت اللغـة صـامدة بفضل القرآن الكريم الذي يعد سياجا منيعا للفتن , وإذا أعرض بعض أبناء العروبة عن العربية فعن جهل للغتهم وعدم إدراك منهم لدور هذه اللغة في تكوين شخصيتهم العربية , ولغتنا العربية تقوى بقوة هذه الآمة وتضعف بضعفها.

وفي مطلـع هـذا القـرن كانت لغتـنا العربيـة بعيـدة عـن الحيـاة لبعد أصـحابها عـن الحيـاة, فالاستعمار توخى قتل الشخصية العربية بمحاربة لغتها.

إن الغرب يهتم بلغته القومية ويحافظ عليها فمثلا الإنكليز يتكلمون بلغتهم في أي مكان ولا يرضون بديلا عنها بعكس العرب تماما الذي ينسون لغتهم في أي مكان يذهبون إليه.

ونظرة بسيطة الى واقعنا اللغوي تكشف لنا بشكل واضح أن لغتنا العربية في محنة لا تقل عن محنة أمتنا في التمزق والتشتت.

فبدل أن يتكلم أبناء اللغة العربية بلغتهم الفصحى أصبحت الأمنية محصورة في مدرسي اللغة العربية , بعد أن كانت تستخدم في كافة المواد في أثناء الشرح.

والغريب أن أبناء اللغات الأخرى يعتزون بلغتهم على عكسنا إذ نجد أن أبناء العرب يخلطون كلمات ومفردات غريبة في أثناء حديثهم ظانين أن ذلك يعد تقدما , ولا يدرون أنه سخف وسذاجة.[(١)]

العامية صدى للفصحى.

رغم تواجد اللغة العربية الموحدة منذ فرض سيطرتها على اللغات السامية الأخرى المتواجدة في المنطقة قديما وحديثا فأن قوتها لم تثني وتصهر أو تجتث جذور اللهجات المحلية لكل بلد عربي والتي تعرف اليوم بالعامية أو المحكية أو الدراجة , وما فتأت تسيطر على عقول السواد الأعظم من الشعب العربي في الأصقاع التي نشأت فيها.

وإذا ما انتابنا الاستغراب من هذه الديمومة اللهجية , فلا محالة من تواجد بواعث لا تقل شأنا عن مواصفات سريان الفصحى كلغة رسمية , لذا فأن العامية والحالة هذه بالإمكان اعتبارها لغة قائمة بذاتها طالما تتوافر فيها الظواهر اللغوية

[(١)] ابراهيم محمد الوحش - دار إشراق للتوزيع والنشر ,٢٠٠١ م.

المتمثلة بالنظام الصوتي (Phonetics) والتشكيل الصوتي (Phonology) والصرفي أي بنية الكلمة (Morphology) والنحوي أي نظام الجملة (Syntax) ودلالة الألفاظ أي المعاني (Semantics) والتي هي تلك العناصر الأساسية التي تكون اللهجة وهي الصوت , الكلمة , الجملة والمعنى , ويخضع كل عنصر منها لمنهج علمي مستقل , وعادة ما تكون هذه الظواهر مقاربة ومشابهة الى حد ما واللغة الأم, وبشكل خاص في معاني مفرداتها التي تشوبها بعض الاختلافات الصوتية في عملية النطق أو اللفظ.

وهذا ما تؤكده الشواهد اللغوية والتاريخية في لهجات القبائل العربية التي كانت ولا زالت متواجدة في منطقة شبه الجزيرة العربية لكون اللهجة العامية ظاهرة اجتماعية تتأثر بظروف البيئة الطبيعية ونظم المجتمع وبما تحيطه وتكتنفه من العادات والتقاليد والأعراف والعلاقات المختلفة ودليل ذلك تفاوت لهجات القبائل العربية رغم تواجدها في مناطق متقاربة أو متباعدة من بعضها في مواقع سكناها.

ومما يزيد من حدة ذلك التفاوت اللهجي يرتبط عادة بالتواجد السكاني والمعيشي القريب من حياة المدينة والحضارة أو بعيدا عن محاكاة حياة البداوة , وهذا ما نألفه اليوم في كافة الدول العربية حيث نلمس الفرق واضحا بين لهجة سكان القرى والأرياف والمناطق النائية قياسا بلهجة المدن والعواصم الكبيرة , ومن الملاحظ أيضا تواجد لهجات متفاوتة في مناطق التجمعات السكانية في المدن الكبيرة , بهذا فإنه ليس من المستبعد من تسمية اللهجة باسم موقعها الجغرافي أو المجموعة السكانية التي تنتمي لفخذ أو عشيرة ما , وهنا تتولد وتنبثق مفردات متفاوتة في تشكيلها الصوتي وبنية تركيبها أو في تباين مقاصد معانيها رغم لفظها المشترك أحيانا, ولكي نؤكد هذه الحقيقة نورد مثلا لما جاء في معظم المعاجم العربية

بالإشارة الى كلمة (إصبع) التي كتبت بأساليب مختلفة ولفظت بأصوات متفاوتة , وكلمة (النحب) التي تدل على معان عديدة وهل كالآتي :

(إصبِع , إصبَع , أصبَع , أصبِع ,أصُبع , أصبع , أصبوع)(النحب وتعني : صوت البكاء , الطول , القمار , السمن , النوم , الموت , الشدة , النفس , النذر , والسر السريع).

وقس على ذلك من مئات بل آلاف المفردات المتواجدة في بطون المعاجم وكتب اللغة والتراث , والى جانب ذلك تجد ثراء اللغة العربية ولهجاتها مكتظة بزحم المفردات والنعوت التي لا مثيل لها في أية لغة من لغات العالم , حيث تدل على عشرات بل ومئات المفردات على معنى واحد, أو معان متشابهة , إضافة لتعدد مدلول اللفظ الواحد ليرمز معان عديدة. نورد فيما يلي قائمة بما توصل إليه الباحثون اللغويون ودونوه للأجيال القادمة لكون أغلبها طواه النسيان ولم يعد مستعملا في التعامل اليومي ولا حتى في التدوينات الأدبية والرسمية. فمثلا للذهب أكثر من ٢٠ اسما , والسنة ٢٤ اسما , والظلام ٥٢ اسما , والمطر ٦٤ اسما , والعسل اكثر من ٧٠ اسما , والماء ١٧٠ اسما والناقة ٢٥٥ اسما والسيف ما لا يعد, وما له علاقة بالجمل بلغ ٥٧٤٤ لفظة , وما له علاقة بالأسماء الحسنى ما لا يعد أيضا , واليد إذا توسخت نحو أربعين تعبيرا , إضافة لدلالة اللفظ الواحد على معان كثيرة , فكلمة الخال تدل على ٢٧ معنى , وللعين ٣٥ معنى وللفظ العجوز ٦٠ معنى.

وإذا ما فرضنا جدلا بأن هذه المترادفات والمدلولات زادت من التعقيد والتشابك اللغوي , فإنها من الجانب الآخر يسرت وأغنت الرصيد اللغوي في التعبير والتفسير والإيضاح وبما ترمز إليه لدلالة الجزيئات من الكل العام الذي

تفتقر إليه أغلب لغات العالم ومنها التي تنتمي للأصول السامية , ناهيك عن أوجه مظاهر البلاغة في رونقة الكلام.

فإن كانت اللهجات قد أثرت وتأثرت باللغة الأم أو اللهجة الأوسع انتشارا.

ما هو الاختلاف بين الفصحى والعامية؟

من البديهي أن نخلص الى القول : بأن العامية قد تكون أقدم من الفصحى طالما تستوجب العملية غربلة مفردات اللهجة وشذبها من غرائب المفردات وبالتالي انتقاء واستبقاء شرعية ما يمكن اعتباره على حساب خزائن الفصحى كلغة للتوحيد أو كلغة مشتركة لشعب هو أساس مصدرها ودعامة وجودها وارتقائها الى الصعيد العام. وليس بوسعنا هنا أن نستدرج آلاف الكلمات والصيغ التي تحتسب عامية وهي فصيحة أو تقترب الى الفصاحة.

إن اللهجات العامية والحالة هذه وفي أي بلد كان عربيا أو أجنبيا تعتبر ظاهرة مشتركة بين كافة لغات تلك البلدان , فالسويدية والإنكليزية مثلا تتواجد فيها لهجات محلية في أجزاء مختلفة من مواقعها الجغرافية. كما ولا يستعبد أيضا من أن تؤدي اللهجة العامية المشذبة والمنتقاة دور الأدب الحقيقي للشعب لكونه مستنبطا من واقع الشعب ولعامة الشعب , وهذا ما حصل حينما أقدم الراهب والمفكر الألماني مارتن لوثر (١٤٨٣- ١٥٤٦) في بداية القرن السادس عشر على ترجمة التوراة بلهجة هانوفر الألمانية التي فرضت سيطرتها على اللهجات الأخرى متبوأة مركز الصدارة ولتصبح بالتالي حدثا دينيا وأدبيا وفكريا , ولغة رسمية وأدبية متبناة في عموم ألمانيا. وكذلك الحال بالنسبة للغة السريانية الآشورية المعاصرة من اللهجة الشرقية والمعروفة في الأوساط الأدبية باسم الآثورية الحديثة, والتي بسطت نفوذها على ألسنة الشعب من جراء ترجمة التوراة والإنجيل الى اللغة

المحكية في أواخر القرن الثامن عشر تاركة وراءها أمهات الكتب النفسية بتراثها اللغوي والأدبي والفكري لتكون منبعا ومعينا لا ينضب لإرواء ظمأ اللغة المستحدثة أو المعاصرة التي تكتب بألفاظها المألوفة لدى الغالبية العظمى من الشعب ولتصبح اليوم لغة الشعر والأدب والتعليم. وبالنسبة للهجات العربية فهي شكل من أشكال النشاط اللغوي وصدى للفصحى وبالعكس طالما تتخذ سلطة لغة الحياة اليومية , رغم افتقارها صفة التمثيل الرسمي في الشؤون الثقافية والحضارية والفكرية , إلا أنه ما زالت هناك من النشطات التي تثري وجود اللهجات المحكية , حيث نفرد لها صفحات للتراث والشعر الشعبي والزجل المتعارف عليه في كافة أرجاء البلاد العربية , كما ولا يخفى علينا دور أجهزة الأعلام من نقل أحاديث وخطابات الرؤساء العرب المباشرة بلهجة القطر الذي ينتمون إليه علما بأنهم الواجهة الناصعة للشعب والرمز المعبر عن إرادته. وان وضعنا تفسيرا لذلك فلا محالة من أن نعزيه لجملة أسباب , ومن أهمها سهولة التعبير , إيصال الفكرة بلغة عموم الشعب , وتفادي إشكاليات قواعد النحو والصرف.

أوجه الاختلاف ما بين الفصحى والعامية :

أما الفروقات وأوجه الاختلاف الجلية بين الفصحى والعامية فبالإمكان حصرها في النقاط التالية.

١- العامية أو اللهجة هي لغة السواد الأعظم لمجموعة من الناس , بينما الفصحى تقتصر على الخاصة أي لغة الطبقة المتعلمة , وتعتبر اللغة الرسمية المعترف بها في إطار مؤسسات السلطة وفي المحافل الدولية والإعلامية والتربوية والعلمية والأدبية.

٢- تحرر العامية من التقييدات والأحكام اللغوية لتنطلق على سجيتها الكلامية باعتبارها اللغة المحكية , بينما نحدد الفصحى بأحكام الصرف والنحو والألفاظ الدلالية المنتقاة.

٣- تقتصر العامية بتشعبات لهجاتها المختلفة على مجموعات سكانية متميزة في البلد الواحد من جراء تعايش المجاميع في مواقع جغرافية متفاوتة من البلد كشماله , ووسطه وجنوبه , بينما تفرض الفصحى نفسها على البلد قاطبة من خلال العملية التعليمية والإعلامية رغم انحصار تأثيرها واستعمالها على النخبة الخاصة والمتميزة بحكم العمل الوظيفي والشؤون الرسمية.

٤- تتميز العامية بلهجاتها الكثيرة بطابع المغايرة النبرية والقياس المشترك (النورم) في البلد الواحد كأن تقول هذه لهجة مصرية , لبنانية, عراقية, بينما تتمثل الفصحى والحالة هذه بمصدرها البليغ المتمثل بالقرآن الكريم الذي يتوجب قراءته وفق الأصول المحتمة وبشكل خاص في عملية التجويد.

٥- من يتحدث بالعامية ولا يقوى القراءة والكتابة, عادة ما يعاني صعوبة في فهم واستيعاب ما تعنيه الفصحى من خلال احتوائها على مفردات لم تطرق سمعه في المحيط الذي نشأ وترعرع فيه , وسهولة العملية لمن تسلح بسلاح القراءة والكتابة.

٦- افتقار العامية الى ما لا يحصى من المصطلحات العلمية والفنية والمفردات المستحدثة ولا سيما العصرية التي تمليها مستلزمات التطور الحضاري والتقدم التكنولوجي لتستدرج في قاموس الفصحى تيسيرا لاستعمالها وضرورة انسجامها مع متطلبات مناهج البحث العلمي والعلوم المستحدثة.

٧- اختلاف اللهجات العامية في البلد الواحد باختلاف طبقات الناس وفئاتهم أي ما يسمى باللهجات الاجتماعية حيث تتشعب لغة المحادثة كلهجة الأرستقراطيين والتجار والمهن الأخرى والنساء اللائي ينعزلن عن مجتمع الرجال , بينما تفتقد هذه الظاهرة في عرف الفصحى.

٨- ندرة المترادفات في العامية واقتصار المعنى في لفظ واحد يفي بالغرض المطلوب أو الضرورية منها للحديث , بينما تزخر الفصحى بالمترادفات التي لا حصر لها في لغة العرب.

٩- قلة التدوينات والمنشورات بالعامية سواء المخطوطة أو المطبوعة , واكتظاظ المكتبات بما يقتصر على اللغة الفصحى.

١٠- عدم تواجد المعاجم والقواميس التي تفي بالغرض المطلوب في العامي – إلا ما ندر ولحاجات خاصة تقتضيها الضرورة – بينما معاجم وقواميس الفصحى تغطي مساحة واسعة في عالم الكتب , وخاصة ما يتعلق بالعربية الفصحى واللغات الأجنبية بسبب ظروف الهجرة والدراسات الأكاديمية أو التعليمية كما هو الحال في السويد والدنمرك والدول الأوروبية الأخرى.

١١- اللغة الفصحى يفهمها كل مسلم أو عربي أو من يدرس العربية من الأجانب الغربيين.

الإشكاليات اللغوية في عملية التعليم.

ندرج فيما يلي أهم الصعوبات التي تواجه الطلاب فيما يتعلق بالقراءة والكتابة في المراحل المختلفة من عملية التعليم , ابتداء من المرحلة الأساسية , معتمدين في ذلك التجارب التي عشناها مع طلابنا على مدى عشرين عاما في مدارس وكالة الغوث الدولية :

١- مواقع شكل الحرف في أول الكلمة , في وسطها وفي آخرها.

٢- الحروف التي تتصل ببعضها والتي تتصل بما قبلها أو كتابتها منفصلة مثل (دار , زرزور).

٣- عدم التمييز بين الحروف الصوتية الطويلة (ا,و,ي) والحركات القصيرة (-َ ,-ُ, -ِ).

٤- إشكالية الحروف المضعفة أي المشددة في الكلمة.

٥- عدم التمييز بين الحروف الشمسية والقمرية أثناء إضافة (ال) التعريف.

٦- الخلط بين تاء التأنيث والتاء المربوطة (هاء التأنيث).

٧- عدم إدراك حركات الأسماء والصفات المنونة مثل : (قلمٌ , قلما , قلم).

٨- هجاء أسماء الإشارة والأسماء الموصولة مثل : (هذا = هاذا , الذي = اللذي).

٩- الاستغراب من قراءة الكلمات التي تلفظ بشكل مغاير لكتابتها مثل) طه , سموات , لكن).

١٠- قراءة وكتابة الهمزة بأشكال مختلفة من أحكامها النحوية مثل : (أب , أم , إن , بئر , شيء , قارئ, لؤلؤ, قراءة ,ضوء, قرأا).إضافة لهمزة القطع والوصل مثل :(أعلم) و(واعلم) حيث تلفظ الثانية (وعلم) لاتصالها بما قبلها اتصالا لفظيا , فقبلت الهمزة الى علامة وصل.

١١- الألف الممدودة أو الساكنة والألف اللينة أو المقصورة مثل : (عصا , دعا , صلى , ليلى).

١٢- زيادة الألف بعد واو الجماعة وعدم لفظها مثل : (كتبوا) , وعدم كتابة الألف بعد واو الجمع مثل : (معلمو المدرسة) , أو المضارع المنتهي بواو مثل : (نرجو ,يدعو).

١٣- إدخال (ال) التعريف على الكلمة المبدوءة بحرف اللام مثل : (لبن : اللبن) وقراءتها أو كتابتها بحذف أحد اللامين (الأصلية أو التعريف) وبالشكل التالي (البن).

١٤- التغييرات التي تطرأ على حروف العلة في المضارع المصاغ من الماضي المعتل من جراء دخول أدوات الجزم أو النصب مثل : (يلهو , لم يلهُ , يبني , لن يبن , يسعى ليسع).

١٥- تذكير وتأنيث العدد من نوع المعدود , إضافة للتغيرات التي تطرأ على العدد المركب.

١٦- إشكاليات التقارب والتغيير اللفظي في نطق بعض الحروف مثل: ت: ث ، ق: ك , ذ: ز : ظ,ض : د , ط : ت , س , ص , ك : ج , د : ت , ث : س , الهمزة والعين) كأنك تقول : توم بدلا من ثوم , وحدس بدلا من حدث , وحرس بدلا من حرث , وصورة بدلا من سورة , صار بدلا من سار , دابط وزابط من ضابط.

إن ما عرضناه هنا لم يكن إلا جزء يسيرا من قائمة الصعوبات التي تعترض الطلاب في المراحل الأولى من عملية تعلم القراءة والكتابة والتي يمكن ربطها بعوامل كثيرة تتصل بالنواحي النحوية والصرفية للكلمة التي تنعكس على إخراج صوت الحروف من مخارج مغايرة لمنبعها الاعتيادي لتؤدي بالتالي الى عيوب في النطق والقراءة غير الصحيحة المشوبة بالوقف والتأمل في هجاء الكلمة المقروءة والتأخر في فهم المعنى المقصود, ناهيك من مزيدات الفعل الثلاثي وتصريفاته وصيغ الجموع والمفعول المطلق والمفعول لأجله والمفعول فيه والمفعول معه وما الى ذلك من أمور قواعدية حيرت مشاهير الكتاب واللغويين والنحويين وأردت الكثير من بني عصرنا ممن لهم باع طويل في حقل اللغة والكتابة من كبار الأدباء ومربي الأجيال للوقوع في أخطاء وهفوات لا يغفر لها سيبويه والفراهيدي وأمثالهم.

أيهما أجدى في عملية التعليم الفصحى أم العامية؟

سبق وأن نوهنا في مطلع حديثنا ومن خلال إشارة عابرة عن تواجد تيارين متفاوتين في الرأي عن مفهوم الفصحى والعامية وأيهما أجدى لنا كمنطلق لتعليم اللغة العربية , وبعد رحلتنا واستقرارنا في محطات لغوية كثيرة , وجدنا بأنه يجدر بنا هنا أن نجدف بمجاديف متفاوتة علنا نصل الى ساحل الأمان من بحر اللغة ونؤكد فيما بعد قوة وفاعلية تلك المجاديف اللغوية وأيهما الأجدى والأمثل لتسيير دفة التعليم اللغوي.

أنه بوسعنا الآن أن نضيف تيارين آخرين تمثلا بمجموعة الذين لا ينضوون تحت راية اللغة الأم المتمثلة باللغة العربية , أي بما معناه الأجانب أو من غير العرب الذين يزمعون تعلم العربية واستخدامها لتقريب التفاهم عند الضرورة أو لغايات أخرى , كما وهناك تيار آخر جمع قواه من التيارين الأولين الأصليين ,أي الجمع ما بين الفصحى والعامية.

ولكي نكون منصفين في خوض غمار هذه التيارات وإعطاء صورة واضحة المعالم لكل منها ندرجها أدناه مستعرضين فكرة موجزة عن مفاهيمها العامة وما تزعمه من حجج ومبررات في تفضيل اللغة الفصحى على العامية وبالعكس , و إن هذه التيارات هي :

١- تيار دعاة الفصحى لغة للتعليم؟
٢- تيار دعاة العامية لغة للتعليم.
٣- تيار دعاة العامية من المستشرقين.
٤- تيار دعاة استبدال الحروف العربية باللاتينية.
٥- تيار دعاة تطعيم اللهجات بالفصحى.

١- تيار دعاة الفصحى : ينطلق مناصرو هذا التيار من مفهوم الوازع الديني والالتزام القومي بالوحدة العربية أسس القيم التراثية والأدبية والفكرية التي شاعت بلغة موحدة مشتركة وجمعت بين العرب منذ فجر الإسلام , مؤكدين عن ضعف الروابط بين أبناء الأمة الواحدة في حالة ضعف وتشتت اللغة القومية إذا ما تم استعاضتها بالعامية , وبالتالي ضعف أصحابها ورجالاتها في مجال الفكر والأدب والسياسة والعلوم الأخرى , إضافة لافتقاد الصلة بين ماضي العرب وحاضرهم , علما بأن العامية في نظرهم هي ظاهرة مشتركة بين جميع اللغات في العالم ولها لهجات محلية كثيرة , أما اللغة الفصحى فهي مهارة من المهارات التي يكتسبها الإنسان – صغيرا أو كبيرا – عن طريق الممارسة والمران كالسباحة والقيادة وغيرها من المهارات – وفيها من أساليب التعبير التي تعجز العامية عن الإتيان بمثلها , لذلك ينبغي أن تتم العملية التعليمية وفق أحكام لغة القرآن والدين الحنيف.

٢- تيار دعاة العامية : يعتمد مؤيدو هذا التيار على تلك الخبرات المكتسبة من قبل الأطفال ومن خلال البيئة التي نشأوا فيها , انطلاقا من الرصيد اللغوي المبني على اللهجة العامية المحكية لتميزها بمرونة التركيب وسهولة التعبير, وإن عملية الاستمرار في النمو والتدرج على المنوال الذي يألفه الأطفال يقربهم اكثر من اعتبارات الفهم والإدراك وشحذ الهمم , حيث انه بهذه الطريقة يتم تحفيز الطلاب على التشويق وزيادة خبراتهم وسهولة تطبعهم في المجتمع العام الذي يمارس ذات اللغة , بعيدة عن أحكام الإعراب التعجيزية والمترادفات المتشابكة , معتمدين مبدأ الحياة تتطلب البساطة والوضوح وفق المنظار العام المألوف , والفكرة الرئيسية هنا تنحصر على إقبال دعاة هذا التيار بالنظرية القائلة (إذا كانت اللغة للفهم:

والإفهام, فإن أحسن لغة وأفصحها هي التي نفهم وتفهم بأيسر ـ مـا يكون مـن الجهد).

٣- تيار دعاة العامية من المستشرقين والأجانب من غير العرب: يرتكز المهتمون بهذا التيار على أرضية تشوبها الرخاوة باعتمادهم التأويلات المقصودة على النيل مـن اللغـة العربيـة كقولهم عن صعوبة وجماد اللغة الفصحى وبقائها على حالها منذ القرون الأولى لشيوعها بحوالي ١٤٠٠ سنة , وإنها لم تعد تجدي كشكل من أشكال النشاط اللغـوي المختلـف عـن العامية التي تعتبر لغة الحياة اليومية , كما ودعموا ادعاءاتهم بأن الأدب يجب أن يكتـب بلغـة الشعب , وعـلى المفكرين أن يخـاطبوا الشعب بلغتـه التي يمارسـها في التفـاهم والتخاطب اليومي الدائم والمألوف , كما وأن فقدان قوة الاختراع عند العـرب ومواكبـة العصر هو استبقاء الفصحى وافتقارها للاصطلاحات العلمية لا سيما في عصر الاكتشافات والاختراعات ,ومما لا شك فيه أن يكون هناك من بين المستشرقين من يبـدي حرصـه عـلى مستقبل اللغة العربية ككل , وهذا ما تشهد له العديد من الدراسات والبحوث الأكاديميـة التي أغنت المكتبة العربية والأجنبية, إلا من الجانب الآخر تجد منهم وقد تبنتهم دولهـم لغاية في نفس يعقوب , بغية تحقيـق مـآربهم المقصـودة في أضعاف الفصحى ومحوهـا لكونها يتعلمون العربية في مدارس دول الشمال التي يشكلون فيها نسبة ضئيلة جـدا, وفي بيئة تختلف كليا عما هو عليه في بلادهم الأصلية؟

٤- تيار استبدال الحروف العربية باللاتينية : ينظر دعاة هذا التيار الى اعتبار العربية بفرعيها – الفصحى والعامية- لم تعد تساير وتواكب التطور العلمي والتكنولوجي الحديث , ولكي يرتقي العرب الى درجـة التمـدن الحضاري والتنبـؤات المستقبلية ينبغـي الابتعاد عـن إشكاليات التعقيد اللغوي في

القراءة والكتابة وهجر الحروف الأبجدية العربية التي تتخذ أشكالا متفاوتة لا تنسجم وروح العصر في التعليم , لذلك ينبغي إبدال الحروف العربية باللاتينية التي تتخذ شكلا واحدا متعارفا عليه , حينذاك تكون اللغة العربية أكثر انسجاما ومقاربة للحرف الأكثر شيوعا واستعمالا في العالم ,مما يجعل التعلم أكثر سهولة ومرونة وأكثر قوة ورصانة في المراحل العليا طالما يجري توليد المصطلحات المستحدثة من واقع العالم الغربي الذي يعتمد الحرف اللاتيني.

إن هذه الدعوة لا تقل شأنا عن سابقها في المخاطر ,والأخطر من كل ذلك طمس كل ما يمت بصلة للفكر والتراث المخطوط والمنشور والمحفوظ باللغة العربية إن كان بالفصحى أو العامية.

٥- تيار تطعيم اللهجات بالفصحى : يكترث منادو هذا التيار بمحور واقع ومحيط الأطفال , وذلك باعتماد اللغة المكتسبة لديهم وسيلة للتعليم , كونها الأقرب الى نفوسهم والأسهل عليهم , ولكونها لا تخلو من المفردات الفصيحة وبشكل خاص الأسماء والصفات المتعارف عليها ,إضافة لاحتوائها على المفردات التي شابها التغيير في اللفظ واعتراها التبديل في التركيب , رغم أصالتها وشرعيتها اللغوية, بهذا فإنه من خلال تطعيم لغة التعليم بمفردات وعبارات بسيطة واضحة سلسة وخالية من التعقيد يتيسر تهذيب لغة الأطفال وتشذيبها من الألفاظ الغريبة والخاطئة الاستعمال تدريجيا ,فتكون هذه المحاولة نقطة انطلاق لمراحل التدرج في النمو اللغوي السليم لدى الطفل واثرائه برصيد ينسجم وعمره الزمني والعقلي وتقدمه التعليمي والتربوي , ويرى أصحاب هذا الرأي بأنهم يكونوا قد توصلوا الى لغة مرنة توسم بالفصحى المتوسطة أو المعتدلة باعتبارها الخطوة الأولى لترغيب وتعويد التلاميذ المبتدئين على تقبل الفصحى, وان ما يستوجب

هذه الطريقة هو دراسة اللهجات الأكثر شيوعا والأوسع انتشارا والأقرب صلة في البلاد العربية , أي أن يتم جمع الكلمات العربية العامية والدخيلة وانتقاء ما هو قريب من اللغة الفصحى ليتسنى استخلاص ما هو الأهم والأنسب للتلاميذ والأقرب لخبراتهم بغية وضع منهج تربوي موحد وشامل للمراحل الأولى من المدرسة الابتدائية يتم تعميمه على البلاد العربية بشكل عام لتصبح اللغة الدارجة ولغة الكتب واحدة موحدة كبعض اللغات الحية.

فإذا عمدنا على غربلة هذه الاعتبارات والتخمينات على ضوء ما يكتنف محيط الناطقين بالعربية في بلاد المهجر ومواقفهم وطموحاتهم من الهوية القومية فأننا نرتأي فكرة تطعيم اللهجات بالفصحى لكونها أكثر صلة بواقع الطالب رغم تفاوت العامل المكاني وما تنتابه من متغيرات مؤثرة في حياة الناشئة من محبي العربية وسنأتي على ذكر ذلك في نهاية حديثنا.

إن كانت هذه الفروقات واضحة وجلية ما بين الفصحى والعامية فمعنى ذلك أن ينشأ الفرد العربي مزدوج أو ثنائي اللغة ما بين المفردات والتراكيب الرسمية والعامية المحكية , أو ما بين لغة الإيمان بالدين الإسلامي المتمثل بالقرآن ونصوصه التي لا تقبل التغيير أو التحريف واللهجة المحكية التي تتفاوت في العديد من مظاهرها عن اللغة المحتمة.

وإن كانت هذه هي الحقيقة التي تتراءى لنا عن كثب وفي عصر بلغ شأوا كبيرا من التطور في كافة ميادين العلم والمعرفة للوقوف على أيسر وأنجع السبل ومنعا العلوم اللغوية والتعليمية , فكيف هو الحال قياسا بنتائج البحوث التجريبية المتعلقة بدراسة العلاقة بين العامية والفصحى في بداية الخمسينات وفيما بعد , والتي تؤكد قرب الصلة بينهما حيث تشير الى أن (٧٣%) من الكلمات ذات

التكرار العالي في كتاب القراءة في الصفين الأول والثاني الابتدائي موجودة في اللغة العامية , وحوالي (٨٠%) من كلمات الأطفال المصريين الذين لم يدخلوا المدرسة بعد، توجد في اللغة الفصحى , ونسبة الكلمات التي لا تمت الى الفصحى بصلة والموجودة في لغة الأطفال المصريين الشفوية قد بلغت ٣,٥% في السنة الأولى و٢,٥ % في السنة الثانية و٢ % في السنة الثالثة. أن كانت هذه الاستنتاجات قد أكدت قدرات الطفل المصري على تقبيل الفصحى بشكل ما فمعنى ذلك إن أطفال الأقطار العربية الأخرى لا يقلون شأنا عن هذه الحصيلة طالما هناك العديد من الدراسات والكتب الصادرة في عدة بلاد عربية تشير الى تواجد آلاف الكلمات العامية أضيفت الى قائمة معجم الفصحى في مصر ولبنان وسوريا والعراق ودول الخليج.

نستنتج هنا بناء لما أشرنا إليه واعتمادا على معدلات النسب المئوية المتعلقة بثروة الأطفال اللغوية إن كانت حقيقة وأثبت صحتها ميدانيا فمعنى ذلك سهولة عملية التعليم اللغوي القويم تشير الى العكس لأسباب وعوامل أخرى تتحكم فيها القواعد الصرفية والنحوية وتفاوتها بين الفصحى والعامية وافتقار خبرات الأطفال لأصولها كالأحكام الإعرابية والاشتقاقات التي تتكون بنوع من التغيير الداخلي للكلمة مع بعض اللواحق (Affixes) كاسم الفاعل , والمفعول , وأفعال التفضيل , وتصريف الأفعال والجموع وغيرها.

إن هذه الاعتبارات التي حيرت خبراء التربية والتعليم واللغويين في البلاد العربية , وأعاقت مسيرة العديد من المستشرقين من ذوي الاختصاص في هذا المجال وعلى مدى قرون عديدة لا زالت آثارها مترسبة في الأقطار العربية ومعاهد الاستشراق لحد اليوم , فكيف هو الحال إذن للتلاميذ العرب الذين

إن هذه المستجدات في لغة الطفل تجعله ينفر من دروس تعلم العربية وكأنه قادم على تعلم لغة جديدة عليه , وهذا ما عشناه من خلال تجاربنا الواسعة وخبراتنا الطويلة مع الطلاب في مدارس وكالة الغوث الدولية التي أقرت تعليم اللغة الأم رسميا والتي تتضاعف فيها صعوبات تعليم الطفل رغم توفر وسائل التعليم والطرق التربوية والنفسية الحديثة لدراسة ومعالجة سلوكية التلميذ وقدراته ومواهبه.

ومن جانب آخر إن الظاهرة الأكثر تعقيدا وخطورة لدى الطالب العربي الذي يقدم على تعلم العربية هي ازدواجية لغته المحكية بمفردات عامية مستوحاة من واقع محاكاته لها بتعايشه مع زملاء له من أقطار عربية متعددة ومتفاوتة اللهجات , وإن ما يهيئ ويمهد لهذه الظاهرة السلبية خطورة انعزال الجيل الناشئ عن الكبار بسبب ظروف المعيشة والتي تؤدي الى نقص في سماع وتقليد ومحاكاة ما ورثه الآباء من عادات وتقاليد.

ومن السهولة جدا أن نستخلص نتيجة ذلك من أفواه الناشئة أنفسهم بإقدامهم على استعمال العامية في البيت آو الشارع أو أثناء لقاءاتهم اليومية , باستثناء حالات الضرورة.

ولكي نكون على مقربة من مسألة (الحل الأوسط) لتجاوز المردود السلبي لمثل هذه الإشكاليات ليس بوسعنا إلا أن ننظر الى ما هو الأفضل والأسمى والأولى من خلال مختبر التجارب الملموسة في المجتمع الذي نعيش فيه وما يوفر لنا من احتمالات التحسن والتطور والمعايشة التحفيظية للسلوكيات والعادات والتقاليد واللغة التي لا ينبغي الاستغناء عنها طالما هي أساس مواصفات الهوية القومية.

إن ظاهرة تحديد اللغة القومية ما بين الفصحى والعامية وما يشوبها من آراء ووجهات نظر متفاوتة لم يعد حصرا على من نحن عليه في بلاد الاغتراب

وعلى وجه التحديد في السنوات الأخيرة من اشتداد عامل الهجرة من أوطاننا الأصلية , بل أن هذه الظاهرة تمتد جذورها الى الأقطار العربية قاطبة ومنذ بزوغ فجر قوة اللغة العربية بدلالة البحوث والدراسات والكتب التي اهتمت بهذه الناحية قديما, إضافة لما رسمت وحططت له المجامع اللغوية من مؤتمرات وما رصدت له من أموال لبحث هذه المشكلة التي منبعها التعقيدات الأعرابية التي لا تخضع لقاعدة عامة في وضع الأحكام , ونشوء مدارس للتأويل والاجتهاد كمدرستي الكوفة والبصرة. وليس أدل على ذلك مما قاله اللغوي الشهير ابن خالويه حينما أتاه رجل يقول :(أريد أن أتعلم من العربية ما أقيم به لساني) فقال له : أنا أتعلم النحو منذ خمسين سنة فما تعلمت ما أقيم به لساني.

وفي نفس المعنى يدون الكاتب الضليع (الأب بولص بيداري) في محاضرة له بعنوان بين الآرامية والعربية ألقاها في بيروت عام ١٩٣٦ (أقر صاغرا بالرغم من انكبابي على دراسة لغة الضاد منذ ست وثلاثين سنة لا أجرؤ على تحبير شيء تدخله الهمزة أو اسم العدد.... فمن إعلال الهمزة الى كتابتها الى تحريكها أو إسكانها كلها أشواك وعثرات تنغص عيش الكاتب وتفسد عليه السبل).

وها هو الأديب المعروف (أنيس فريحة)يشير الى التعقيد اللغوي في العربية قائلا : (أنني متيقن من أن ٩٥% من العرب المتأدبين عندما يأتون الى ذكر العدد كتابة أو خطابة عليهم أن يقفوا قليلا ليعيدوا القاعدة..... وليشهد الله أنني أنا الذي قضيت شطرا من حياتي في تدريس العربية توقفت قليلا عندما نقلت جملة (مبارح رحت للسوق واشتريت رطل عنب بخمستعشر قرش) الى الفصحى. هل هي خمس أو خمسةَ أو خمسةُ , عشر أو عشرة).

فإذا كانت ملابسات هذه الظواهر اللغوية في الصرف والنحو قد شغلت المتضلعين في مجال اللغة من القدامى أمثال ابن جني والفراء وسيبويه والكسائي

والفراهيدي وابن خالويه وغيرهم من المعاصرين , كيف هو الحال إذا بالنسبة للأطفال الذين يقدمون على تعلم نفس اللغة التي تعد في عرفهم وكأنها لغة جديدة عليهم؟!

الأطفال بين الفصحى والعامية.

من جرآء الازدواجية اللغوية الآنفة الذكر والفرو قات الواضحة في بيئة الأطفال العرب يقودنا التساؤل للقول : كيف ينبغي أن ندعم لغة الأطفال وهم في مراحل تعليم الأولى؟ وما هي السبل الكفيلة لضمان مسيرتهم التعليمية في مجال اللغة العربية في بلاد الاغتراب؟

مما لا شك فيه أن إقدام الطفل في بداية مراحل تعلمه عادة ما يعاني من صعوبات جمة في عملية فهم وإدراك النصوص المقررة في المناهج الابتدائية إذا ما قسنا ذلك بمناهج لغات الدول المتقدمة التي تعتمد اللغة التي يدركها الغالبية من الناطقين بها , وهذا ليس معناه أن يستوعب الطفل مرة واحدة لكل ما تحتويه لغته الأم , وإنما عملية التدرج وفق الأساليب التربوية والنفسية الحديثة تجعله يتقرب الى الأصعب فالأصعب أي من المحسوس الى المجرد , بينما نجد الطفل العربي ومنذ الوهلة الأولى لتعلمه متحسسا بإسدال ستار أمامه ليتحمل مصاعب التخمين والحسبان وعناء الحرز في حل واستجلاء ما وراء الستار من طلسم التركيب والنبرة (Accent) في الكلمة والجملة أو العبارة المقصودة , حيث يلفت انتباهه واستغرابه ما لم يألفه من مفردات في محيطه العائلي أو المجتمع الذي يحيط به , إضافة لضوابط حركات أواخر الكلمات التي تستبعد من اللهجة المحكية , وعلى سبيل المثال تعود الطفل الى القول : (راح أحمد للبيت) أو(أحمد راح للبيت) بينما يفاجأ في المنهج التعليمي بعبارة (ذهب احمد الى البيت) أن حالة استغرابه تدعه متأملا عدة متغيرات وهي المصوتات (Vowels) القصيرة في أواخر الكلمات ,استعمال

الفعل ذهب بدلا من راح , تعويض حرف اللام بحرف الجر الى , إضافة لعملية مرتبة الأصوات (PHONEM) ناهيك عن مرتبة الصرف (Morphology) المتعلقة بالشكل والبناء وبالتغييرات التي تطرأ على الكلمة المفردة في بدايتها (Prefix) ووسطها (Infix) وأواخرها (Suffix) والتصريف مع الضمائر وما شاكلها.

إن عملية الضعف اللغوي يضعف الشعور القومي , ومتى ما ضعف الشعور القومي انصهر الشعب في بوتقة لغة المستعمر كما حصل في الجزائر من قبل الاستعمار الفرنسي , وما عاناه العرب إجمالا منذ بداية القرن التاسع عشر وبداية القرن العشرين حيث أصبح الوطن العربي تحت السيطرة الكاملة للاستعمار وفرض لغته والتقليل من شأن العربية بالدعوة لهجر الفصحى والتزام العامية لغة للقراءة والكتابة بحجة صعوبتها وإنها غير مفهومة من الجماهير ,وقد اتضح من هذه الدعوات تجزئة الأمة العربية من خلال اللهجات العامية التي تختلف من قطر الى آخر, كما حصل للغة الرومان اللاتينية التي كانت شائعة في أوروبا وتفرعها بالتالي الى لهجات وتبنيها كلغات متعارف عليها بالإيطالية والفرنسية والأسبانية , وكذلك الحال بالنسبة في اللغات الجرمانية مثل الألمانية والهولندية والنرويجية والدنمركية التي تحتسب لغات مستقلة بينما هي في الواقع من اللهجات الجرمانية , إضافة للهجات الروسية : التشيكية والبلغارية والصربية التي اتخذت طابع اللغات رسميا بفضل العامل السياسي بعد استقلال تلك البلدان عن روسيا.

الاتصال واللغة :

يعرف الاتصال بأنه عملية نفسية اجتماعية قائمة على تبادل الرموز بين طرفين بهدف تحقيق آثار محددة.

والرموز من نوعين : لفظية وغير لفظية , وتتألف اللغة من رموز لفظية فقط : فمثلا , إن كلمة (مجلة) التي تتألف من الألفاظ الصوتية , ترمز الى شيء معروف متفق عليه دلاليا في المجتمع العربي.

أما الرموز غير اللفظية , فهي الإشارات وحركات الجسد ورنة الصوت. ويرى البعض أن الرموز غير اللفظية تحمل ٨٠% من المعنى في أي فعل اتصالي.

ويتنوع توظيف هذه الرموز في الاتصال الجماهيري - المتعارف عليه باسم الأعلام في الوطن العربي - بتنوع الوسيلة المستخدمة.

١- في الصحافة والمواد المطبوعة , تستخدم الرموز اللفظية - كالأبجدية تحديدا - مدونة للتعبير عن الأفكار والآراء ومقاصد المرسل.

٢- وفي الإذاعة المسموعة , تستخدم الرموز اللفظية (الأبجدية) مقروءة , بما يصاحبها من نبرة أو حدة , أو رفع الصوت أو خفضه , وهذا يعني أن المستمع (المتلقي للرسالة الإعلامية) يستقبل نوعين من الرموز : اللفظية وغير اللفظية , ويعمل عقله في تحليلها , مثل ذلك أن نبرة قراءة نشرة الأخبار وإيقاعها وطريقة إلقائها تختلف عن نغمة وإيقاع مسرحية إذاعية تراجيدية أو كوميدية.

٣- أما في الإذاعة المرئية - التلفاز - فتستخدم الرموز كما في الإذاعة , لكن بالإضافة مستوى ثالث , وهو مستوى (لغة الجسد) والذي نعني به الإشارات والإيماءات التي تصدر عن المرسل , أو مقدم البرامج أو مقدمته, ونحن , حين نشاهد تصريحا سياسيا عبر شاشة التلفاز , فإننا نستمتع الى

تعابير أبجدية تحمل نبرات , ونشاهد بالعين الحركات والإيماءات التي تصاحب تلك التعابير , سواء صدرت على الوجه أو اليد أو الجسد. ويعمل عقل المتلقي على استقبال هذه الرموز وتحليلها وفهمها بل يشكل في مصلحته مجمل رسالة المتلقي ومقاصده.

الفصيحة والعامية :

ويواجه المتلقي العربي لرسائل الأعلام الصحفية والإذاعية والتلفازية , تحديا آخر في مجال تحليل الرموز , يتمثل باستقبال رموز لفظية بالفصيحة أحيانا وبالعامية أحيانا أخرى, وعن أية عامية نتحدث؟ عن العامية المصرية أم السورية أم الأردنية أم التونسية أم السودانية؟ ويزيد عدد اللهجات العامية العربية في مجموعها على عدد الدول العربية أضعافا. ذلك أن في كل بلد عربي العديد من اللهجات التي تنسب أحيانا الى المدن , أو المقاطعات , موزعة بين بادية وحضر وريف في كل دولة عربية.

ويصعب على الإنسان العربي في أحايين كثيرة فهم العامية الدراجة كما يتحدثها أهلها في بلد آخر, فيلجأ الى الفصيحة لمواجهة الموقف , ويكرر الجملة أو السؤال مرات عديدة كأنما يترجمه, وفي هذا إضاعة للجهد وهدر للوقت ,إضافة الى ما يصاحب ذلك من مشاعر الإحباط القومي.

لكن لا بد من أن نتعرف أن بعض اللهجات العامية – كالمصرية – نجحت بفضل التلفاز والمسلسلات والسينما في أن تصبح لهجة مفهومة عند نسبة كبيرة من العرب. وفي مصر يفرقون بين لهجة قاهرية , وأخرى صعيدية , وربما قبلية وبحرية. وإذا ما كانت مشاهدة مسلسل مصري وتتبع حديثه تصبح عملية مفهومه ومقبولة للمواطن العربي في كل مكان, فإن تتبع مسلسل تونسي- أو كويتي قد لا يحظى بذلك القبول بعد.

اللغة والجهد :

إن تعلم اللغة الثانية يستدعي جهدا عقليا كبيرا يبذله الإنسان المتعلم , ويتطلب منه قضاء وقت كبير لإتقان تلك اللغة. ومن المؤكد أن تعلم لغة ثانية يفتح ثقافة أخرى أمام ذلك الإنسان , فيتواصل معها , ويلجها ولوج الواثق فيها كما يتأثر بها غير أننا لا نستطيع أن نعتبر اللهجات العامية لغات ثانية بالمعنى الحرفي. ذلك أن كل لغة نظامها الخاص بها من قواعد النحو والصرف واللفظ " أما اللهجة فإنها توجد ضمن حدود لغة ما " لكن الإشكالية الحقيقية في اللهجات العربية تظهر نتيجة تباين اللهجات الحاد : مثلا , حين يتحدث عربي من المغرب بلهجته المحلية مع عربي من العراق بلهجته المحلية هو الآخر , تكون النتيجة أنهما لا يفهمان بعضهما البعض مطلقا. لقد أصبح الوضع الاتصالي هنا مغلقا على الفهم. وتحل إشكالية العراقي والمغربي بلجوئهما للفصحى , وهي اللغة العربية الأم باعتبارها مصدرا لهذه اللهجات المتباينة.

والحقيقة التي لا مراء فيها أن الجهد الذي يبذله العربي في تعلم (اللغات) اللفظية العربية هو جهد مضاعف محبط للعزيمة : فهو يتعلم في بداية حياته لهجة الأسرة – وهي اللهجة العامية السائدة في المنزل والمحيط والجوار. وحين يبلغ الطفل السادسة أو السابعة من العمر – وإذا كان ممن حالفهم الحظ الطيب – فإنه يبعث به الى مدرسة في الجوار , فيبدأ تعلم اللغة الأم الفصيحة , حتى يكمل دراسته. ويتم ذلك بشكل مواز لتعلم لغة أجنبية (إنجليزية أو فرنسية) , قد يتعلمها في مرحلته المدرسية, وربما المحلية.

غير أن استعمال الفصحى سيقتصر فقط على حصة اللغة العربية فقط , فيكون رسوخها ضعيفا في النفس , وهكذا تصبح اللغة الفصيحة عند العربي لغة

فنية - مثل الأجنبية - يستخدمها فقط لأغراض خاصة. وفي هذا إحباط قومي ما بعده إحباط.

ومع نمو الطفل العربي , وبدء تعرضه لوسائل الإعلام المرئية باعتبار أن التلفاز وسيلة تعنى بتنمية مشاهدة الطفل منذ بداية التكوين , فتقدم له برامج الكرتون (الصامت معظمها) , إضافة الى برامج محلية تعد بإشراف سيدات يستخدمن في الأعم الأغلب اللهجة العامية, وفي أحسن الأحوال يستخدمن لهجة شبه فصيحة , ومن هنا يبدأ رحلة الطفل مع تعلم اللهجة الثالثة , أو اللغة الثالثة كما يحلو للبعض تسميتها وتكون هذه بمستويات مختلفة , تعمل في الحقيقة على تعزيز انتماء الطفل المحلي الى محليته.

ومع ازدياد التعرض للتلفاز وبرامجه ومسلسلاته - أو ما يسمى بثقافة الترفيه المتسعة يوما عن يوم - ينتهي الأمر بالمتلقي العربي الى أن يتعلم فهم (حزمة) من اللهجات العربية , جلها مأخوذة عن العربية الفصيحة. وفي هذا إضاعة للوقت والجهد , ويبلغ طغيان العامية وقوتها وأثرها في النفس درجة تدفع بالإنسان لإيثارها على الفصيحة , حتى أنك تجد الطالب العربي الذي يتخرج من الجامعة , لا يتقن استعمال لغته الأم بحسب قواعدها الموضوعية وهذه إشكالية مزمنة ومؤرقة لا تتسع الدراسة الحالية لمناقشتها.

إشكالية اللهجات العامية :

تطغى على برامج الإعلام الإلكتروني استعمال اللغة الدارجة (العامية) فيها , خاصة في البرامج الخفيفة , سواء كانت موجهة للأسرة أو الطفل , أو الرياضي... الخ , أما برامج الحوار الثقافي والأخباري فإنها تقدم بالفصيحة المبسطة, أو شبه الفصيحة.

ومع قدوم الفضائيات العربية – بواقع ثلاثين فضائية عربية تبث حوالي ٨٥٠٠ ساعة سنويا لا تنتج منها إلا حوالي ٣٥٠٠ ساعة بث.

تتفاقم المشكلة وتتمثل في محاولة هذه المحطات حشو ساعات بثها ببرامج الحكي (Talk Shows) بالعامية , تقدمها فتيات جذابات. يقول كاتب عمود يومي في الأردن , هو طارق مصاروة , إن هذه الفضائيات قد استثمرت " أجمل نساء العرب واكثر مثقفيهم وهجا والتماعا " ويضيف أن هذه الفضائيات بارعة " بالإلهاء النفسي ", وتمتلئ هذه البرامج بأغان بلغاتها يرددها الشبان الصغار بكثرة.

إن قدوم الفضائيات وتركيزها على العامية وقدرتها على جذب أعداد غفيرة من المتلقين , فجر مشكلة العامية مرة أخرى , بعد أن انطفأ وهج الدعوات لها , تلك التي ظهرت في النصف الأول من القرن العشرين في مصر ولبنان..

الفصل الرابع

تغريب اللغة

عمل دعاة الإنسلاخ الحضاري

١- تبديل الحرف العربي بالحروف اللاتينية في تركيب.

٢- محأولة تغيير الحرف العربي في مصر وإيران.

اتاتورك والدعوة الى التغريب

دوره في إلغاء الدولة العثمانية

بين أتاتورك ومعاصرة هتلر.

تهديم الفصحى

مؤامرة حجب الأمة عن تراثها

الدراسات الأكاديمية للهجات العامية

بعث الحضارات الجاهلية من تحت الأنقاض .

دور الفولكلور في أحياء الحضارات

دور الآثار في بعث الحضارات الجاهلية.

مظاهر التبعية.

سبل العلاج.

اغتيال اللغة العربية في الجزائر.

دور فرنسا في التغريب.

تغريب اللغة.

الوراثة الحضارية هي انتقال القيم والأفكار والرؤى والأعراف والأخلاق من جيل الى جيل ,ولهذه الوراثة قوانين أصول كما للوراثة في النبات والحيوان والإنسان . وبموجب هذه القوانين تنتقل الحضارة من جيل الى جيل , فيبدأ الجيل الجديد حياته من حيث انتهى الجيل السابق وليس من الصفر .

وعبر هذه العوامل انتقل إلينا هذا التيار الحضاري الكبير من عصر ـ آدم (ع) وعصور إبراهيم ونوح وموسى وعيسى ورسول الله (ص) . ونحن قطعة من هذا الماضي العريق , وفرع من تلك الجذور الممتدة في عمق التاريخ , تلقينا هذه القيم والمعارف عبر قنوات الوراثة الحضارية من جيل الى جيل , ومن المؤكد أن سلامة هذه الجسور والقنوات تسرع عملية انتقال الحضارة من جيل الى جيل , كما أن تعطيلها وخرابها يعرقل الصلة بين الأجيال , ولو توقفت هذه الجسور بصورة نهائية عن أداء دورها الحضاري في المجتمع لانقطع الجيل اللاحق عن الجيل السابق, انقطاعا كاملا . واهم هذه القنوات والجسور:

١- البيت

٢- المدرسة

٣- المسجد

وعبر هذه الجسور الثلاثة تحركت الحضارة الإلهية ووصلت بالماضي الخلف بالسلف , وبسبب الدور الكبير الذي يقوم به البيت والمدرسة والمسجد, في عملية الاتصال الحضاري , يعطى الإسلام اهتماما كبيرا لهذه المراكز الثلاثة وبنائها واعمارها . وفي ما يلي توضيح موجز لهذه القنوات الثلاث .

١- البيت:

ونقصد بالبيت : الأسرة , ودور الأسرة, في نقل المواريث الحضارية الى الجيل الصاعد , كبير, والانطباعات الأولى التي تنطبع عليها شخصية الطفل تتكون في داخل الأسرة , وتبقى هذه الانطباعات ذات تأثير فعال في شخصية الإنسان في مستقبل حياته .ولسلامة بناء الأسرة اثر كبير في سلامة تربية الأبناء, كما أن لفسادها دور كبير في إفساد الجيل الناشئ , وتخريبه .

روى عن رسول الله (ص) : (ما من بيت ليس فيه شيء من الحكمة إلا كان خرابا).

و الأسرة الصالحة , قادرة على أداء دور فعال في بناء الجيل ونقل القيم والمواريث الحضارية الى الجيل الذي ينشأ في أحضانها .

٢- المدرسة

واقصد بالمدرسة المراكز والوسائل التثقيفية في مختلف مراحلها, والجهاز البشري الذي يتولى تثقيف الناشئة وتعليمها ...

وهذا حقل واسع يشمل المدرسة والكتب والمناهج والمدرسين والفعاليات الثقافية والتربوية والخط والحرف واللغة والثقافة والإعلام والصحافة وغير ذلك والمدرسة , في هذا الإطار الواسع , تعد من أهم الجسور التي تقوم بعملية نقل المواريث الحضارية من جيل الى جيل وربط الأجيال بعضها ببعضها الأخر , ووصل الجيل الصاعد بالجيل الهابط .

وإذا كان الإنسان يتلقى الانطباعات الأولى في حياته من البيت, فان المرحلة الثانية من هذه الانطباعات تتكون في عقله ونفسه في المدرسة .

وقد ورد في النصوص الإسلامية تأكيد كثير على قيمة المعلم واحترامه

٣- المسجد

والجسر الثالث من الجسور الثلاثة : المسجد , وهو , في الإسلام, مركز للعبادة والتوجيه الفكري والأخلاقي والسياسي, وللتعاون على أعمال الخير والبر, وله دور مركزي ورئيسي- في الفعاليات والأعمال التي تقع في هذه الدائرة.

كانت المساجد , في التاريخ الإسلامي , مدارس للفكر والثقافة , ومنابر للتهذيب والتربية ومواقع للحركة والثورة والعمل الاجتماعي والسياسي , ومن انشط المؤسسات الاجتماعية والثقافية والسياسية في حياة المسلمين . وكانت تقوم بمهمة أساسية في نقل مواريث الحضارة الإسلامية من جيل الى جيل .

كما كانت معقلا من امنع معاقل الفكر والقيم الإسلامية , وفي هذا المعقل استطاع المسلمون أن يحفظوا تراثهم الفكري والحضاري من غاره العدوان الجاهلي .

ولكي يمارس المسجد دوره في خدمة الأمة , وفي نقل المواريث الحضارية بقوة وفعالية , لا بد له من روافد بشرية وثقافية لتأمين حاجة المسجد الى العلماء والخطباء والموجهين الذين يقومون بدور التوعية والتحريك في المجتمع الإسلامي من خلال هذه المؤسسة (المسجد).

وهذه المهمة تتطلب وجود جامعات إسلامية مهمتها تخريج المتخصصين في شؤون الثقافة الإسلامية .

ولا بد من تنفر طائفة من المسلمين ليتعلم أفرادها هذه الثقافة بصورة اختصاصية , وليقوموا بهذا الدور التوجيهي الحساس في المجتمع , انطلاقا من قوله تعالى (فَلَوْلاَ

نَفَرَ مِن كُل فِرْقَةٍ منْهُمْ طَآئِفَةٌ لِيَتَفَقهُواْ فِي الدينِ وَلِيُنذِرُواْ قَوْمَهُمْ إِذَا رَجَعُواْ إِلَيْهِمْ لَعَلهُمْ يَحْذَرُونَ). (التوبة ، ١٢٢)

وعليه فان (مؤسسة المسجد) تشمل هذه المؤسسات الثقافية العلمية.

والمسجد , يمثل هذا الشمول والسعة , يشغل مساحة واسعة من حياة الناس , ويعد واحدا من أهم الجسور التي قامت , في تاريخ الإنسان , بعملية نقل القيم والأفكار من جيل الى جيل , ومن أهم المعاقل التي استطاعت أن تحفظ لنا تراثنا من الضياع والانحراف ولا سيما في السنوات العجاف الطويلة التي تعرضت فيها جسورنا وقلاعنا الحضارية لضربات قوية من قبل العدو .

فقد حافظ المسجد , خلال هذه السنوات العجاف , على استقلاله , ولم يتمكن العدو من مصادرة هذه المؤسسة وتطويقها وحرفها عن رسالتها وكان المسجد , في هذه المعركة , آخر قلعة من قلاعنا الحضارية التي قاومت حركة التغريب , ولو يتأتى لهذه الأنظمة والمؤسسات الخاضعة لسلطان الغرب أن تضع يدها على المساجد لم يسلم لنا من عبثهم وإفسادهم شيء.

هذه هي إجمالا الجسور الثلاثة التي تنتقل عليها حضارتنا من جيل الى جيل, والتي تربط حاضرنا بماضينا , وتربطنا بجذورنا الحضارية العميقة , ولولا هذه الجسور لانقطع حاضرنا عن ماضينا , انقطاعا تاما , وتحولت الأمة من أمة ممتدة في التاريخ , ذات حضارة وأصالة وعمق , مستقرة في الأرض , الى نبته مجتثه من فوق الأرض ما لها من قرار , ومن شجرة اصلها ثابت وفرعها في السماء , الى نباتات طحلبية تنبت هنا وهناك , ثم تموت كما تكونت , وبقدر ما يحرص الإسلام على سلامة هذه الجسور الثلاثة وفاعليتها في حياة الأمة , فان أجهزة الاستعمار العالمي تخطط لتقطيع هذه الجسور في حياة امتنا وتعطيل أدوارها . وبإمكاننا أن نقول أن

الصراع السياسي في المرحلة الأخيرة من حياتنا , بيننا وبين الكفر العالمي , كان يدور حول محور قطع هذه الجسور ومدها .

بين الحداثة والقديم , أم بين الانقطاع والاتصال ؟

لقد حاول الاستعمار وعملاؤه , في العالم الإسلامي , , أن يصوروا هذا الصراع على انه صراع بين (القدم) و(الحداثة) . لكن الحقيقة شيء آخر, فلم يكن الصراع على القديم والجديد , إنما كان الصراع على (الانقطاع) و(الاتصال).

لقد كان الاستعمار العالمي يعمل لقطع هذه الأمة عـن ماضيها وجذورها التاريخيـة, ولنسف الجسور التي تربط حاضر الأمة بماضيها . وكان المخلصون الواعون , من أبناء الأمـة , يـدركون عمق هـذه المؤامرة ويحرصون على أن يبقى حاضرنا مرتبطا بماضينا وتراثنا وجذورنا في التاريخ . وكان هذا الصراع قائما في كل مكان: في المدرسة, وفي الجامعة , وفي الشارع, وفي الفن , وفي الأدب , وفي المصطلحات , وفي الأعراف , وفي اللغة , وفي الخط, وفي الشعر , وفي المعاشرة , وفي الأسرة, وفي طريقة التفكير, وفي لغة التخاطب, وفي أشياء كثيرة أخرى في حياتنا .

التخريب الحضاري .

إن مخططي أجهزة الغزو الاستعماري لم يكن يهمهم من أمر حضارتنا شيء, ولم يكن يهمهـم أن يطرحوا بديلا لهذه الحضارة . ولم يكونوا رسل حضارة إلينا ليفكروا في تخريب حضارة وإقامة أخرى مكانها , وإنما كانوا طلاب مال ولذة, وجباة الذهب الأصفر والأسود , وكل من يعرف الغرب والشرق يعرف هـذه الحقيقة بلا مناقشة , ونتجاوز الان أولئك السذج الذين يتصورون أن للغرب الرأسمالي أو الشرق الاشتراكي دورا إنسانيا في حياتنا .

فما هي مصلحة الغرب والشرق في التخريب الحضاري في حياتنا وفي هدم الجسور واستئصال الجذور؟ أن القضية , في رأينا , لها أيضا علاقة بجباية الذهب الأصفر والأسود , ولا بد لذلك من شرح وإيضاح .

إن الجذور الحضارية تمنح الأمة مناعة ضد الغزو , أي غزو , سواء أكان غزوا عسكريا أم فكريا أم سياسيا , أم غزوا للابتزاز المالي أو للاستئصال الحضاري, وهذه خاصية العمق الحضاري في الأمة , فما دامت الأمة مرتبطة بماضيها وحضارتها ومستشعره بشخصيتها التاريخية والحضارية فهي تقاوم الغزو والاحتلال والاستغلال , وتقاوم النفوذ السياسي والفكري الأجنبي مهما كان .

ولقد جاء الغرب الى العالم الإسلامي لفرض سلطانه ونفوذه على المسلمين, وليقوم بمعركة واسعة على العالم الإسلامي , وهو يعلم أن في هذه الأمة مناعة ضد كل أجنبي دخيل على الأمة , وضد كل نفوذ وسلطان دخيل عليها , ويعلم أن مصدر هذه المناعة هو دين هذه الأمة وحضارتها , ولا يمكن أن يضعوا أيديهم على كنوز هذه الأمة وثرواتها الطبيعية قبل أن يضعوا أيديهم على عقول أبنائها , ولا يمكن أن يفتحوا الطريق الى ثروات قبل أن يقطعوا علينا الطريق الى حضارتنا ورسالتنا وتراثنا .

لقد عرف المخططون للاستعمار هذه الحقائق جميعا , حقيقة بعد أخرى, وتوجهوا بكل جد واهتمام لعلاج هذه المشكلة ومصادره هذه المناعة والمقاومة .

وإذا حدث هذا التعويم الحضاري , وتحولت الأمة من حالة الانتماء الحضاري الى حالة اللانتماء , فلا تبقى في الأمة مناعة أو مقاومة, ولا يخشى بعد , على مصالح الاستعمار ومراكز نفوذه في العالم الإسلامي على أمد طويل من الزمان , ومن ثم يسهل النفوذ في هذه الأمة , وفرض كل ألوان السيطرة والسيادة عليها , ووضع اليد على ثرواتها أراضيها وبرها وبحرها .

ولكي يتم تفريغ هذه الأمة من كل محتواها الحضاري والرسالي , وبترها عن ماضيها وتراثها وحضارتها , بترا كاملا , لا بد من قطع هذه الجسور التي تربط الحاضر بالماضي , والأمة بتراثها وحضارتها .

وانطلاقا من هذا التصور توجه الاستعمار العالمي باتجاه قطع هذه الجسور ونسفها وقطع الحاضر عن الماضي .

وهكذا كانت فصول المأساة في حياتنا السياسية والحضارية المعاصرة.

معالم حركة التغريب أو التخريب الحضاري

ومن المفيد أن ارسم هنا معالم حركة التغريب , أو الاستئصال الحضاري بشكل واضح , ليكون هذا الجيل جيل الثورة على بينه من المخططات الرهيبة التي كان يجري تنفيذها من قبل الغرب , بشكل خاص , في العالم الإسلامي في هذه الفترة من الزمان .

لقد كان هم الغرب الأكبر إنهاء وجود الدولة العثمانية في العالم الإسلامي والقضاء عليها قضاء كاملا , فقد كانت الدولة العثمانية , ورغم كل نقاط الضعف الظاهرة عليها , محورا سياسيا وعسكريا واقتصاديا قويا في المنطقة يحول دون تحقيق مطامع الغرب في العالم الإسلامي .

وتم للغرب إسقاط الخلافة العثمانية بصورة نهائية , في سنة ١٩٢٢ م , بعد أن تم إنهاكها واستهلاكها وتحجيمها , حتى اصبح الخليفة لا يملك من أمور الخلافة والدولة شيئا غير صلاة الجمعة وخطبتهما وقصره وحاشيته .

واستراح الغرب عند ذلك , وتنفس الصعداء , وخلت الساحة السياسية في المنطقة الإسلامية من وجود قوة ذات نفوذ واسع في المنطقة الإسلامية.

في هذه المرحلة التي شارفت سقوط الدولة العثمانية , وتلك التي تلتها, نرى على المسرح السياسي حكاما وأنظمة , في العالم الإسلامي , تتجه بشكل واضح باتجاه فصل العالم الإسلامي عن جذوره الحضارية , وربطه بالغرب والحضارة الغربية , تحت شعار (التجديد) و(الحداثة) و(التطور) و(التقدم), ونذكر من هؤلاء الحكام :

١- مصطفى كمال اتاتورك : تولى الرئاسة في تركيا بعد إسقاط الدولة العثمانية , واستمر حكمه من سنة ١٩٢٣ الى سنة ١٩٣٨م.

٢- رضا بهلوي : تولى الحكم , في إيران , من سنة ١٩٢٥ الى سنة ١٩٣١م , أي انه تولى الحكم بعد سقوط الدولة العثمانية بثلاث سنوات .

٣- آمان الله خان : تولى الحكم في أفغانستان من سنة ١٩١٩م الى سنة ١٩٢٩م , زار أوروبا , وتوجه باتجاه , تغريب أفغانستان بعد سنة ١٩٢٧, أي بعد سقوط الدولة العثمانية بخمس سنوات , بصورة قوية , ما أدى الى سقوطه وفراره الى أوروبا .

وقد اشتهر هؤلاء الحكام بالنزوع الشديد الى الغرب , وبالسعي الحثيث للقضاء على معالم الحضارة الإسلامية وأصولها , وإحلال الحضارة الغربية في

بلادهم , والقضاء على الكيان السياسي للإسلام في العالم , وإحلال الكيانات الصغيرة الإقليمية والقومية مكان الدولة الإسلامية .

ومن المفيد أن نذكر أن أحداثا قد تمت في هذه الحقبة من تاريخنا السياسي المعاصر, أسهمت في تمزيق العالم الإسلامي , ومنها : (معاهده سايكس بيكو) ١٩١٦م . قسمت العالم الإسلامي الى كيانات , ومنها أيضا (وعد بلفور) ١٩١٧م الصهاينة بإقامة كيان لهم في فلسطين.

ومن السذاجة أن نتصور أن هذه الأحداث تجمعت في هذه المرحلة بالذات صدفة ومن دون تخطيط مسبق , من السذاجة أن نتصور أن هؤلاء الحكام كانوا يعملون لتطوير بلادهم من الناحية العلمية والاقتصادية والعسكرية , وكانوا يسعون الى إدخال الصناعة والاختصاصات العلمية المتطورة في بلادهم .

فقد بدأ هؤلاء الحكام بالقضاء على (الحرف العربي) أولا , وعلى (اللغة العربية الفصحى) ثانيا , وعلى (الحجاب) ثالثا , وعلى (القضاء الشرعي) رابعا , وعلى (حدود الله) تعالى في الحلال والحرام خامسا , وعلى (الأخلاق والأعراف) الإسلامية سادسا , وعلى كثير غير ذلك بحجة التطور والتجديد والحداثة .

وكان يسير , في ركب هؤلاء الحكام , جمع من المخططين والمفكرين والعلماء والأدباء في مختلف أقطار العالم الإسلامي , يتجهون بشكل واضح باتجاه تغريب المسلمين, وربط العالم الإسلامي بعجلة الغرب , وعزل الأمة الإسلامية بصورة كاملة عن ماضيها وتاريخها , وحجبها حجبا كاملا عن حضارتها وتراثها .

رواد التغريب من المفكرين والكتاب.

وبرز في مجال الدعوة الى التغريب والارتماء في أحضان الغربية, مفكرين وكتاب وأدباء دعموا هذه الدعوة بكتاباتهم وآثارهم وآدابهم, ونحن نشير , هنا ,

الى بعض هؤلاء حتى يعرف أبناء هذا الجيل ضخامة المؤامرة التي كان يحكيها قادة الاستعمار والكفر ضد الحضارة والأمة الإسلامية قبل هذا الجيل .

١- طه حسين والدعوة الى التغريب.

في العالم العربي عدد من الكتاب , في هذا المجال , كان من أبرزهم طه حسين, الكاتب المصري المعروف والذي منح عماده الأدب العربي.

لقد أولع طه حسين بالحضارة الغربية , حتى عاد يدعو قومه , في مصر , الى الانسلاخ عن حضارتهم وقبول حضارة الغرب والارتماء في أحضانها , خيرها وشرها , حلوها ومرها .

يقول طه حسين في كتاب (مستقبل الثقافة في مصر):

(حياتنا المادية أوروبية خالصة في الطبقات الراقية, وهي في الطبقات الأخرى تختلف قربا وبعدا من الحياة الأوروبية باختلاف قدره الأفراد والجماعات وحظوتهم من الثروة وسعة ذات اليد, ومعنى هذا أن المثل الأعلى في حياته المادية إنما هو المثل الأعلى للأوروبي في حياته المادية).

(وحياتنا المعنوية , على اختلاف مظاهرها وألوانها , أوروبية خالصة . نظام الحكم عندنا أوروبي خالص , نقلناه عن الأوروبيين , في غير تحرج ولا تردد, وإذا عبنا أنفسنا بشيء من هذه الناحية فإنما نعيبها بالإبطاء في نقل ما عند الأوروبيين من نظام الحكم وأشكال الحياة السياسية).

(والتعليم عندنا قد أقمنا صروحه وبرامجه منذ القرن الماضي على النحو الأوروبي الخالص , ما في ذلك شك ولا نزاع.نحن نكون أبناءنا في مدارسنا الأولية والثانوية والعالية تكوينا أوروبيا لا تشوبه شائبة).

وينتهي طه حسين الى النتيجة التالية :

(كل هذا يدل على إننا , في هذا العصر الحديث , نريد أن نتصل بأوروبا اتصالا يـزداد قوة مـن يوم الى يوم , حتى نصبح جزءا منها لفظا ومعنى وحقيقية وشكلا).

والأمر واضح عند طه حسين , لا لبس فيه , فهو لا يدعو الى اقتناء ما تقدم فيه الغرب من العلم والصناعة والتكنولوجيا والفن المعماري ... وإنما يدعو الى اتباع الغرب في كل شيء , والى أن ينسلخ كـل منا انسلاخا كاملا عن تاريخه وحضارته ورسالته , ويكون نسخة ثانيـة مـن الغـرب (لفظا ومعنـى وحقيقية وشكلا), وحتى الرؤية والتصور والتقييم والحكم ... ينبغي أن يكون عندنا أوروبيا, كما يقول طـه حسـين , فلا يكفي أن نعيش حياة أوروبيـة وإنما يجب علينـا أن نفهم الأشياء, ونقومها , ونراهـا , كـما يفهمهـا ويقومها الأوروبيون , وعلينا أن نتبع الأوروبيين في كل شيء من حياتهم وواقعهم حتـى في مـا لا يحمدونـه هم من أساليب الحياة وألوان العلاقات الاجتماعية والممارسات والأفعال .

وان كنت لا تصدق ذلك من (عميد الأدب العربي) فـأقرا معـي في (مسـتقبل الثقافـة في مصر ـ): (علينا أن نسير سيره الأوروبيون , ونسلك طريقهم , لنكون لهـم أنـدادا , ولنكـون لهـم شركـاء في الحضارة خيرها وشرها , حلوها ومرها , وما يحب منها وما يكره , وما يحمد منها وما يعاب).

(وان نشعر الأوروبي : إننا نرى الأشياء كما يراها , ونقوم الأشياء كما يقومها , ونحكم على الأشياء كما يحكم عليها).

ولنتجاوز طه حسين الى مفكر آخر من تركيا الإسلامية .

٢- ضياء كوك آلب

ضياء كوك آلب من تركيا (ومن قاده الدعوة الى التغريب وواضعي الأسس النظرية للدولة التركية الحديثة), كما يقول الأمريكي هارولد سمث . وضياء هذا من الرواد الأوائل للانسلاخ عـن الحضارة الإسلامية والارتماء في أحضان الغرب .

يقول السيد ابو الحسن الندوي :(إن ضياء كوك آلب دعا بكل قوة وصراحـة الى سـلخ تركيـا مـن ماضيها القريب , وتكوينها تكوينا قوميا خالصا, وإيثار الحضارة الغربية على أساس إنها امتداد للحضارة القديمة التي ساهم الأتراك على زعمه في تكوينها وحراستها) وقد جاء في مقاله له :

(إن الحضارة الغربية امتداد لحضارة حوض البحر الأبيض المتوسط القديمة, وكان مؤسسـو هـذه الحضارة التي نسميها حضارة البحر الأبيض المتوسط من الأتراك , مثل السومريين والفينيقيين والرعاة, لقد كان في التاريخ عصر طوراني قبل العصور القديمـة ... وفي زمـن متـأخر جـدا رقى الأتراك المسـلمون هذه الحضارة ونقلوها الى الأوروبيون , لذلك نحن جزء من الحضارة الغربية ولنا سهم فيها).

ويقول ضياء كوك آلب , في موجبـات الانـتماء الى الحضارة الغربية, وفي أمـور هـذا التحـول الى الحضارة الغربية لا يستلزم الانسلاخ عن الدين .

(ولما كان الأتراك قبائل رحاله في آسيا الوسطى , دانوا بحضارة الشرق الأقصى- , ولمـا انتهـوا الى عصر السلطنة دخلوا في المساحة البيزنطية, والان في طور انتقالهم الى الحكومة الشعبية , وهـم مصـممون على قبول حضارة الغرب).

ويرى أن الدين لا علاقة له بالحضارة , ومن الممكن إن تدين شعوب مختلفـة بـديانات مختلفـة في الوقت نفسه الذي ترتبط فيه جميعها بحضارة واحدة , يقول

ضياء : (إن شعوبا تدين بديانات مختلفة يمكن أن تدين بحضارة واحدة) ويضيف : (لا يصح أي ارتباط لحضارة بالدين , ليست هناك حضارة مسيحية , هكذا بالضبط لا يصح أن تسمى الحضارة الشرقية حضارة إسلامية) . ويضرب لذلك مثلا بانتقال روسيا من الحضارة البيزنطية الى الحضارة الغربية : (وقد عانى بطرس العظيم صعوبات شديدة في كفاحه لتحرير الشعب الروسي من سيطرة الحضارة البيزنطية , وتقديمه الى الحضارة الغربية , وبعد الثورة بدأوا يتقدمون بسرعة زائدة , وهذه الحقيقية تكفى لإثبات أن الحضارة الغربية هي الشارع الوحيد الى التقدم).

٣- احمد خان

احمد خان , أو (سير احمد خان) المتقى الدهلوى (١٢٣٢هـ ١٣١٥ هـ) من الشخصيات العلمية الإسلامية الهندية , اسس الكلية المحمدية الإنكليزية سنة ١٨٧٥م , وذلك كما يقول لنشر الإسلام الحديث المتأثر بالحضارة الغربية , وهي التي تعرف الآن ب(جامعة عليكرة) الإسلامية.

كان يدعو الى الانسلاخ عن الحضارات الإسلامية والارتماء في أحضان الحضارة الغربية , وكان من أوائل الدعاة للتغريب . يقول السيد احمد خان :

(لا بد أن يرغب المسلمون في قبول هذه الحضارة (الغربية) بكمالها حتى لا تعود الأمم المتحضرة تزدريهم ويعتبروا من الشعوب المتحضرة المثقفة).

وفي كتابة (أحكام طعام أهل الكتاب) , يحث على التشبيه بالإنكليز في عاداتهم وأساليب معيشتهم.

قاسم أمين :

من دعاة السفور وتحلل المرأة من الحجاب الإسلامي . كان يدعو للانتماء الى الحضارة الغربية والأخذ بها , وكان معجبا شديد الإعجاب بهذه

الحضارة , ومولعا بها , داعيا إليها , مهما كان الثمن . يقول في كتابه (المرأة الجديدة) :(هذا هو الداء الذي يلزم أن نبادر الى علاجه , وليس له دواء إلا إنما نربي أولادنا على أن يتعرفوا على شؤون المدينة الغربية ويقفوا على أصولها وفروعها وآثارها . ونرجو أن لا يكون بعيدا , انجلت الحقيقة أمام أعيننا ساطعة كسطوع الشمس , وعرفنا قيمة التمدن الغربي , وتيقنا انه من المستحيل أن يتم إصلاح ما في أحوالنا إذا لم يكن مؤسسا على العلوم العصرية الحديثة ,   وإن أحوال الإنسان مهما اختلفت وسواء كانت مادية أو أدبية خاضعة لسلطة العلم , لهذا نرى أن الأمم المتمدنة على اختلافها في الجنس واللغة والوطن والدين متشابهة تشابها عظيما في شكل حكوماتها, وإدارتها ومحاكمها , ونظام عائلتها , وطرق تربيتها , ولغاتها , وكتابتها, ومبانيها, وطرقها , بل في كثير من العادات البسيطة كالملبس والتحية والأكل هذا الذي جعلنا نضرب الأمثال بالأوروبيين ونشيد بتقليدهم وحملنا على أن نلفت الأنظار الى المرآة الأوروبية).

٥- حسن تقي زادة

من زعماء حركة (الدستور) في إيران , وهذه الحركة ظهرت أواخر حكم أسره (قاجار) لتواجه الدكتاتورية القاجاريه وتقيم ديمقراطية قريبة من الإسلام , أو في دائرة الإسلام .

وكان السيد حسن تقي زاده من قادة هذه الحركة لولا أن اتجاهه الفكري كان يدعو الى عزل الدين عن السياسة , وإقامة ديمقراطية غربية مفصولة عن الإسلام , وكان يعتقد أن الغرب يشكل قمة في القيم الإنسانية.

وانشأ (تقي زاده) , بالتعاون مع بعض زملائه, الحزب الديمقراطي في الدورة الثانية من المجلس البرلماني , وكان هذا الحزب (حزب الديمقراط) أو (فرقة الديمقراط) أول حزب سياسي في إيران .

وكان للحزب علاقة طيبة مع بريطانيا , وكان عمال الإنكليز في البلاد يشجعون المنتمين الى (الديمقراط).

وكان من أهم مبادئه فصل الدين عن السياسة وفصل علماء الدين عن التدخل في السياسة .

ومن شروط الانتماء إليه إلا يكون المنتسب من علماء الدين أو المشتغلين بالشؤون الإسلامية .

وكان تقى زاده من أهم منظري الحزب ومن قاده المجلس البرلماني , ورغم أنه كان يلبس العمة في بداية حياته السياسية وتخرج من المدارس الدينية , كان يعتقد بضرورة الارتماء في أحضان الغرب والأخذ بأسباب الحضارة الغربية , وله في ذلك مقال بعنوان (استيراد الحضارة الغربية) ألقاه سنة ١٣٤٠ هـ

وفي مقال له , في مجلة (كأوه) ,عدد ٧ سنة ١٩٢٠, يشكك بوجود جذور حضارية لنا في التاريخ .

وكانت اتجاهاته وميوله الى التغريب من الأسباب التي دعت اثنين من مراجع التقليد في النجف الاشرف الى الحكم بإخراجه من المجلس (البرلمان) وإبعاده, ما اضطره الى الخروج من إيران .

عدم التفريق بين العلم والثقافة

ولعل من المفيد , هنا , أن نعمد الى إثارة نقطة حساسة يثيرها دعاه التغريب في الغالب لتسويغ الدعوة الى الانسلاخ عن التراث , وهي إننا لا نستطيع أن نأخذ بأسباب العلم والتكنولوجيا الغربية ما لم نحاول أن نفكر كما يفكر الناس في الغرب , وأن نتصور الأشياء كما يتصورها الناس في الغرب , وأن نعيش في المجتمع كما يعيش الناس في الغرب .

إن التمسك بالعلم والصناعة الغربية لا يتيسر لنا إلا عندما تتغير أفكارنا وتصوراتنا ورؤيتنا لله والكون والإنسان والأشياء , وتتغير أخلاقنا وثقافتنا وحضارتنا باتجاه الأخلاق والثقافة والحضارة الغربية .

وهذا الخلط بين العلم والثقافة هو سبب هذا التضليل كله , ولو شئت أن تكون على يقين مـما ذكرنا فاقرأ ما كتبه الدكتور كامل عياد عن (مستقبل الثقافة في المجتمع العربي) .

يقول : (نحن لا يمكننا أن نتقدم في الصناعة الآلية... دون نشر هذه الثقافة (الثقافة الغربيـة) بين الشعب على اكبر مقياس ممكن).

فلكي يتسنى لنا أن نأخذ بأسباب العلم والمعرفة التجريبية , لا بد لنا كما يقول هؤلاء , أن نلقى بأنفسنا مرة واحدة في أحضان الحضارة الغربية, في ما طاب من حضارتهم وفي ما خبث, وفي (خيرها وشرها, وحلوها ومرها , وما يحب فيها وما يكره , وما يحمد وما يعاب), كما يقول الـدكتور طـه حسـين مـن غـير حياء ولا خجل .

ومن دون هذا التعميم لا نتمكن من أن نأخذ بشيء من أسباب العلم والمعرفة التـي تتصـل بنـا من الغرب , ويقول الدكتور كامل عياد في الكتاب نفسه :(لا بد لنا من الاعتراف بـأن تقاليـدنا لا تتعـارض مع الاقتباس من الثقافة الحديثة السائدة في الغرب . وفي الحقيقيـة إذا تركنـا المحـافظين في بعض الأقطـار العربية وهي فئة قد أصبحت لحسن الحظ قليلة العدد فإننـا لا نجد اليـوم بيننـا مـن يـذكر ضرورة هـذا الاقتباس , وإنما هناك فئة تسمي نفسها بالمعتدلة تريد أن يقتصر الاقتباس على محاسـن الحضـارة الغربيـة وعلى تلك النواحي من ثقافتها التي تتلاءم مع حضارتنا وتقاليدنا وعاداتنا , ونقطة الضعف في هذا الـرأي الصعوبة في تحديد الصفات

والتقاليد والعادات التي نختص بها , ويجب أن نحافظ عليها , ثم الاختلاف حول المعيار الذي يميز بين المحاسن من المسأوئ).

فالكاتب هنا يغتبط اشد الاغتباط أن عدد المحافظين يتناقص , ويسووه أن المعتدلين لم يعودوا يدركون حقيقية المشكلة . أن المشكلة كلها , عند هؤلاء هي فقدان المعيار الذي نميز به المحاسن من المسأوئ . وعندما يبلغ الأمر هذا الحد فمن الخير أن نمضي ولا نعلق .

ولو أن الدعاة الى التغريب كانوا يفصلون بين العلم والثقافة , وبين الحقول التي نجد فيها عجزا وتخلفا والحقول التي نملك فيها غنى وثروه , ونأخذ من الغرب ما نحتاجه نحن من العلم والصناعة , ونرجع الى رصيدنا وتراثنا , فيما أغنانا الله تعالى من كنز المعرفة والأخلاق والحضارة والعقيدة والفلسفة والمعرفة , لنصدره لهم ...أقول : ولو أن دعاه التغريب كانوا يفصلون بين العلم والثقافة , وبين ما نحتاج إليه وما نستغني عنه , لم نكن ندخل في شيء من هذه المداخل التي أساءت الى حاضرنا وماضينا وحضارتنا, وأغنونا فيما نحن نحتاج إليه من العلوم والاختصاصات التي نفقدها نحن , من دون أن يفصلونا عن تاريخنا وحضارتنا وماضينا وأصالتنا التاريخية.

لكن الضعف النفسي والهزيمة النفسية في مواجهة التطور العلمي والتكنولوجي في الغرب, أدى بنا الى نتنكر لأنفسنا ولتراثنا وحضارتنا , وأن نرمى بأنفسنا في أحضان الغرب والشرق من دون أية حسابات وموازنات , ومن دون تقويم وانتقاء وانتقاد , ومن دون أن يكون لنا على الأقل حق النظر في هذه الحضارة لنقومها ونميز خيرها من شرها .

ويتوارى هؤلاء في الغالب خلف الكلمات الضبابيه في الإعلان عن حقيقة رأيهم وموقفهم في هذه المسألة الخطيرة .

وحقيقية الأمر أن هؤلاء يشكون في إمكانيـة الرجـوع الى (الإسـلام) لفـرز الصـحيح عـن الخطـأ, ولانتقاد الحضارة العربية.

ولنستمع الى الدكتور احمد عبد الرحيم مصطفى في هذه المقولة : (وبدت صعوبة هذه المشكلة في انه لم يسهل تحديد ما يتمشى وما لا يتمشى مع الشريعة. أي الإطار القـانوني الإسـلامي , إذ أن مسـايرة العصر اتجاه ضعيف في الإسلام , على اعتبار أنه من الصعب تطوير منهاج ذي أصول إلهيه).

ثم يكشف الكاتب حقيقية الموقف وخلفيات هذه الدعوة من دون ستار وصراحـة باسـم (قلـة من المصلحين) : فيقول :

(واتجهت قلة من المصلحين الى التصريـح بـأن القـوانين الإسـلامية مشـتقة مـن بدايـة التجربـة المدنية للعرب, بمعنى إنها كانت مجرد استجابة لمتطلبـات هـذه الفـترة الاجتماعيـة , الأمـر الـذي يسـتلزم أعاده النظر فيها بحسب الظروف المتغيرة).

هذه هي حقيقة الموقف . إن المواقف الاستسلامية تجاه الحضارة الغربية تستبطن أمرين اثنين:

أولهما : الهزيمة النفسية والإحساس بالضعف تجاه الحضارة الغربية .

وثانيهما : عدم الإيمان برسالة اللـه والشك في أن هذه الرسالة من اللـه العلي القدير, أو الشك في وجود اللـه تعالى .

نظرية ارنولد توينبى ونقدها .

يرى (تونيبى) أن عملية الاقتباس الحضاري والمدني يجـب أن تـتم بصـورة شـاملة أو لا تـتم , وأي أمة عندما تتعرض لبعض الأجزاء والعناصر المقومة لحضـارة أخـرى تسـتطيع هـذه الأجـزاء والعنـاصر الحضارية الغربية والمتناثرة أن تخترق جسم

هذه الأمة, لتتحول هذه الأجزاء والعناصر , وهي تعمل في جسم آخر غير جسمها, وفي وسط آخر غير وسطها , الى أجزاء مدمره وضاره .

وننقل , في ما يلي , كلام توينبي بصورة دقيقة , فهو يقول :

(حين يتم تحليل شعاع حضاري متحرك الى العناصر التي يتألف منها تكنولوجيا وسياسيا ودينيا وفنيا .... الخ , وذلك بفعل المقاومة التي يبذلها كيان اجتماعي أجنبي تعرض لفاعليه, فإن التكنولوجيا تكون أسرع واعمق تغلغلا من الدين , ومن الممكن أن نعبر عن هذا القانون بصيغ أدق من هذه, فبإمكاننا أن نذهب الى أن قوة اختراق عنصر من عناصر الإشعاع الثقافي تتناسب تناسبا عكسا مع قيمة العنصر من الناحية الثقافية, إذ يثير العنصر التافه في الجسم المتعرض للهجوم مقاومة اقل مما يثيره العنصر الهام , ومن الواضح أن هذا الاختيار الثقافي لأتفه العناصر في ثقافة مشعة لنشرها على مدى أوسع في الخارج يشكل قاعدة سيئة الحظ للعبة الاتصال الثقافي , إلا أن هذا الاتجاه التافه ليس إلا أسوأ ما في اللعبة , فإن نفس عملية التحليل التي هي جوهر اللعبة تنذر بتسميم حياة المجتمع الذي يتغلغل في كيانه الاجتماعي عناصر متعددة من شعاع حضاري متفكك .

ويشبه العنصر المنفلت من عناصر الإشعاع الحضاري إلكترونا منفلتا أو مرضا معديا منفلتا, من حيث انه قد تثبت فاعليته المدمرة حين ينفصل عن النظام الذي كان يحكمه ذلك الوقت , ويصبح حرا في أن ينظم نفسه في جو مخالف .

فهذا العنصر الثقافي , أو الميكروب , أو الإلكترون كان لا يتجه في نظامه الأصلي الى التدمير حين كان يحد من فعاليته ارتباطه بجزيئات أخرى داخله في نطاق نمط تتوازن أجزاؤه , ولا تتغير طبيعة الجزيء, أو الميكروب المنفلت أو الوحدة الحضارية المنفلتة حين يتحرر كل منها من نمطه الأصلي , إلا أن نفس هذه الطبيعة تكون أميل الى التدمير بعد أن ينفصل عن ارتباطه الأصلية التي كان في

ظلها عديم الضرر, وفي ظل مثل هذه الأحوال يكون لحم رجل ما ساما لرجل آخر).

والنتيجة التي يقصدها توينبي من هذا الكلام أن الأمة عندما تتعرض لضرورة الاقتباس والأخذ من أمه أخرى, يجب أن تفكر في التخلص الكامل من شخصيتها وأصالتها وقيمها وحضارتها وتنصهر بصورة كاملة في الأمة التي تعيش فيها ثقافة وخلقا وحضارة وعلما وصناعة , ولا يمكن الفصل بين هذه الأجزاء والعناصر لتختار من هذه الحضارة ما تشاء وتترك ما تشاء.

٢ - نقد النظرية

وهذه النظرية تخضع لكثير من المناقشة والنقد , فإن الاقتباس, وعلاقة الأخذ والعطاء , والتبادل بين أمتين وحضارتين يتم في مجالين هما: المجال العلمي , والمجال الثقافي .

والأول يخضع للثاني , ويتكيف بموجب أوضاعه وظروفه , كما أن الثاني يحكم الأول ويصبغه بصبغته الخاصة , فالمسائل العلمية , كالجراحة والصيدلة والطب والرياضيات والهندسة والكهرباء والذرة والميكانيك تخضع لمسائل من نوع آخر في الأخلاق والمعرفة والعقيدة والفلسفة والأدب, وهي المسائل الثقافية في حياة الإنسان .

كما أن مسائل القسم الأول تتكيف بموجب المسائل التي ذكرناها في القسم الثاني (المسائل الثقافية) فالكيمياء والصيدلة يمكن أن تستخدم في خدمة الإنسان وخدمة الأغراض الطبية والزراعية والغذائية , في حالة وجود وعي وثقافة إنسانية , وفي حالة اكتمال النضج الثقافي للإنسان , كما انهما يمكن أن يخدما أغراضا لا إنسانية ويستخدما في تصنيع الغازات السامة وإعدادها للاستعمالات العسكرية ,

وتصنيع القنابل الكيماوية في حالة فقدان الوعي والثقافة الإنسانية , وفقدان المعايير الأخلاقية.

وكذلك الذرة يختلف استخدامها والاستفادة منها باختلاف الوعي والثقافة عند الإنسان , وهذا يعني أن ظروف الاحتكاك العلمي تختلف وتتنوع بين امينه وغير امنيه .

أ - الظروف الأمنية للاحتكاك العلمي.

ونخلص من هذا القول , الى النتيجة التالية : أن الأمة إذا كانت تحتفظ بأصالتها الثقافية والأخلاقية والعقيدية لا يضرها الاحتكاك العلمي وحاله الأخذ والعطاء مع الحضارات الأخرى في المسائل العلمية , وذلك لأن المسائل العلمية عندما تنفصل عن حضارة , وتخترق جسم حضارة أخرى لا تحمل معها الشحنة الحضارية التي كانت تحملها في الحضارة الأولى, وإنما تتقبل منها الأمة الجانب العلمي مجردة عن أي تأثيرات ثقافية أخرى , وتكون الحضارة بمثابة مصفاة تقوم بتصفية كل ما يعلق بهذه المسائل العلمية من ظروف أخلاقية وحضارية غريبة على كيان الأمة, وتمنع عن الأمة ما يعلق بها من سموم لا تناسب جسم الأمة.

ب- الظروف غير الأمنية للاحتكاك العلمي

أما إذا كانت الأمة المقتبسة ضعيفة حضاريا , ولا تملك المقومات الأخلاقية والفكرية والمناعة الكافية التي تحميها من الثقافة الأجنبية , فإنها إذا تعرضت في حياتها الى الاقتباس من الأمم الأجنبية الأخرى والاحتكاك بها فسوف تنتقل إليها المسائل العلمية مقرونة بكل الظروف وملابسات الأمة الناقلة سياسيا وأخلاقيا وفكريا , وليس من الممكن عزل المسائل العلمية عن المسائل الثقافية .

عند ذلك ولا يمكن حماية الأمة المستوردة من ثقافة الأمة المصدرة وأخلاقها , ولنا تجربتان تاريخيتان تؤكدان هذه الحقيقية.

(١)   تجربة الفتوحات الأولى :

وهي تجربة امتداد الفتوحات الإسلامية الى الروم والفرس, ولا شك أن الأمة الإسلامية كانت تقتبس وتأخذ من خلال هذه الفتوحات الكثير من العلم من الأمم الأخرى , من المسائل الإدارية والمحاسبة والطب والكيمياء والفلك, ولكن من دون أن تتأثر بشيء من ظروف الأمم الأجنبية في الأخلاق والثقافة والحضارة , وإنما كانت تستقبل هذه المسائل وتصيغها بصيغتها الحضارية الخاصة ثم تستخدمها استخداما مقبولا .

(٢)   تجربة التغريب المعاصرة:

وهي تجربة احتكاك الأمة الإسلامية بالحضارة الغربية في ظروف سقوط الدولة العثمانية , فقد ألجأت الحاجة الأمة الى أن تأخذ من الغرب كثيرا من مسائل العلوم التجريبية والرياضية والإدارية إلا أنها , لما كانت لا تملك المناعة والمقومات الحضارية الكافية , لم تستطع أن تحمى نفسها من الظروف الحضارية للغرب , فصبغها الغرب بصبغته الخاصة.

عمل دعاة (الانسلاخ الحضاري)

كيف بدأ دعاة (الانسلاخ الحضاري): حكاما ومفكرين عملهم بقطع الجسور بين الجيل الصاعد والسلف, وتعكير المنافع الحضارية بين هذا الجيل وما قبله من الأجيال .

١- تبديل الحرف العربي بالحروف اللاتينية في تركيا

وقد كان الحاكم التركي (مصطفى كمال اتاتورك) الذي أسقط الخلافة العثمانية أقام في تركيا دولة علمانية قومية من اكثر دعاه التغريب إمعانا في دفع الأمة باتجاه الحضارة الغربية, واستئصال جـذورها الحضارية والتاريخية.

لقد عمد مصطفى كمال اتاتورك الى الحرف العربي بالذات, وعمل على القضاء عليـه في تركيـا, واستبداله بالحروف اللاتينية, فإن الحرف المكتوب مـن أقـوى وسائل الارتباط الفكري والحضاري بـين الأجيال , وعندما يتم القضاء على الخط تنقطع أقوى الأواصر أكثرها متانة وفاعليه في ربط الحاضر بالماضي .

إذن كان المخططون لعملية (الانسلاخ والتقويم الحضاري) يعملون في غاية الدقـة, فلـم يكتفـوا بقطع الفروع والأغصان , وإنما عمدوا الى أقوى هذه الجسور فقطعوها , وعاد الجيل الجديد الـذي عـاصر الردة الجاهلية وسقوط الدولة العثمانية في تركيا لا يستطيع أن يقرأ القرآن والحديث والتاريخ والأخلاق والفقه والعقيدة من المصادر الإسلامية .

يقول الأمير شكيب ارسلان في كتابه (حاضر العالم الإسلامي):

(ولقد روج هذه الاغلوطة مصطفى كمال , رئيس جمهورية أنقرة, لغرض في نفسه مـن جهة سلخ الأتراك تدريجيا من العقيدة الإسلامية وصرفهم عن اللغة العربية, فسار بتركيا سيره من يجعل الـدين الإسلامي أجنبيا عن الحكومة التركية , كما أن الدين المسيحي هو بزعمه أجنبي عـن الحكومـات الراقيـة , وتابعه في ذلك الحزب الذي يسمى في تركيا (خلق فرقة سي), والـذي هـو مـن أولـه الى آخـره أشـبه بجند لمصطفى كمال تحت قيادته , لا يملكون معه قبضا ولا بسطا, فألغوا جميع ما تشتم منه رائحة الإسلام, من أوضاع الحكومة التركية, أبطلوا المحاكم الشرعية , بعد أن أبطلوا العمل بالشريعة , وألغوا الوزارة التي كان اسمها (مشيخة

الإسلام), وجعلوا مكانها دائرة صغيرة تابعة لنظارة الداخلية سموها (ديانت ايشى), أي أمور الديانة, وحذفوا من دستور تركيا المادة التي فيها (أمور الإسلام هو دين الجمهورية التركية), وكانوا على مدى بضع سنوات , أبطلوا إقامة مراسم العيدين: النحر والفطر , وقالوا أن الحكومة التركية لا تعرفها , ولكنهم وجدوا في ما بعد أن المأمورين , شاء رئيس الجمهورية أم أبى, لا بد لهم من الاحتفال بهذين العيدين فعادوا في السنة التالية يعطلون دوائر الحكومية فيهما , وعاد رئيس الجمهورية يقبل فيهما التهاني .

وأما الكتابة التركية بالحروف العربية, برغم كل ما جرى لها من المعارضة , فقد كان تعليلها في ظاهر الحال تسهيل التعليم على النشء , وتقصير المدة اللازمة للقراءة, ولكن الغرض الحقيقي منها كان إقصاء الترك عن العرب وإبطال قراءة القرآن تدريجيا, واهم من ذا وذا إقناع أوروبا بأن تركيا قد تفرنجت تماما , وأنه صار من العدل أمور تدخل في العائلة الأوروبية, ولهذا الغرض الأخير نفسه حمل مصطفى كمال الأتراك على لبس القبعة ليزدادوا اندماجا في الأوروبيين , ولقد كان ترك الحروف العربية ضربة عظيمة على تركيا في حياتها العلمية والأدبية والاقتصادية والتجارية , وتعذرت الكتابة على الجميع بالحروف اللاتينية , فانحصرت في فئة قليلة, وقلت المكاتب والمراسلات بين الناس, وقل عدد القراء للكتب والجرائد , أصبحت الجريدة التي كان عدد قرائها يحصى بالألوف لا يقرأها إلا خمسمئة شخص, وصارت الحكومة مضطرة أن تقوم بوأدها .

وازدادت الكتابات الرسمية صعوبة فتأخرت أشغال الناس لدى الحكومة , ودثرت ملايين من الكتب فخربت بذلك بيوت لا تحصى, وأما من الجهة الفنية فالحروف اللاتينية برغم ما ادخلوا من العلامات على بعضها لإيتاء اللفظ التركي حقه لا تؤدي اللفظ التركي الصحيح في كثير من المواضع , فلذلك قد تغير بها

اللفظ التركي عن أصلة وصارت كأنها لغة جديدة , ثم إن الحروف اللاتينية المنفصلة وإن كانت اسهل في القراءة والكتابة فإنها تأخذ من الفسحة على القرطاس وتستغرق من الوقت للكتابة اكثر مما تستغرق الحروف العربية بكثير, وإن الكتابة العربية هي أشبه شيء بالاختزال .

ولا تزال هذه الأزمة الكتابية مشتدة في تركيا, ولكن الغازي لا يزال مصمما على حمل تلك الأمة على الحروف اللاتينية حبا بالتفرنج .

والذين لا يعملون حقائق الأحوال يظنون أن الأتراك راضون مغتبطون بإلغاء الشريعة الإسلامية من المحاكم , ورفع التعليم الديني من الكتاتيب والمدارس, وإجبار النساء على السفور , وخلط الإناث والذكور في دور العلم , وحمل الأوانس على الرقص مع الشبان , ولبس القبعة والكتابة بالحروف اللاتينية , الى غير ذلك مما أحدثته الحكومة الانقرية الكمالية , ويقولون انه لولا رضى الترك بذلك لثاروا بحكومتهم, ولأسقطوها ولردوها عن ثنيات الطرق, ولكن الذي يتأمل في ما تحمله الشعب التركي من المصائب والنوائب التي تدك الجبال يفهم لماذا هي صابرة على مرارة هذه الأوضاع الاجتماعية التي هي مخالفة لمذهبها ومشربها وعادتها وذوقها, ولماذا هي تفضل الخضوع لها على الثورة والانتفاض والتطريق للأعداء أن يعودوا فيقضوا على تركيا كما كانوا قرروا على اثر الحرب العامة .

أما العقيدة الإسلامية فلم تزعزعها حتى الان في تركيا هذه السياسة اللادينية , ولا يزال الشعب التركي شديد الاعتصام بعروة الدين الوثقى , تدل على ذلك المظاهر الدينية في استانبول وغيرها , مما لا يخف على الإفرنج الذين اشاروا إليه في جرائدهم , ولن يكون خطر على الإسلام من الشعب التركي إلا إذا استمر الحكم الحالي مدة طويلة ونشأت الأفواج الجديدة على ما هي عليه من فقد التعليم الديني).

محأولة تغيير الحرف العربي في مصر وإيران.

وقام آخرون , من الحكام والكتاب, بمحاولات كثيرة أخرى في هذه المرحلة نفسها للقضاء على الخط العربي في أجزاء العالم الإسلامي إلا أنها باءت بالفشل جميعا . ففي إيران نهض رضا خان بهلوي, الدكتاتور الإيراني المعروف , بالمهمة نفسها , واستخدم مجموعة من الكتاب لاستبدال الحرف العربي المكتوب بالحرف اللاتيني إلا أنه فشل في ذلك, وفي مصر تبنى جمع من الكتاب والصحف هذا المشروع , وكانت مجلة (المقتطف) المصرية تحمل هذه الدعوة على صفحاتها, يقول د. محمد حسين في كتابه (الاتجاهات الوطنية):

(تقدم عضو من ابرز أعضاء المجمع العلمي المصري, وهو عبد العزيز فهمي, ثالث الثلاثة الذين بنى عليهم الوفد المصري في سنة ١٩٤٣م باقتراح الكتابة العربية بالحروف اللاتينية , وشغل المجمع ببحث اقتراحه عدة جلسات, امتدت خلال ثلاث سنوات , ونشر في الصحف, أرسل الى الهيئات العلمية المختلفة).

دور اتاتورك في إلغاء الدولة العثمانية:

ويقول مؤلف كتاب اتاتورك :(لم يكن سرا أن مصطفى كمال لا يدين بدين, لذلك كان شائعا بين الناس أن العلاقة ستلغى قريبا, وقد فزع الناس حين شاع أن مصطفى كمال رمى المصحف على راس شيخ الإسلام الذي كان من كبار علماء الإسلام وشخصيه محترمة , ولم يكن جزاء ذلك إلا أن يلقى حتفه لساعته, ولكن ذلك لم يحدث ويدل ذلك على أن الزمن قد تطور كثيرا.

ويذكر المؤلف حبه وغرامه بالحضارة الغربية وما كان لها في نظره من القدسية والحرمة, وكيف كانت تسيطر على عواطفه وتتغلغل في عروقه ودمه, فيقول : (أن مصطفى كمال كان يتمسك الى حد كبير بما يلقى ويقول ويأمر الناس, وكان يعبد هذا الإله الجديد (الحضارة الحديثة) بحماس ونهم , وكان عابدا وفيا,

وقد نشر هذه الكلمة (الحضارة) من أقصى البلاد الى أقصاها , وعندما كان يتحدث عن الحضارة تتقد عيناه لمعا وإشراقا , ويظهر على وجهه إشراق كإشراق الصوفية عند مراقبة الجنة).

(يقول مصطفى كمال لشعبه: يجب علينا أن نلبس ملابس الشعوب المتحضرة الراقية, وعلينا أن نبرهن للعالم إننا أمة كبيرة راقية, ولا نسمح لمن يجهلنا من الشعوب الأخرى بالضحك علينا, وعلى موضتنا القديمة البالية , نريد أن نسير مع التيار والزمن).

ثم يقول المؤلف: (انطلق كمال اتاتورك يكمل عمل التحطيم الشامل الذي شرع فيه , وقد قرر أنه يجب علينا أن نفصل تركيا عن ماضيها المتعفن الفاسد , يجب عليه أن يزيل جميع الأنقاض التي تحيط بها , وهو حطم فعلا النسيج السياسي القديم, ونقل السلطنة الى (ديمقراطية), وحول الإمبراطورية الى قطر فحسب , وجعل الدولة الدينية جمهورية عادية.

إنه طرد السلطان (الخليفة),وقطع جميع الصلات عن الإمبراطورية العثمانية, وقد بدأ الان في تغيير عقلية الشعب بكاملها , وتصوراته القديمة وعاداته ولباسه وأخلاقه وتقاليده وأساليب الحديث ومنهاج الحياة المنزلية التي تربطه بالماضي وبالبيئة الشرقية, لقد كان ذلك اصعب بكثير من تكوين الجهاز السياسي من جديد , وكان يشعر بصعوبة هذه العملية , فقد قال مره: (انتصرت على العدو وفتحت البلاد, هل أستطيع أن انتصر على الشعب).

(قدم مصطفى كمال , في ٣ آذار سنة ١٩٢٤م مشروعا تحولت به الدولة العثمانية الى دولة تركية, تلغي منصب الخليفة, وقد كان مصطفى كمال صريحا وجريئا في حديثه عن هذا الموضوع , فقال: أن الإمبراطورية العثمانية قامت على اسس الإسلام , أن الإسلام بطبيعته ووضعه عربي, وتصوراته عربية, وهو ينظم

الحياة من ولادة الإنسان الى وفاته ويصوغها صياغة خاصة , ويخنق الطموح في نفوس أبنائه , ويقيد فيهم روح المغامرة والاقتحام , والدولة لا تزال في خطر ما دام الإسلام دينها الرسمي).

(كان ما قرره البرلمان لم يسترع الانتباه إلا قليلا, كان ذلك في الواقع ضربه قاضية على الإسلام , واصابة في المقتل , وقد كان قراره توحيد المعارف بعيد الأثر في نظام الثقافة والتعليم, فقد استحوذت بذلك وزارة المعارف العمومية على الجهاز التعليمي كله في حدود الجمهورية, ووضعت يدها عليه , وقد شل هذا التطور نشاط المدرسة وحرية الأساتذة والمعلمين الذين كانوا يباشرون التدريس فيها).

بين اتاتورك ومعاصرة هتلر.

وقد تحدث المؤرخ الكبير ارنولد توينبي, ببلاغة عن مدى التأثر الذي أحدثه تغيير الحروف في تركيا وذكاء كمال في اختيار افضل الطرق لذلك, يقول :(لقد شاع في الناس أن مكتبة الإسكندرية التي كانت تضم ذخائر اكثر من تسعة قرون علمية سجر بها الناس التنور لتسخين الماء للحمامات).

وقد قام هتلر , في عصرنا هذا , مستخدما كل وسيلة بإتلاف الذخائر العلمية التي تعارض فكرته وإبادتها وقد جعل حدوث المطابع نجاح هذه العملية شبه مستحيل , وقد كان مصطفى كمال, معاصر هتلر , اكثر توفيقا وذكاء في إيثار الطريقة التي تضمن نجاحه , كان دكتاتور تركيا يريد أن يحررمواطينه وعقلياتهم من أجواء المدينة الطورانية التي ورثوها, ودرجوا عليها, ويصوغهم بقوة في صياغة الحضارة الغربية, وقد اقتصر على تحويل حروف الهجاء مكان إحراق الكتب, وقد استغنى بذلك عن تقليد إمبراطور الصين أو الخليفة العربي, وقد أصبحت الذخائر الكلاسيكية كالكتب الفارسية والعربية والتركية لا تتناولها أيديهم أصبحت أجنبية

لا تبلغها مداركهم , واصبح إحراق الكتب عملا لا لزوم له, لان حروف الهجاء قـد ألغيـت , وقـد كانت مفتاح هذا النتاج العلمي والإفادة منه , وبـذلك ستظل هـذه المشاعر مقفلة في الـدواليب ينسـج العنكبوت ولا يطمح في قراءتها إلا بعض الشيوخ المسنين من العلماء).

تهديم الفصحى

وعمد دعاة الانسلاخ الحضاري الى لغة القرآن , بعد ذلك , فحـاولوا أن يحجبوهـا عـن حياتنـا اليومية, في مجال الصحافة والأدب والإذاعة والكتابة والقصة والخطابة, وعملوا عـلى تحجيم مساحة لغة القرآن (الفصحى) ودورها في حياتنا واستبدالها باللغة العامية .

وليس من بأس بعد ذلك أن يكون هؤلاء على صـلة بكتـاب اللـه وحـديث رسـول اللـه (ص) ومصادر الثقافة والتشريع الإسلامي , فإن بإمكان العرب أن يحتفظوا بلغتهم لهذا المجال الخاص المحدودة.

يقول طه حسين في ذلك, وهو من الرواد الأوائل لهـذه الـدعوة القائلـة لغـة القـرآن مـن حياتنـا اليومية والثقافية :(وفي الأرض أمم متدنية, كما يقولون , وليست اقل منا إيثار لـدينها , ولا احتفاظـا بـه, ولا حرصا عليه, ولكنها تقبل, في غير مشقة ولا جهد , أن تكون لها لغتها الطبيعية المألوفة التي تفكر بها , وتصطنعها لتأدية أغراضها .ولها في الوقت نفسه لغتها الدينية الخالصة التي تقرا بها كتبها المقدسة, تـؤدي فيها صلواتها , فاللاتينية مثلا هي اللغة الدينية لفريق من النصارى, واليونانية هـي اللغـة الدينيـة لفريـق آخر, والقبطية هي اللغة الدينية لفريق ثالث , والسريانية هي اللغة الدينية لفريق رابع, وبـين المسـلمين أنفسهم أمم لا تتكلم العربية, ولا تفهمها , ولا تتخذها أداة الفهم والتفاهم , ولغتها الدينية هي اللغة

العربية, ومن المحقق أنها ليست اقل منا أيمانا بالإسلام, فكبارا وذيادا عنه, وحرصا عليه).

مؤامرة حجب الأمة عن تراثها وراء القضاء على الفصحى .

ولا يتمثل الأمر, كما يقول هؤلاء , بالحرص على تيسير الحياة للناس, وأن الفصحى هي العقبة في طريق هذا التيسير, فقد بقيت الفصحى أداة التفاهم والتفكير ووسيلة المسلمين جميعا وليس العرب فقط في حياتهم العقلية والأدبية خلال هذه القرون الأربعة عشر, وظلت اللغة العربية الفصحى تطاوع الشعر والنثر من القديم والجديد, وتطاوع العلم والدين في هذه العصور الطويلة , وتستجيب لكل ألوان الأدب من الجد والهزل والحماس والغزل والرثاء, ولم تتخلف اللغة العربية, في وقت من الأوقات , بما فيها من مرونة وطواعية , عن الاستجابة لحاجات الإنسان .

لا يكمن الأمر إذا في عجز الفصحى , ولا في الحرص على تيسير اللغة العربية للعرب, وليست اللهجات العامية أطوع للإنسان العربي المعاصر في حياته العقلية والأدبية والسياسية والمعاشية من الفصحى , إن لم يكن العكس, وإنما الأمر يكمن في محاولة حجب (الفصحى) عن حياة العرب العقلية والأدبية والسياسة واستبدالها بالعامية لتحجب هذه الأمة عن الاتصال المباشر بمصادر التشريع والفكر والثقافة الإسلامية , وتنقطع عن التاريخ والتراث والماضي والحضارة, وتحرم من الارتواء المباشر من القرآن والحديث , ولكي يسهل بعد ذلك دفع هذه الأمة الى أحضان الشرق والغرب أو إرجاعها الى الحضارة الجاهلية الأولى : (الحضارة الفرعونية) و(المجوسية) و(الآشورية)و(الاكدية).... وغيرها .

الدراسات الأكاديمية للهجات العامية.

وقد استخدمت , لتحقيق هذه الغاية, مجامع اللغة العربية, وكراسي الدراسات في الجامعة, وكبريات المجلات العلمية والأدبية في العالم العربي الإسلامي, يقول احمد حسن الزيات صاحب مجلتي الرسالة والرواية:

(إن المحافظين من شيوخ الأدب قد سيطروا عليه مجمع اللغة العربية في القاهرة في أول نشأته, ثم انتهى زمانه الى الكتاب والصحفيين الذين نبهوا المجمع الى أهمية العامية والى خطورة جمود اللغة بتخلفها عن مسايرة الزمن).

(وقد نجح أصحاب هذه الدعوات , بوسائلهم المختلفة , في إدخال دراسة ما يسمونه (الأدب الشعبي) في كل أقسام اللغة العربية بكليات الآداب, وفي كلية دار العلوم , وفي كلية اللغة العربية بالأزهر, بل نجحوا في إنشاء كرسي لاساتذه هذه المادة في قسم اللغة العربية بجامعة القاهرة, أصبحت دار العلوم مركز الثقل في هذه الدعوة بعد أن اجتمع فيها اكبر عدد من المختصين في هذه الدراسة, وانبرى عدد من الكتاب للكتابة بالعامية, وبشكل خاص القصة وبشكل تخص الحوار فيها, ومنهم الدكتور محمد حسين هيكل في قصته المعروفة (زينب) وغيره من الكتاب.

وألف القاضي (ولمور) كتاب (لغة القاهرة) ووضع لها فيه قواعد, واقترح اتخاذها لغة للعلم والأدب, كما اقترح كتابتها بالحروف اللاتينية , وتنبيه الناس للكتابة بها , وأشادت به (المقتطف) في باب التفريط والابتعاد, وهاجمتها الصحف مشيرة الى موضع الخطر من هذه الدعوة التي لا تقصد إلا الى محاربة الإسلام في لغته).

وضع اليد على المدارس.

وعمدوا الى الدراسة في مختلف مستوياتها , فوضعوا أيديهم على المدارس , وأسسوا مدارس كثيرة في العالم الإسلامي , ووجهوا هذه المدارس باتجاه استئصال الجيل الجديد عن ماضيه وتراثه وتعويمه على السطح .

وتولى التبشير المسيحي حصة الأسد من هذه المهمة , إلا انه لم يكن الهدف من ذلك توجيه الجيل الى المسيحية, وإنما كان الهدف استئصال الجيل عن أصوله وجذوره الحضارية , وقد شكا المبشرون , في عدد من المؤتمرات التبشرية, من إخفاقهم في تحويل المسلمين الى النصرانية : (فقام القس صموئيل زويمر يقول , في نهاية هذا المؤتمر, أن الخطباء قد اخطأوا أيما خطأ, وإنه ليس الهدف الحقيقي للتبشير هو إدخال المسلمين في النصرانية, وإنما الهدف هو تحويل المسلمين من التمسك بدينهم , وفي ذلك نجحنا نجاحا باهرا عن طريق مدارسنا الخاصة وعن طريق المدارس الحكومية التي تتبع مناهجنا).

وقد استطاع الغزاة , في هذه المرحلة أن يضعوا أيديهم على المدارس ومعاهد التثقيف في بلادنا بمساحة واسعة جدا.

يقول الجنرال (بيير كيللر) عن المعاهد الفرنسية في لبنان:

فالتربية الوطنية كانت بكاملها تقريبا في أيدينا بداية حرب عامي (١٩١٤,١٩١٨) .

وقد أدرك الغزاة الغربيون أن هذه المدارس والكليات والمعاهد هي افضل السبل لقطع هذا الجيل عن تراثه , وقطع التراث عن هذا الجيل ثم إشباعه بالفكر الغربي والحضارة الأوروبية.

وقد عبر اللورد لويد, حين كان مندوبا ساميا لبريطانيا في مصرـ , عـن هـذه الأهـداف في خطبتـه التي ألقاها في كلية فيكتوريا الإسكندرية ١٩٢٦, حيث قال :

(علينا أن نقوي كل ما لدينا من وسائل التفاهم المتبادل بين البريطانيين والمصريين , وقد كان هذا التفاهم المتبادل غاية (لورد كرومر) من تأسيس كلية فكتوريا بوجه عام , وليس مـن وسيلة لتوطيـد هذه الرابطة افضل من كلية تعليم الشبان من مختلف الأجناس).

ثم يقول عن الطلبة :(وهؤلاء لا يمضي عليهم وقت طويل حتى يتشعبوا بوجهه النظر البريطانية بفضل العشرة الوثيقة بين المعلمين والتلاميذ).

لا نريد أن نطيل الوقوف عند هذه النقطة , وبإمكان القارئ أن يرجع الى كتـب مثـل : (الغارة على العالم الإسلامي) و(الاتجاهات الوطنية في الأدب المعاصر) للدكتور محمد محمد حسـين , و(التبشير والاستعمار) للدكتور مصطفى الخالدي والدكتور عمر فروخ , ليعرف هذه ألمؤامرة الكبرى على ثقافة هـذا الجيل وفكره .

وبعد , فهذه نبذة قصيرة عن المحاولات الطويلة والكثيرة التي يقوم بها دعـاة التغريب والغـزاة الذين دخلوا بلادنا لعزل هذا الجيل عن حضارته وتراثه وماضيه.

نتائج وإفرازات ألموا مرة الكبرى.

تتجه هذه المحاولات جميعا باتجاه قضية واحدة, هي قطع الجسور الحضارية التي تربط أجيال هذه الأمة بعضها ببعضها الآخر, وتربطها جميعا بالينابيع الأولى لهـذا الـدين , وهـذه الجسـور هـي التي تنقل المواريث الحضارية على الأخلاق والفكر من جيل الى جيـل , فـإذا انقطعـت هـذه الجسـور لا تبقى هناك صلة في الفكر والأخلاق والثقافة بين هذه الأجيال .

وقد عمد الغزاة ودعاة التغريب الى هذه الجسور, واحد بعد آخر, فهدموها أو استولوا عليها, فعمدوا الى الخط العربي , وحاولوا تغييره الى الحروف اللاتينية , وعمدوا الى الفصحى وعملوا على تغييرها الى اللهجات العامية, وعمدوا الى المدارس وحاولوا أن يضعوا أيديهم عليها وعلى مناهجها وأساتذتها وكتبها بشكل كامل , وعمدوا الى احتواء المساجد, وحاولوا أن يضعوا أيديهم عليها , حتى عاد انتخاب شيخ الأزهر وهو شيخ الإسلام لا يتم إلا بقرار من رئيس الجمهورية.

وعمدوا الى الأسرة والبيت فسعوا لإفسادها , وبعث الميوعة والتحلل فيها, وتعطيل دورها الأساس في تصدير القيم والمواريث الحضارية من جيل الى جيل , وهكذا سعى دعاة التغريب والغزاة الى انسلاخ هذا الجيل عن تراثه وحضارته وماضيه, بشكل كامل , وتعويمه على السطح, وبتره عن كل أصوله الحضارية.

بعث الحضارات الجاهلية من تحت الأنقاض.

وبعد , فليس السبب في ذلك كله الصراع بين القديم والجديد , كما يحب دعاة التجديد والتغريب أن يفسروا الأمور, رويد السر في هذه المحاولات والأعمال جميعا حجب هذا الجيل عن الإسلام بالخصوص , وليس عن القديم والماضي بشكل عام , والدليل على ذلك أن دعاة (الحداثة) و(التجديد) هؤلاء بالذات, يمدون نوعا آخر من الجسور الحضارية لربط هذا الجيل , عبر الإسلام العظيم , بالجاهليات الأولى , في مصر , وفي العراق, وفي إيران, وفي تركيا, وفي الشام , وفي سائر أجزاء العالم الإسلامي.

ولقد كان بالإمكان أن نفهم أن طبيعة هذا الصراع بين القديم والجديد لولا أننا نلتقي عبر دعاة التجديد والتغريب والحداثة بالحضارات الفرعونية في مصر- والساسان في إيران والبابلية في العراق والطورانية في تركيا .... الخ.

ونرى بشكل واضح , أن هؤلاء يسعون سعيا حثيثا لبعث الحضارة الفرعونية, والهخامنشية, والساسانية, والبابلية, والطورانية في حياة هذه الأمة من جديد, بكل الوسائل الممكنة وفي كل الميادين , في الأدب شعرا ونثرا, وفي النحت والقصة والتمثيل والسينما والصحافة والكتب المدرسية وفي الأزياء والفن المعماري وفي تسمية الساحات والميادين والشوارع والمحلات والحدائق , وقد استخدم دعاة الحداثة كل الوسائل الممكنة لبعث هذه الحضارات الجاهلية في حياة الأمة من جديد.

دور الفولكلور في أحياء الحضارات الجاهلية

ومن هذه الوسائل (الفولوكلور) وما أدرك ما الفولكلور؟ وما دور الفولكلور في أحياء العلاقات والتقاليد والطقوس والأساطير والخرافات التاريخية الجاهلية وإبرازها؟ وحتى الرقص والغناء والأزياء والأهازيج مما كان قائما في المجتمعات والأمم الجاهلية قبل عشرات القرون , أكل عليها الزمان وشرب , وقد توسع عندنا هذا النمط من الدراسات التاريخية للفنون والعادات والتقاليد والطقوس الشعبية (الفولكلور) الى حد الإسفاف والجنون , حتى اصبح اكثر من الهم على القلب .

وولع المسؤولون , عندنا , بشكل ملحوظ بإبراز الفراعنة والملوك الجاهليين في المجتمع الإسلام في الميادين والساحات والشوارع والمطاعم والكازينوهات ودور السينما وفي محطات الوقود والمعامل , حتى اصبح من الأمة المألوفة والعادية جدا أن تلتقي بشارع (ارميس) , ومطعم (كوروش), وسجائر(حمورابي) وأمثال ذلك في حين اختفى من مجتمعاتنا أسماء (أبي ذر) و (سلمان الفارسي) و(صهيب الرومي) و(عمار بن ياسر) و(مصعب بن عمير) وغيرهم.

ومن الأدوات التي استعملها الغزاة , في بعث الحضارات الجاهلية من تحت الأمور, ومن تحت طبقات الأرض الى حياة الإسلامي من جديد : الآثار.

دور (الآثار) في بعث الحضارات الجاهلية:

وقد اهتم دعاة التجديد والتغريب والغزاة بمسألة الآثار بشكل ملف للنظر, وبذلت الدول عندنا بالتعاون مع الهيئات الدولية واليونسكو مبالغ طائلة لإقامة المتاحف , وبعث الآثار القديمة للحياة الجاهلية في حلة قشيبه, وكما أن الاهتمام بالفولوكلور وإحياء الفنون والعادات الجاهلية لم يكن شيئا طبيعيا في حياتنا , كذلك الاهتمام البالغ بالآثار (بهذه الحالة من المبالغة) وصرف المبالغ الطائلة في تجميع الآثار وعرضها لم يكن شيئا طبيعيا أبدا , وعندما نتابع خيوط هذه الأعمال ننتهي الى جذور صهيونية صليبيه , يقول محمد الغزال:

(وصحب هذه الدعوة نشاط البعوث الأجنبية في التنقيب عن الآثار والدعاية لما يكتشف منها : فملؤوا الدنيا كلاما عن قبر (توت عنخ آمون) الذي اكتشفه اللورد (كارنافون) وقتذاك, وعرض الثري الأمريكي (روكفلر) تبرعه بعشرة ملايين من الدولارات لإنشاء الآثار الفرعونية, يلحق به معهد لتخريج المتخصصين في هذا الفن, و(روكفلر) كما هو معروف , يهودي الأصل وهو من الصهيونيين , وسخاؤه بهذا المبلغ الضخم يدل على ما في هذا الاتجاه من مصلحة ظاهرة للصهيونية).

وفي العراق عقدت الدولة مؤتمر (بابل وآشور) سنة ١٩٩١, ودعت لحضوره علماء الآثار من مختلف دول العالم , وقامت بمشروع أحياء مدينة (آشور) في الموصل ومدينة (بابل) في الحلة, وقد كلف أحياء مدينة (بابل) ميزانية الدولة ١٢

مليون دينار, كما غيرت أسماء المدن الى أسماء تعود لحضارات جاهلية بائدة كالموصل والحلة الى (نينوى)و(بابل).

وفي أيديهم , توجه الشاه باتجاه قطع علاقة الأمة بالإسلام , وربطها بالحاضرة المجوسية الهخامنشية والساسانية, ومن الأعمال التي قام بها , بهذا الصدد, إلغاء التاريخ الهجري واستبداله بالتاريخ الشاهنشاهي وحول السنة من ١٣٢٠ الهجرية الشمسية, وهي السنة التي تولى فيها الحكم في أيديهم , الى سنة ٢٥٠٠ شمسية شاهنشاهيه , وقد اقر البرلمان ومجلس الأعيان ذلك في اجتماع مشترك.

وأحيا الشاه ذكرى مرور(٢٥٠٠) سنة على الحضارة المجوسية باحتفالات ضخمة في خرائب (يرسيوليس) (تخت جمشيد) بالقرب من شيراز, ودعا الى هذه الاحتفالات الملوك والرؤساء,وأنفقت الدولة على هذه الاحتفالات ١٠٠ مليون دولار في خياطة الأزياء القديمة وتصنيع الحلي والشوارب والعربات القديمة , ويكفي أن نقول أن نظام الشاه اعطى لكاتب سيناريو أمريكي ١٠٠,٠٠٠,٠٠٠ مئة مليون تومان لإعداد فيلم (كوروش الكبير) لعرضه في الدول الأوروبية , والشواهد على اتجاه بعث الحضارات الجاهلية في العالم الإسلام , بمختلف الوسائل, كثيرة.

وهكذا نرى أن الهدف , من الصراع بين القديم والجديد , ليس الانفتاح على العلم والتصنيع المتطور في الغرب, فإن الدعوة الى الانفتاح على العلم والصناعة تدخل في صلب التعاليم الإسلامية , وإنما كان الغرض من هذه المحاولات والمؤامرات جميعا قطع هذا الجيل عن ماضيه وحضارته وجذوره الحضارية , وتفريغه من محتواه الحضاري والتاريخي وتعويمه .

وقد كانت هذه العملية تنطوي على خطوتين :

في الخطوة الأوروبية توجه الغزاة الى الدعوة الى انسلاخ هذه الإسلامي عـن حضارتها وماضيها, وفي الخطوة الثانية تبنى الغزاة الدعوة الى مسخ هذا الجيل حضاريا بربطه بالحضارات الجاهليـة البائـدة وإحياء هذه الحضارات من جديد وإخراجها من تحت ركام القبور والقرون وبعثها من جديد وربط هـذا الجيل بها عبر الإسكندر العظيم, وقد كانت الأنظمة والحكام ومن يسيرون خلفهم يبذلون الأموال الطائلـة , ويستخدمون الإمكانات الكبيرة, ويقيمون الاحتفالات والمؤتمرات الكبرى, لتمرير المؤامرة على هذه الأمـة وبترها واجتثاثها من حضارتها وتراثها والقيام بعمليـة ترقيعيـة مخجلـة في مـد الجسـور بـين هـذا الجيـل وحضارة الفراعنة والمجوس والاكاسرة والبابليين والآشوريين والطورانيين .

وإن الإنسان ليعجب ويأسف أن تمر مثل هذه المؤامرة المخجلة على هذه الأمـة في وضع النهـار لمسخ عقلية الأمة ونهب تراثها وحضارتها من دون مقاومة تذكر مدة طويلة من الزمان, حتى شـاء اللـه تعالى إيقاظ هذه الإسلامي من رقدتها الطويلة وتنبهها الى الأخطار المحدقة بها .

مظاهر التبعية

عن أبي سعيد الخدري, رضي اللـه عنه , أن النبي- صلى اللـه عليه وسلم – قال : لتتبعن سـنن من كان قبلكم , شبرا بشبر وذراعا بذارع, حتى لو سلكوا حجر ضب لسلكتموه,قلنا : يا رسول اللـه اليهود والنصارى؟ قال فمن ؟

قال ابن حجر العسقلاني في شرح هـذا الحـديث :" ضب" دويبة معروفـة ... والـذي يظهـر أن التخصيص إنما وقع لحجر الضب لشدة ضيقه ورداءته. ومع ذلك

فإنهم - لاقتفائهم آثارهم وإتباعهم طرائقهم - لو دخلوا في مثل هذا الصغير الرديء لتبعوهم .

إن إتباع آثار اليهود والنصارى, ممثلا في اقتفاء آثار الغرب في طرائق معايشهم ومناهج حياتهم, أصبح من الأمر المميزة لحياة المسلمين أغلبها أو أهمها فيما يلي :

١- إعطاء أسماء أجنبية للمحال التجارية :

فالسائر في الشارع يهوله هذا الكم الخطير من الإعلانات التي تحمل أسماء أجنبية , إما مكتوبة باللغة العربية أو - وهو الأمر - مكتوبة باللغة الإنجليزية, واستعرض فيما يلي طائفة لهذه المسميات:فهذا محل للسيارات يطلق على نفسه "الألفي موتورز" بدلا من أن يقول "الألفي للسيارات " ومؤسسة تعليمية تسمي نفسها " مودرن أكاديمي " بدلا من " الأكاديمية الحديثة" ومحل تنظيف ملابس اسمه "فاست كلين" ولماذا لا يسمي محل تنظيف الملابس نفسه بهذا الاسم ؟ ومحل أدوات كهربائية اسمه" جمال إليكتريك هاوس " ومحل ألعاب اسمه "Royal Club" و"ميوزيك سنتر" اسم محل لبيع الشرائط , ومحل " Blue Eyes" لبيع المستلزمات الطبية للعيون , ومحل إنشاءات اسمه "نيو ديزاين" ومحل أجهزة تبريد اسمه " كول لاين" ومحل للصرافة اسمه" كونتينتال للصرافة" ومحل للتحف يسمي نفسه " رياضكو للتحف" - ولا أدري ماذا تعني كو" بإضافتها لاسم رياض , إن هذه مجرد أمثلة لأسماء عديدة غيرها تصدم المتجول بالشارع , وتجعله يشعر بأنه في بيئة غريبة غير البيئة العربية التي يحيا فيها !!!

٢- ومن مظاهر التغريب التي تصدمك في الشارع , تقليد سلوكيات الغرب وعاداتهم شبرا بشبر وذراعا بذراع, تجد البنت ترتدي الملابس على الموضة الغربية, فتمشي في الشارع شبه عارية, وقلما تجد بنتا بدون أن يصاحبها ولد,

فالبنت تمشي متأبطة بذراع الولد, ويتسكعان سويا على الطرقات وأصبح من النادر رؤية من ترتدي النقاب أو الخمار ومن يرتدي الجلباب ويطلق لحيته بخاصة في المناطق الراقية من العاصمة, أصبح ذلك محلا للسخرية والتهكم.

٣- وفي أسلوب الحوار, تجدهم يحاولون إقحام كلمة باللغة الإنجليزية أثناء الحديث, حتى يبدو المتكلم وكأنه " مثقف"!! فلا يخلو الحديث من كلمات مثل "أوكيه"أو"هاي"أو"باي باي"أوآلو"أو"كود مورننك" ..... الخ وفي ذلك هجران للغتنا وتقليل من شأنها , خاصة مع وجود البدائل لكل تلك الكلمات والعبارات في ديننا وفي ثقافتنا .

٤- وبعد يوم العمل , تأتي أوقات الفراغ التي يحاولون "قتلها", فتجدهم أمام شاشات التلفاز يشاهدون المسلسلات أو الأفلام التي تبث القيم الغربية البعيدة أو المنافية للإسلام , أو يتابعون المباريات, والتي غالبا ما تتعارض أوقات إذاعتها مع مواقيت الصلاة, فتجدهم يهدرون الصلاة في سبيل إتمام المشاهدة والمتابعة .

٥- وفي التفكير والسلوك, هيمن النمط الغربي للسلوك على أفراد أمة الإسلام. فتجدهم يغرقون في الديون طويلة الأجل من أجل شراء بيت كبير أو سيارة فارهة أو غير ذلك من الكماليات , ولا يهتمون بما إذا كانت هذه المعاملات تحرم لارتباطها بالربا أم لا , فإذا تكلمت مع أحدهم من أجل التصدق على بعض الفقراء أو غير ذلك من أوجه الجهاد بالمال وجدته يشيح عنك بعيدا مبديا تأففه وتبرمه.

٦- وفي المأكل والمشرب, وضع لنا الإسلام آدابا تنظم طريقة الأكل والشرب , ولكننا هجرناها واستعرنا مفاهيم الغرب عوضا عنها , فانتشرت في شوارعنا ثقافة محلات تقديم الوجبات السريعة والسندويشات والتي يمشي الناس يأكلونها والأغاني الهابطة. كل هذه المظاهر هي مجرد نماذج لما أصاب هويتنا في

مقتل , ذلك أن أهم شيء فطن إلقاء أعداؤنا هو ما تضيفه إلينا هويتنا من عزة وفخار , فكانت محاولاتهم الدءوبة والمتكررة لمسخ تلك الهوية وتشويه صورتها , والآن وبعد وضوح هذه المخططات وآثارها على مجتمعاتنا فإما أن نظل ملتزمين بهويتنا الأخرى , وإما أن ننجرف مع التيار فيبتلعنا ونهلك وتكون الهاوية.

خطورة هذا النموذج على أمة الإسلام .

إن التقدم له أسباب ومظاهر , لم يتقدم الغرب بسبب أن شعوبه كانت تمشي تأكل في الشارع, أو لأن أولادها كانوا يأخذون بأيدي البنات ويهيمون على وجوههم في النوادي والملاهي , أو لأنهم كانوا يقحمون كلمات غريبة عنهم في أحاديثهم ,وإنما كان التقدم في الغرب لأسباب انتهجوها : تشجيع البحث العلمي, والتزام الأمانة والجدية في المعاملات , وإعطاء كل ذي حق حقه , وتشجيع الموهوبين وإفساح المجال لهم, والتخلي عن النفاق , والاهتمام بالشباب .... الى غير ذلك من القيم التي شجعوها وعملوا بها , فكانت سببا في تقدمهم.

فلما تحقق لهم ما يريدون من تقدم, أرادوا أن تكون لهم حضارة وقيم خاصة بهم , فكانت تلك المظاهر التي انتشرت بينهم في المأكل والمشرب والملبس والمعاملات بين البنات والأولاد , ولذلك فإن اقتباس هذه المظاهر دون العمل بالأسباب الدافعة للتقدم هو مجرد وهم وسراب , ولن يجلب تقدم أو يؤدي الى تنمية.

إن الفرق بين الحضارة الأخرى وبين غيرها من سائر الحضارات, أن الحضارة الأخرى عنيت ببناء الفرد أولا بناء شاملا, ثم بعد ذلك انتقلت الى العمران المادي , كما أن حضارة الإسلام هي حضارة تقوم على الجانب الوجداني والقيم, ومنها الجمال والسمو , أما الحضارات فقد عنيت بالتشييد المادي وأعمار الحياة في ميادينها المختلفة , لكنها تتجاهل بناء الفرد من داخله, بل وتعجز تماما عن

القيام بهذا الدور الذي تفرد به الإسلام دين الفطرة , كما تقوم الحضارات المستحدثة الدخيلة على ثقافة العشوائية , وليس لها جذور , ويتضح ذلك في شكل الملابس والسلوكيات وطريقة الكلام , وللأسف فالشباب عندنا اتخذوا النموذج الغربي" العشوائي" قدوة, واعتبروا الخروج عن القيم إبداعا وموضة.

وإننا إذا أردنا أن ننهض بأمتنا وأن نعيد إليها عزها المسلوب, علينا أن نقتدي بالرسول صلى الله عليه وسلم الذي أحيا الله به موات العرب , وأن نأخذ أنفسنا بالتربية الإيمانية فهي وحدها سبيل التغيير والتحويل .

يقول " يوجين روستر" مستشار الرئيس الأمريكي الأسبق جونسون:" يجب أن ندرك أن الخلافات القائمة بيننا وبين الشعوب العربية ليست خلافات بين دول أو شعوب , بل هي خلافات بين الحضارة الأخرى والحضارة المسيحية , لقد كان الصراع محتدما بين المسيحية والإسلام منذ القرون الوسطى, وهو مستمر حتى هذه اللحظة , بصور مختلفة , ومنذ قرن ونصف خضع الإسلام لسيطرة الغرب, وخضع التراث الإسلامي للتراث المسيحي.

إن الظروف التاريخية تؤكد أن أمريكا هي جزء مكمل للعالم الغربي: فلسفته, وعقيدته, ونظامه , وذلك يجعلها تقف معادية للعالم الشرقي الإسلامي بفلسفته وعقيدته المتمثلة في الدين الإسلامي , ولا تستطيع أمريكا إلا أن تقف هذا الموقف في الصف المعادي للإسلام , والى جانب العالم الغربي والدولة الصهيونية, لأنها إن فعلت عكس ذلك فإنها تتنكر للغتها وفلسفتها وثقافتها ومؤسساتها ".

إن روستو يحدد أن هدف الاستعمار في الشرق الأوسط هو تدمير الحضارة الأخرى, وإن قيام إسرائيل هو جزء من هذا المخطط , وأن ذلك ليس استمرارا للحرب الصليبية.

إن التغريب في أحد أوجهه, ليس اللباس الثقافي للتصنيع , لكن تغريب العالم الثالث (والذي تتكون معظم دولة من الدول المسلمة) هو أولا, عملية محو للثقافة, بمعنى أنها تدمير بلا قيد ولا شرط للقيم الاقتصادية والاجتماعية والعقلية التقليدية , لكي لا يقوم مقامها في حينه سوى كومة كبيرة من الخردة , مصيرها الى الصدأ ..... إن هذا الذي يعرض على سكان العالم الثالث, لكي يحل محل هويتهم الثقافية الضائعة ,إنما يتضمن صنع شخصية وطنية عابثة , ذات انتماء خداع الى مجتمع عالمي (هو الغرب) ..إن ضياع الهوية الثقافية الذي ينتج عن ذلك , أمر لا يقبل الجدل , وهذا يساهم بدوره في عدم استقرار الشخصية الوطنية سياسيا واقتصاديا , وما يتبقى بعد ذلك من الإبداع الوطني , يكمن في حالة تبعية إزاء ثقافة تبدو لها أجنبية , وإنها كذلك.

سبل العلاج

- إن أولى خطوات العلاج في سبيل تأصيل هويتنا الأخرى, هو تمسك الإدارات المحلية والبلدية بعدم إعطاء ترخيص للمحلات إذا كان اسمها عربيا خالصا له معنى في اللغة العربية , ولنا في التجربة الفرنسية أسوة في هذا الموضوع , فقد تشددت فرنسا في عدم استخدام لغات أخرى غير اللغة الفرنسية في جميع المجالات , بل وصل الأمة الى حد محأولة استخدام اللغة الفرنسية في تطبيقات الحاسب الآلي , حفاظا على الهوية الفرنسية من الضياع أو الاندماج في الثقافة الأمريكية , فيكمن استخدام الأسماء العربية في جميع ميادين الحياة, فتطلق هذه الأسماء على أسماء الشوارع والميادين والمدارس, بل وأسماء الصفوف الدراسية في هذه المدارس فبدلا من القول صف ثالثة أول أوصف ثالثة ثاني مثلا, يمكن أن يكون اسم الصف خالد بن الوليد أو صف الشجاعة أو صف "القدس" .... الخ.

❖ تخلي الأسر عن الطموح الجامح, وذلك بأن تعيش في حدود إمكانيتها , والتخلي عن مظاهر الاستهلاك الترفي والمظهري والعودة الى الدين الصحيح بالالتزام بتعاليم الإسلام فيما يتعلق بعدم الجنوح والإغراق في الديون بغير داع.

❖ وضع خطة للمبعوثين للدراسة بالخارج في دول أوروبا الغربية أو الولايات المتحدة وغيرها , بحيث يكون لكل وفد رئيس من الواعظين ممن يستطيع أن يدحر الشبهات التي تلقى في وجه شبابنا في أثناء تلقيهم العلوم بالخارج , كما يجب أن يكون من بين شروط الابتعاث للخارج حفظ قدر معين من القرآن , وليكن خمسة أجزاء على الأقل ,كما يفضل تنظيم دورة سريعة لمدة ستة أشهر على الأقل لجميع الأفراد الذين وقع عليهم الاختيار للسفر للدراسة بالخارج يتم فيها دراسة علوم الدين والشريعة وبلغة البلد التي سيتم السفر إليها .

❖ على الإعلام التوقف عن الترويج للنموذج الغربي بكل قيمة الأخلاقية , فكيف تتحول " مغنيات الهبوط" الى قدوة لفتياتنا؟ كما أننا نرى المذيعات في بعض المحطات الفضائية بغير الاحتشام المطلوب , فعلى كل المؤسسات أن تقنن الحرية داخلها حتى نعود للاعتدال, لأنه الوسيلة الوحيدة لحياة كريمة ومحترمة.

❖ كما أننا نفتقد لبيوت أزياء واعية باحتياجات الشباب تستطيع أن تعادل بين احتياجات الشباب والموضة والتقاليد وتطوعها حسب ظروف العصر , فنحن في أشد الحاجة الى مؤسسة كبرى تدرس مطالب الشباب وتصنع لهم ما يرغبون في ارتدائه وبما يتناسب مع حضارتهم وهويتهم.

❖ الاهتمام داخل الأسرة بحماية الأخلاق, فيجب على الأب أن يعود لدوره الأصلي في قوامة جميع أفراد أسرته, وذلك أن دور الأب انحصر في الأونة

❖ الأخيرة دور" الممول" المتمثل في مجرد جلب المال للأسرة ,وترك جميع مقدرات الأسرة تدار بعيدا عنه.

❖ معرفة أهداف أعدائنا ومخططاتهم والعمل على التصدي لها, ذلك أن معرفة أن كل ما يحدث من حولنا هو بتخطيط واع وتدبير مدروس من القوى الغربية والصهيونية التي لا تريد لراية الإسلام أن ترتفع أبدا, إن معرفة ذلك والوعي به يضعنا جميعا أمام الطريق الصحيح للعلاج.

اغتيال اللغة العربية في الجزائر.

رغم مرور أربعين سنة على استقلال الجزائر , ورغم أن كل الدساتير الجزائرية السابقة المنسوخة والراهنة تقر أن اللغة الرسمية في الجزائر هي اللغة العربية إلا أن الطابور الخامس الفرنكوفوني الذي لا يؤمن بعروبة الجزائر وانتمائها العربي ظل يعرقل تكريس اللغة العربية في الواقع السياسي والتربوي والثقافي والإعلامي والاجتماعي , ومن المفارقات الجزائرية أن الجزائر التي قدمت مليونا ونصف مليون شهيد من اجل عروبتها واسلامها يخرج منها كاتب كمولود معمري الذي كان يعتبر الفتح العربي للجزائر غزوا واستعمارا , أو كاتب ياسين الذي كان يطالب رسول الإسلام محمدا صلى الله عليه وسلم بالخروج من الجزائر, أو وزير التربية الأسبق مصطفى الاشرف الذي كان يعتبر اللغة العربية أفيون الجزائر وعاملا من عوامل نكستها .

وبعد تولي عبد العزيز بوتفليقة الحكم في الجزائر عين لجنة تربوية لإعداد مشروع إصلاح المنظومة التربوية التي حملها الفرانكوفونيون والشيوعيون والبربر مسؤولية صناعة الإرهاب وانتاج التعصب في نظرهم , ويدعي أعداء المدرسة الجزائرية أن اللغة العربية وجعلها لغة تدريس في المراحل التعليمية الابتدائية والمتوسطة والثانوية أفضى الى إيجاد بذور الأصولية والاسلمة في نفوسهم , وعين

على رأس اللجنة التي تعد مشروعا تربويا جديدا شخصا يدعى بن زاغو ومعه ١٦٠ شخصا من المنتمين إلى تيار التجمع من اجل الثقافة والديمقراطية البربري بزعامة سعيد سعدي المعادي قلبا وقالبا للغة العربية والتيارات الشيوعية والفرنكوفونية, وتعتبر خالدة مسعودي مستشارة الرئيس عبد العزيز بوتفليقة والعضوة في التجمع من اجل الثقافة والبربرية والمعادية صراحة وجهرا لعروبة الجزائر واسلاميتها الرئيسية الفعلية لهذه اللجنة , وقد انتهت اللجنة من إعداد مشروعها قبل فترة, وتم تقديم المشروع لرئاسة الجمهورية , وقد جاء في المشروع وبصريح العبارة أن اللغة العربية عامل مهم من عوامل نكسة المدرسة الجزائرية , كما أوصت اللجنة بتدريس اللغة الفرنسية والعودة الى الوضع السابق الذي كانت عليه المدرسة الجزائرية قبل لمسات التعريب المحدودة التي أدخلها بعض المؤمنين بالثقافة العربية في مراحل زمنية محدودة.

ولإسقاط هذه المؤامرة التي تستهدف التغريب في الجزائر قام بعض المدافعين عن اللغة العربية في الجزائر ومنهم وزير التربية السابق علي بن محمد الذي كان يعمل على تعريب المدرسة الجزائرية قبل أن يعمد الفرنكوفونيون في وزارة التربية الى الإطاحة به عبر تسريب أسئلة البكالوريا (الثانوية)مما أضطره الى تقديم استقالته للرئيس المغتال محمد بوضياف, ومن خلال اللجان التنسيقية التي شكلها مع بعض المدرسين والمدافعين عن مدرسة جزائرية عربية واسلامية يعمل علي بن محمد على الإطاحة بمشروع المنظومة التربوية الجديد الذي يحتمل أن يبدأ تطبيقه مع بداية السنة الدراسية المقبلة , وتأخذ هذه اللجان على رئاسة الجمهورية عدم لجوئها الى ممثلي الشعب لاستشارتهم في مثل هذا الموضوع الحساس , كما أن اللجان المذكورة أحتجت على كون معظم أعضاء لجنة إصلاح المنظومة التربوية من المنتمين الى التيار الفرنكوفوني والبربري والشيوعي , ويركز هؤلاء على تغريب المدرسة الجزائرية وجعل اللغة الفرنسية هي لغة التعليم بدل اللغة العربية , وحتى اللغة

الإنجليزية التي هي لغة عالمية لم يولها أعضاء اللجنة اهتماما كبيرا وركزوا على اللغة الفرنسية.

والعجيب أن الجزائر وبعد أربعين سنة من استقلالها لم تحسم موضوع التعريب مما جعل موضوع الهوية يرخي بظلاله باستمرار منذ الاستقلال والى اليوم, وما زالت الأقلية الفرنكوفونية تفرض منطلقاتها على شعب حسم منذ ١٤ قرنا موضوع انتمائه الى العروبة والإسلام , ويعتبر المدافعون عن التعريب في الجزائر أن المشروع التربوي الذي تقدمت به لجنة بن زاغو أخيرا الى رئاسة الجمهورية وفي حال تطبيقه سيكون بمثابة الطلقة الأخيرة على اللغة العربية في ينبوعها وجذورها وخصوصا أن الأمل كان قائما على أن تنتج المدرسة الحالية معربا يعيد التوازن الى الجزائر التي ظلت وما زالت تتأرجح بين الفرنسة والامزغة , وقد تعجب المراقبون كيف فتحت لجنة بن زاغو النار على اللغة العربية وكأنها سبب نكسة الجزائر, علما أن الفرنكوفونيين الجزائرين والذين أسعفهم الحظ في أن يكونوا في دوائر القرار في الجزائر, ورغم أن كل المقدرات كانت في أيديهم ومع ذلك ظلت الجزائر تشهد التراجع تلو التراجع ؛ وكان يجب أن يدركوا أن البناء السليم هو ذلك البناء الذي يكون من المجتمع ومن تطلعات الناس , وأي استراتيجية لا تنسجم مع النسيج الاجتماعي والثقافي والحضاري للأمة فمآلها الإخفاق , وربما هذا ما يفسر- استمرار التشققات المذهلة في الجدار الجزائري !

* فرنسا تطالب برأس اللغة العربية في الجزائر :

على الرغم من الانهيارات الكبرى التي ألمت بالجزائر في العشرية الماضية على صعيد الوضع الاقتصادي والسياسي والأمني إلا أن الثوابت الوطنية ورغم تشكيك التحالف الفرنكوفوني – البربري فيها ظلت بمنأى عن الجاذبات السياسية, وجمد الخوض فيها حفاظا على التحالفات السياسية القائمة في الجزائر بين السلطة

القائمة ومختلف التيارات السياسية في الجزائر، وتعتبر اللغة العربية من أبرز الثوابت الوطنية التي ظلت تتلقى الطعون تلو الطعون من فرنسا بالدرجة الأولى وامتداداتها السياسية في الجزائر.

وتعود محنة التعريب في الجزائر الى بداية الاستقلال في ١٩٦٢/٧/٥م، وبذلك عندما تقدم مجموعة من النواب الجزائريين بمشروع الى حكومة أحمد بن بلة الفتية طالبوا فيه الحكومة بالتخلي عن اللغة الفرنسية كلغة مسيطرة على الإدارة والتعليم وإحلال اللغة العربية محلها , وكانت صدمة النواب كبيرة للغاية كما يقول أحد هؤلاء وهو عمار قليل عندما رفضت الحكومة الفتية مشروع التعريب , وظل التعريب مجمدا على امتداد عهد بن بلة, وحاول بومدين تعريب الإدارة والتعليم إلا أن اللغة الفرنسية قد أصبحت سيدة الموقف في عهده في الجامعة والإدارة , وحتى هواري بومدين شخصيا اضطر أن يستحضر أبرع الأساتذة في اللغة الفرنسية لكي يتعلم لغة موليير.

وفي عهد الشاذلي بن جديد حققت اللغة الفرنسية في الجزائر أبرز انتصاراتها؛ ورغم أن البرلمان الجزائري قبل حله في الجزائر أقر قانون تعريب الجزائر وإحلال اللغة العربية لغة السيادة في موقعها الصحيح , لكن قبل بداية تطبيق القانون تم حل البرلمان الجزائري, وتمت إقالة الشاذلي بن جديد... وكان أول قرار اتخذه رضا مالك عند تعيينه رئيسا للحكومة خلفا لبلعيد عبد السلام هو إلغاء قرار التعريب الذي أصدره البرلمان الجزائري بحجة أن الظروف الدولية لا تسمح بذلك, وبمعنى آخر أن باريس وضعت فيتو في وجه اللغة العربية في الجزائر, وفي الوقت الذي كانت فيه الحرب مستعمرة ومشتعلة بين الجيش النظامي وكافة الجماعات الأخرى المسلحة وبمختلف الفقهية والفكرية, كان الفرنكوفونيون يحصنون مواقعهم في كل دوائر ومؤسسات الدولة الجزائرية, وكانوا معتقدين للغاية

أنهم من خلال مواقعهم المؤثرة لهم أن يلغوا بجرة قلم ما يصبو إليه الإسلاميون , وبوتفليقة الذي بدأ عروبيا وانتهى فرنكوفونيا وأخذ يستخدم اللغة الفرنسية حتى في حديثه مع الفلاحين وكبار السن في المناطق النائية بات يحسن استعمال الورقة الفرنكوفونية أحسن استعمال , فالإليزيه - قصر الرئاسة الفرنسية - الذي فتح مع عبد العزيز بوتفليقة أكثر من قناة وعبر وسطاء متعددين ومعظمهم أصدقاء شخصيون للرئيس الجزائرين الحالي أوصلوا إليه أن باريس ستقف معه في صراعه البارد مع الجنرالات مقابل أن يقدم تسهيلات للغة الفرنسية؛ حيث أعادت كل المراكز الثقافية الفرنسية نشاطها بشكل مدهش في الجزائر, وبالتوازي مع هذا النشاط فإن اللجنة الوزارية التي كلفت بوضع خطة تربوية جديدة أوصت بضرورة إعادة الاعتبار للغة الفرنسية ومعاودة تدريس المواد العلمية والدقيقة باللغة الفرنسية , وبالإضافة الى جعل اللغة الفرنسية ضرورية في المرحلة الابتدائية والى الجامعة, وتجدر الإسلامية الى أن هذه اللجنة يسيطر عليها الفرنكوفونيون والبربر الذين قدموا في تقريرهم أن اللغة العربية هي التي مهدت للأصولية والفكر الظلامي ؛ ويقصدون به الفكر الإسلامي , ويعتبر هؤلاء المنظرون أن القضاء على اللغة العربية من شأنه إلغاء أهم عامل من عوامل التطرف , وفي نظر هؤلاء المنظرين فإن اللغة العربية تفضي تلقائيا الى دراسة النص الديني , وتجدر الإشارة الى أن الرئيس عبد العزيز بوتفليقة كان قد ألغى اللجنة التحضيرية السابقة والتي كان قوامها مجموعة من الخبراء الذين يؤمنون بدور اللغة العربية في الارتقاء بالتعليم الجزائري, وشكل لجنة جديدة قوامها فرانكوفونيون وبربر والنتيجة التي خرجت بها هذه اللجنة أن اللغة الفرنسية ضرورة استراتيجية للجزائر , وبها لا باللغة العربية ستعرف الجزائر طريقها الى التطور والازدهار , علما أن اللغة الفرنسية ظلت مسيطرة على مفاصل الدولة الجزائرية منذ الاستقلال والى يومنا هذا , ولم تخرج الجزائر من كبوتها بل رادتها انهيارا وتراجعا في كافة الصعد , إن الصراع

الدموي في الجزائر بين الجيش النظامي وبقية الجماعات الأخرى المسلحة , جعل التيار الفرانكو

- بربري يستحوذ على جغرافيا القرار في الجزائر , ويصوغ المعالم التي يجب أن تكون عليها الجزائر راهنا

ومستقبلا, ولأجل هذا يبدو هذا التيار من أشد المتحمسين لاستمرار الحرب الأهلية في الجزائر , وشعارهم :

فليذهب دعاة الظلامية ولغتهم الى الجحيم ولتحي لغة فولتير في الجزئر .

الفصل الخامس

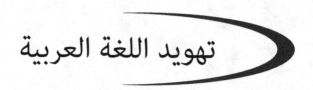

تهويد اللغة العربية

تاريخ اليهود.

حقائق ثابتة ومصطلحات خطيرة.

تاريخ اللغة العبرية.

أسباب محاربة اليهود للغة العربية في فلسطين.

أساليب اليهود في محاربة اللغة العربية في فلسطين.

أساليب اليهود في حرب اللغة العربية وفي مجالها .

تهويد اللغة وخطر انقراض العربية.

اللغة أهم من الأرض.

تكتلات شعبية دفاعية..

مطار اللد واليافطات العربية.

التعليقات على واقع التهويد.

نتائج محاربة اليهود للغة العربية في فلسطين .

تاريخ اليهود .

قبل البدء في الحديث عن أساليب اليهود في محاربة اللغة العربية في فلسطين وتهويد معالم الأرض المباركة . دعونا نتعرف على من هم اليهود؟ وما هي لغتهم؟. وكيف يقوم هؤلاء بإحياء لغتهم على أنقاض لغتنا العربية؟

أورد التاريخ أن ابني إبراهيم (عليه السلام) إسحاق وإسماعيل قد ولدا في فلسطين ولكنهم من المهاجرين إليها ولم يكونوا مستوطنين بها ويعقوب عليه السلام (المسمى بإسرائيل)هو ابن إسحاق عليهما السلام ويوسف (عليه السلام) هو أحد أبناء يعقوب ويخبرنا القرآن الكريم أن يوسف عليه السلام ذهب عبدا الى مصر إلى أن مكّنه الله وآتاه الحكم والتأويل ، فأصبح عزيز مصر ، ومن ثم طلب أباه يعقوب وأهله جميعا أن يلحقوا به إلى مصر ، وهكذا انتهت هجرتهم من فلسطين ، واستوطنوا مصر فلا مجال إلى أن يقال : إن يعقوب عليه السلام من أهل فلسطين أو من سكانها الأصليين ، وقد أثبت التاريخ هذه الوقائع غاية في الدقة وذرية يعقوب لم تكمل جيلا واحدا في فلسطين فكيف يدعى اليهود الآن أن فلسطين أرضهم بدعوى سكنى يعقوب عليه السلام بها فترة من الزمن؟   .

والهجرة الثانية التي كانت لليهود إلى فلسطين هي هجرة موسى عليه السلام حين هـاجر بقومـه بني إسرائيل من مصر تخليصا لهم من فرعون لهم وجنوده .

فنرى أن اليهود ما كانوا يدخلون فلسطين إلا مهـــــاجرين أمـا أهـل البـلاد الأصليون فهم (الكنعانيون) ولم يثبت في تاريخ القدس وفلسطين أبدا أن اليهود استوطنوا فلسطين أو سكنوا فيها فـترة طويلة من الزمن .

ونعود الى الهجرة موسى عليه السلام وقد أنعم الله عـلى بنـي إسرائيل فأنجاهم، وأغرق آل فرعون وجنوده في البحر ولنا مع هذه القصة وقفه وعبرة

لنعرف من هم اليهود شعب إسرائيل مع نبيهم موسى عليه السلام والذي فيها أبلغ الأمثلة والعبر لمن أراد أن يكشف زيف قضيتهم .

عندما وصل موسى عليه السلام وأصحابه أرض سيناء وجودوا قوما . يعبدون أصناما ، فقال له أصحابه : أجعل لنا آلهة كما لهم آله ؟ فتعجب موسى لأمرهم ووصفهم بأنهم جاهلون كيف وقد أراهم الله على يديه عشر معجزات باهرات كانت آخرها شق البحر يطلبون منه عبادة غير الله الذي دعاهم إلى عبادته؟ فكان بداية الخلل الإيمان المتأصل في نفوسهم ، وكان هذا الأمر يثير الاستغراب في نفس موسى وأخيه هارون من هؤلاء القوم فقال لهم " إنكم قوم تجهلون فاليهود قد تشربوا الكفر والاستعباد خلال قرون طويلة قضوها في خدمة الفراعنة في مصر.

استبق موسى قومه الى جبل الطور في سيناء لمناجاة ربه وغاب عنهم أربعين يوما, وجعل أخاه هارون أميرا عليهم, فما أن عاد لهم حتى وجدهم يعبدون من دون الله عجلا! فكانت معصيتهم تلك من أعظم الجرائم وأقدمها وكان هذا كفرا لا يغتفر فعاقبهم الله بأن جعل توبتهم مرهونة بقتل أنفسهم .

اختار موسى من قومه سبعين رجلا لميقات الله عز وجل في جبل طور ليعتذروا الى ربهم عما بدر منهم من معاصٍ وقد رأوا بأم أعينهم المعجزة الحادية عشرة وهي نتق الجبل , فلما سمعوه يكلّم الله عز وجل قالوا نريد أن نرى الله حتى نؤمن لك , فكان عاقبتهم بالصاعقة وأحياهم الله من جديد بعد مناجاة موسى عليه السلام , وكانت هذه المعجزة الثانية عشرة, وهكذا تتوالى المعجزات على موسى عليه السلام وهم يزدادون عتوا وكفرا.

وعندما وصل موسى وأصحابه أبواب فلسطين أخبرهم بأن الله يأمرهم أن يدخلوا بيت المقدس فقالوا ,أن قوما جبارين فيها فلن ندخلها حتى يخرجوا, اذهب أنت وربك فقاتلا فنحن قاعدون هنا , بانتظارك ....فتأمل هذا الشعب الكافر

المعاند, إن فيهم من الكفر والعناد ما لا يوجد في شعوب الأرض قاطبة على مر التاريخ , وقد عاقبهم الله على ذلك أشد العقاب وجعل عقابهم مستمرا الى يوم القيامة, وبعد هذه الحادثة حكم الله عليهم أن يتيهوا في الأرض أربعين سنة , فأصبحوا ضائعين لا يدرون كيف السبيل الى خروجهم .

وفي أثناء فترة التيه حدثت معهم قصة البقرة التي أمروا بذبحها فجعلوا يعيدون السؤال تلو السؤال إمعانا في العناد ورغبة في عدم التنفيذ لأوامر الله عز وجل على لسان نبيهم , وما كادوا يذبحون البقرة حتى أخذ موسى عليه السلام جزءا منها ورمى به الميت الذي لم يعرفوا قاتلة, فأحيا الله الميت بين أيديهم ونطق باسم قاتله فكانت هذه المعجزة الثالثة عشرة , ولكن هل أثّر ذلك في قلوبهم فألانها وجعلها رقيقة للعبادة والطاعة ؟ لكن الجواب كان قسوة كالحجارة بل أكثر من الحجارة قسوة .

وظل بنو إسرائيل في التيه أربعين سنة حتى أخرجهم الله على يد فتى موسى وهو نبي الله " يوشع بن نون" عليه السلام فأخرجهم الى الأردن وفي هذه القصص المتتالية دلالة على معاناة موسى مع بني إسرائيل الذين تعودوا الكفر والذّل وعناد الحق .

في عام ١١٨٦ قبل الميلاد قادهم " يوشع بين نون" نحو الأرض المقدّسة فذهبوا الى فلسطين , ولم يذهبوا الى بيت المقدس, ثم أمرهم نبيهم عليه السلام أن يدخلوا القرية ويأكلوا من حيث شاءوا بشرط أن يدخلوا الباب سجدا ويقولوا حطة- ومعناها- أن يا ربنا حط عنا خطايانا , أي اغفر لنا , فكانوا يقولون حنطة ظلما منهم وعتوا واستكبارا على أوامر الله تعالى , وسخروا من يوشع عليه السلام وقالوا نحن انتصرنا بقوتنا فقط, ولما أمرهم نبيهم أن يدخلوا الباب سجدا وركعا بعضهم استدار, ودخل القرية بمؤخرته, فتأمل هذا الشعب المعاند الكافر.

بقي اليهود في فلسطين وكانت عاصمتهم " أريحا" حتى مات (يوشع بين نون) عليه السلام , فتفرقوا من بعده وتمزقوا , وقامت بينهم الحروب, وأرسل الله لهم الأنبياء يقول النبي محمد (ص) كلما مات نبي قام نبي , وكانوا يعصون أنبيائهم بل اصبحوا فيما بعد يقتلونهم (زكريا ويحيى) عليهما السلام.

أول مملكة لليهود أنشأت في فلسطين كانت عام (٩٩٥)قبل الميلاد ولكن الكنعانيون واليبسيين كانوا أول من استوطن في فلسطين وحكموها فترة طويلة جدا من الزمن تعود الى سنة ٢٦٠٠ قبل الميلاد , وهذا تاريخ بعيد ضارب في القدم أي أنهم كانوا سكانا لفلسطين قبل أن تأتي اليهود إليها بـ ١٦٠٠ عام , وهذا ينفي أي حق لليهود بأرض فلسطين أو أي إدعاء لأقدميتهم بها , ومع العلم بأن فترة حكم داوود وابنه سليمان عليهما السلام لم تدم في فلسطين أكثر من تسعين سنة , تفرّق اليهود بعدها وتقطعوا في أرجاء الأرض.

وفي عام ١٩٦٣ قبل الميلاد توفي داوود عليه السلام وتولى من بعده حكم الدولة ابنه سليمان عليه السلام وهي النبي المشهورة قصصه في القرآن الكريم, وقد سخر الله له قوى الطبيعة وسخر له الجن والطير والحيوانات يعملون ما يشاء من محاريب وتماثيل وقصور وغيرها, ولما توفي سليمان عليه السلام تمزقت دولته بين أولاده وضعفت, وتورد بعض المصادر الى أن سليمان عليه السلام هو النبي الذي بنى الهيكل الذي يزعم اليهود وجوده اليوم , والصحيح الوارد في المصادر الأخرى المعتمدة أن النبي سليمان عليه السلام كان قد جدد بناء المسجد الأقصى القديم , ولم يبق هيكلا ,وإنما جاءت كلمة "هيكل " من كتب نبي إسرائيل المحرّفة والتي لا تعتمد دليلا أو سندا.

حقائق ثابتة ومصطلحات خطيرة.

حائط المبكى :

يستخدم العدو الصهيوني مسمى " حائط المبكى " أو الحـائط الغـربي حيـث يزعمـون أنـه يمثـل الجزء المتبقي من هيكلهم المزعوم , والمصطلح الإسلامي هو حائط البراق , ويقع في القطاع الجنوبي الغـربي من جدار المسجد الأقصى , وحائط البراق من المقدسات الأخرى, ولم يكن لليهود أي ارتباط بـه, حتى القـرن السادس عشر حيث اعتبر الحائط مقدّسا لدى اليهود بعد خروج يهود إسبانيا إثر سقوط غرناطـة , ونهايـة الحكم العربي الإسلامي فيها , وقد أقرت الهيئات الدولية بأن حائط البراق تعود ملكيته للمسلمين , فعندما حدث الخلاف على ملكيته بين المسلمين واليهود, أكـدت عصبة الأمـم في عـام ١٩٢٩ عـلى أن للمسلمين وحدهم تعود ملكيته الحائط وهو جزء لا يتجزأ من ساحة المسجد الأقصى التي هـي مـن أمـلاك الوقـف الإسلامي.

أسوار القدس:

تقسم مدينة القدس الى قسمين :الواقعة خارج الأسوار والقدس القديمـة والتـي تضـم جميـع الأبنية والمواقع الدينية والأثرية , الأخرى والمسيحية , وبلغ مساحة البلدة القديمة ٨٧١ دونم وهـي محاطـة بسور يحيط بها من جميع الجهات , وتبلغ أطوال هذا السور على النحو التالي :

السور الشـمالي ١١٩٧,٨ م , السـور الشرقـي : ٨٣٩,٤ م السـور الجنـوبي: ٩٨٩م السـور الغـربي ٦٣٥,٨: متر .ارتفاع السور:١١,٦ – ١٢,٣ مترا عدد الأبواب المفتوحة في السور (٧) عدد الأبواب المغلقة(٤).

هيكل سليمان.

يطلق العدو الصهيوني مسمى (هيكل سليمان) على المسجد الأقصى, حيث يزعم أن المسلمين أقاموا المسجد الأقصى على أنقاض المعبد الذي يعتقدون أن سليمان عليه السلام قد بناه, وعلى الرغم من هذا يطلقون على البقعة التي تحتوي المسجد الأقصى, ومسجد قبة الصخرة "هيكل سليمان" ويعمل العدو الصهيوني جاهدا من أجل توفير الأجواء لهدم المسجد الأقصى, وإعادة بناء الهيكل, ورغم أن اليهود مختلفون فيما بينهم حول شكل وموقع الهيكل إلا انهم متوحدون حول هدم الأقصى وبناء الهيكل المزعوم.

القدس الكبرى.

يستعمل الإطار الصهيوني ذلك المسمى (القدس الكبرى) أو القدس الموحدة للإشارة على اتساع القدس بشقيها الشرقي والغربي وازدياد المساحات التي تضاف إليها يوما بعد يوم بفعل مخططات الاستيلاء, حيث يهدف العدو الصهيوني الى التمدد غربا باتجاه تل الربيع (تل أبيب) وحتى حدود أريحا شرقا, بهدف إعادة صياغة المدينة حتى تنمحي معالمها الأخرى, وبغض النظر عما ستؤول إليه التسويات وما ستتمخض عنه بشأن القدس, فإن الشيء الثابت والراسخ أن هذه المدينة بكافة أبعادها وكل مكوناتها على اتساع مساحتها مدينة عربية إسلامية, ولن تكون غير ذلك.

المعتقلون الفلسطينيون.

يعمل العدو الصهيوني جاهدا لإبعاد صفة الحرب عن الوضع القائم على الأرض الفلسطينية, وإطلاق مصطلح (المعتقل) بدلا من (أسير) يأتي في هذا السياق, والهدف من ذلك تصوير المقاتلين الفلسطينيين على أنهم خارجون عن القانون, وأنهم فلول مجرمة تستحق الملاحقة والمحاكمة, وإطلاق مصطلح معتقلين

أو مطلوبين على المجاهدين ممن يقامون الاحتلال, يعني محاولة تسويق الأكاذيب والأراجيف الصهيونية التي تدّعي حق العدو الصهيوني في معاملة هؤلاء المجاهدين كمجرمين خارجين عن القانون وعدم معاملتهم كأسرى حرب .

جيش الدفاع.

مصطلح لم يجد طريقة بعد الى إعلامنا العربي والإسلامي , وينبغي الاحتراس منه, والحذر حتى لا يتسلل كغيره من المصطلحات , هذا المصطلح رائج وكثيف الاستعمال , في الإطار الصهيوني وهو يحاول إعطاء الانطباع بأن العدو الصهيوني يدافع عن نفسه , وأن الفلسطينيين والعرب هم من في وضع التعدّي , كما أن إيحاءات المصطلح تعني ضمنا إضفاء الشرعية على كل الأعمال التي تقوم بها قوى الاحتلال , ويرتبط به " وزير الدفاع" وهذه المصطلحات لا تنسجم وواقع الحال وما يجري على الأرض.

فجيش الدفاع " ليس سوى قوات احتلال تمارس أبشع الجرائم بحق الشعب الفلسطيني "

العمليات الإرهابية .

من أقبح المصطلحات وأفحشها ذلك المصطلح المنكر الذي يجافي كل الحقائق ويتجاوز كل الثوابت الشرعية , ومما يرثى له أن هذا المصطلح وما يمت له بصلات القرابة مثل مصطلح (العمليات) الانتحارية هذه المصطلحات التي دأب عليها الإطار الصهيوني , ووضعت على رأس مطالب العدو الصهيوني وشريكه الأمريكي بإجراءات يجب أن تتقيد بها السلطة الفلسطينية .

إسرائيل.

هذا المصطلح على وضعيته المجردة أو باستباقه كلمة دولة أو كيان يعد واحدا من أخطر المصطلحات التي تستدعي التوقف أمامها مليا, فمصطلح إسرائيل, أو دولة إسرائيل أو الكيان الإسرائيلي , يعني التسليم بوجود كيان شرعي تمثله دولة لها حدود معينة ويحظى بالاستقلالية , وهو بهذا المعنى تطبيع للمواطن العربي والمسلم على تقبل ذلك التواجد الصهيوني في إطار من الشرعية , واعتبار تلك الدولة المزعومة دولة لها سيادتها ونظمها وقوانينها وحدودها.

الفلسطينيون.

ربما يستغرب البعض أن يكون ذلك مصطلحا يدور في فلك التوظيف الصهيوني والحقيقية أن كل فلسطيني يفتخر بالانتساب لتلك الأرض المباركة وهذا المصطلح يكتسب أبعاده الصهيونية حينما يرد في سياق الحديث عن الشعب الفلسطيني بمصطلح الفلسطينيين , فالمغزى من ذلك أن الفلسطينيين ليسوا سوى مجموعات تعيش في كنف العدو الصهيوني ,وان مسألة حقوقهم ينبغي أن تدرك في هذا الإطار , وهذه الدعوة الممجوجة أطلقتها من قبل (جولدا مايئر) التي تساءلت باستخفاف قائلة (أين الشعب الفلسطيني)؟

عرب إسرائيل.

رغم أن هذا المصطلح من اكثر المصطلحات وضوحا في الدس والخداع فهو يصدق أولا على قانونية ومشروعية الاغتصاب الصهيوني للأرض الفلسطينية وهو يجنح ثانيا الى استلاب حقوق المواطنة الأصل من الشعب الفلسطيني صاحب الحق في أرضه, ومن ثم ينزع عنه صفة المواطنة , ويحوله الى شيء زائد على تلك الأرض ينسب بشكل هامشي الى الكيان القائم على النهب والغصب.

المطالب الفلسطينية .

يتحدث الإعلام الصهيوني ويكرر الساسة الصهاينة مصطلح (المطالب الفلسطينية) وهذا المصطلح لا يلقى جزافا , ولا يطرح اعتباطا، كمصطلح يحمل في طياته الكثير من التهوين وازدراء الحقوق الفلسطينية، ويجعل إمكانية التنازل عنها أمرا مستساغا , إذ ثمة بون شاسع بين (الحق) و(المطالب) فالحق ثابت راسخ لا يتغير ولا يتبدل ولا يجرؤ أحد على المساس به , فيما يبدو المطلب محض رغبة لشخص , ويحمل صفة (الآنية) وهذا يضعه تحت طائلة المساومات والتنازلات.

تاريخ اللغة العبرية.

اللغة العبرية تنتسب الى العبرانيين , الذين يقال أنهم سمو (بالعبرانيين) لأنهم عبروا نهر الفرات الى الشام بحسب رواية التوراة التي جاء فيها ما يلي " فأخذت إبراهيم أباكم من عبر نهر الفرات , وسرت به في كل أرض كنعان ".

وتوشك أن تكون رواية التوراة السابقة غير صحيحة لعدة أسباب تبطل صحتها وتكشف تحريف اليهود لها ومن هذه الأسباب ما يلي :

١- ورد اسم العبرانيين في المدونات المصرية القديمة قبل نزول التوراة ليدل على قبائل بدائية , كانت تعتمد الرعي في معيشتها .

٢- أن مصطلح (عبري) أو (هبري) هو لقب أطلق على القبائل البدوية التي كانت منتشرة في شمال الجزيرة العربيّة , في نحو الألف الثانية قبل الميلاد , ليدل على حالة البداوة , التي من أهم مميزاتها الترحال والتنقل والعبور .

٣- ويستند رأينا السابق في سبب تسمية اليهود بالعبرانيين , قول (إسرائيل ولفنسون) في كتابة تاريخ اللغات السامية حيث يقول : " إن بني إسرائيل بعد أن تمدنوا وعرفوا حياة الحضارة صاروا ينفرون من كلمة (عبري) التي كانت تذكرهم بحياة البداوة والخشونة".

ومما سبق نستنتج أن اللغة العبرية تنتسب الى بدو رحل لا الى عبور اليهود الى الشام , بحسب زعم اليهود, ونحن نسوق هذا التحقيق اللغوي والاصطلاحي , ردا على اللغويين اليهود في فلسطين الـذين يدعون أن اللغة العبرية هي لغة حضارية , دخلت التاريخ منذ عبور اليهود الى الشام, وليس ذلك كـذلك, لأنه إذا كان الأمة كما يعتقد اليهود وجب أن يكون موسى , عليه السلام , قد عاصر اللغة العبرية وتعلمها , وتشير الوثائق التاريخية إلى أن موسى لم يعاصر اللغة العبرية ولم يتقنها , حيث يقرأ أحـد مـؤرخي اليهود وهو (يوسيفيوس فلافيوس) أن موسى ولد في مصر , ونشأ فيها وتثقف بالثقافة المصرية ولم يخرج من مصر إلا ليواصل حياته المصرية بعيدا عن أذى الفرعون , ولم ير موسى فلسطين ,وتوفي قبل أن تظهـر العبريـة الى الوجود بأكثر من قرن ,فلغته كانت وبدون أدنى شك هي اللغة المصرية القديمة(الهيروغليفية).

ومن هنا نصل الى نتيجة في غاية الأهمية ترخص آراء اللغويين اليهود المحدثين الـذين جانبوا الحق في محاولة خاطئة في تدعيم لغتهم العبرية اعتمادا على توراتهم المحرّفة وهـذه الحقيقيـة هـي : أن اللغة العبرية هي اللغة السامية الوحيدة التي لم تلازم الناطقين بها منذ ظهـورهم في التـاريخ, ولم يـتكلم اليهود باللغة العبرية إلا بعد خروجهم من التيه, واستيطانهم فلسطين, وقبل ذلك كـانوا يتكلمون لغـات الشعوب المضيفة لهم ولقد ظهرت اللغة العبرية على مسرح التاريخ في حـوالي القرن العـاشر قبـل المـيلاد عندما هاجر اليهود الى فلسطين , ولقد مرت اللغة العبرية في حياتنا في طورين :

الطور الأول : فيمتد من القرن العاشر قبل الميلاد حتى القرن السادس قبـل المـيلاد عنـد سـقوط مملكة يهودا .

الطور الثاني: فيمتد من القرن السادس حتى قيام دولة إسرائيل في فلسطين سنة ١٩٤٨, حيث جعلت اللغة العبرية هي اللغة الرسمية للدولة .

ويلاحظ الباحث المتتبع لتاريخ اللغة العبرية, أن هذه اللغة لم ترق عبر عصورها لا السابقة ولا اللاحقة لتصبح لغة علم وحضارة بل كانت مجرد لغة طقوس دينية ليس غير.

ومن الملاحظ أن أحياء اللغة العبرية الحديثة يعود الى الحركة الصهيونية التي نشأت بين يهود العالم مع مطلع القرن العشرين.

ولقد اثبت اليهود بأحياء لغتهم الميتة قانونا مغايرا لجميع القوانين اللغوية في العالم, وهو عدم إمكانية أحياء لغة منقرضة, ومع ذلك استطاع اليهود أن يحيوا لغتهم ويجمعوا شتاتهم عن طريق توحيدهم في لغة واحدة .

ولقد تم حلمهم سنة ١٩٤٨ عندما أعلن رسميا أن اللغة العبرية هي اللغة الرسمية لدولة إسرائيل , وبدأ اليهود من هذه اللحظة بمحاولة إبادة اللغة العربية.

أسباب محاربة اليهود للغة لعربية في فلسطين:

تنقسم الأسباب التي تجعل اليهود يحاربون اللغة العربية في فلسطين الى قسمين وهما :

والقسم الأول: يقوم على التعصب الديني البغيض عند اليهود.

حيث أن الصراع الديني بين العرب واليهود صراع عميق الجذور, يمتد منذ البعثة المحمدية حيث أنكر اليهود رسالة الإسلام التي نطقت بها التوراة بأقاويل كثيرة مرموزة, قريبة من واضح التأويل , حيث جاء في توراة اليهود ما يلي : "جاء الله من طور سيناء واشرق لنا من ساعير , واستعان من جبل فاران, ومعه ربوة من الطاهرين عن يمينه" فهذه رموز لقيام الدليل على رسالة موسى, وعيسى , ومحمد

عليهم السلام , ومع ذلك ينكر اليهود هذه الحقيقة التي شهد لها العيان, ويصرون على أن لا دين إلا دينهم ولا لغة إلا لغتهم , لذا يمضون في استئصال اللغة العربية من جذورها في فلسطين باستئصال الجنس العربي من أرض فلسطين .

وأعمال اليهود النازية في فلسطين العربية في إبادة اللغة العربية كأنها رد على معروف المسلمين الذين لولاهم لما كان هناك أي وجود لليهود.

حيث أن اليهود لم يعرفوا طعم الطمأنينة إلا في ظلال الإسلام, إذ يقول أحد علمائهم وهو (نسيم رجوان) في حسن معاملة المسلمين لليهود ما يلي " أينما تقوم دولة الهلال يبدأ وضع اليهود في التحسين".

ولم يؤلف اليهود كتبا علمية في قواعد لغتهم إلا بعد أن تتلمذوا على يد العلماء المسلمين , لقد وضع (سعيد الفيومي) في القرن العاشر الميلادي النحو على غرار النحو العربي.

ولقد نقل اليهود الى لغتهم العلوم الأخرى , كالطب , واللاهوت والفلسفة مما حافظ على لغتهم من الانقراض.

ونعم اليهود بمنتهى الحرية والاستقرار في ظلال الإسلام في الأندلس حيث يقول (دافيد يا لين) أستاذ الأدب العبري الأندلسي في الجامعة العبرية في كتابة (فن الشعر الأندلسي) ما يلي :" لقد كان العصر الأندلسي العصر الذهبي الثاني للأدب العبري , وكان العصر الذهبي الأول عصر الكتاب المقدس".

ومع ذلك ,فان التعصب الديني البغيض , يدعو اليهود إلى إنكار هذا الجميل ومحاربة اللغة العربية بشتى الوسائل لإبادتها في فلسطين ,وهذا أمر طبيعي ومتوقع ينسجم مع معتقدات اليهود الدينية المحرّفة, حيث تركز هذه المعتقدات على الأساطير التوراتية لربط اليهود بفلسطين برباط مقدّس , ومحاربة كل ما هو عربي ,

حيث جاء في التوراة المزعومة ما يلي " في ذلك اليوم قطع الرب مع إبرام عهدا قائلا : لنسلك أعطي هذه الأرض من نهر مصر إلى النهر الكبير نهر الفرات"

فأرض إسرائيل التي يجب أن تمتد فيها اللغة العبرية على حساب اللغة العربية ليست فلسطين فحسب بل تضم كذلك (سوريا , والأردن, ولبنان, وفلسطين , ومصر) ومن أهم معتقدات اليهود الدينية التي يظنون أنهم يتقربون بها إلى إلههم (يهوه) تحرير هذه الأرض من العرب المحتلين , وتدمير معالم الحضارة العربية وطمس اللغة العربيّة كأثر شاهد على وجود العرب في فلسطين , حيث جاء في توراة اليهود المحرفّة ما يلي " وكلم الرب موسى قائلا: "وان لم تطردوا سكان الأرض من أمامكم , يكون الذين تستبقون أشواكا في جوانبكم ويضايقوكم على الأرض التي انتم ساكنون فيها".

من هنا يقول البرفيسور (الداد) زعيم حركة (من أجل ارض إسرائيل الكاملة) في صحيفة (معاريف) عن مستقبل عرب فلسطين ما يلي : " إن الحل الإنساني – في نظري- لتقوية دولة إسرائيل ,هو طرد العرب من أرض إسرائيل , ومكافحة لغتهم , حيث يوجد بيننا وبينهم خلاف موضوعي , وتناقض تام , فإما أن تكون ارض إسماعيل أو ارض إسرائيل , أنني اطالب بحقي في إحياء لغتي العبرية وحدها دون غيرها في أرضي , فلو كانت هناك محكمة دولية عادلة وطرح الموضوع أمامها لحكمت لنا بإحياء لغتنا في أرضنا وإبادة غيرها .

لذا لا نعجب, بعد سماع هذا القول , عندما نشاهد اليوم إسرائيل تحارب العرب ولغتهم العربية بشتى الوسائل لإبادة هذه اللغة لإحياء اللغة العبرية على أنقاضها وهذا ما يجري اليوم في فلسطين على مرأى من العرب أجمعين.

السبب الثاني " القسم الثاني " الذي يجعل اليهود يحاربون العربية في فلسطين, بلا هوادة, فهو العنصرية الممقوتة لدى اليهود , النابعة من التعصب الديني البغيض السابق الذكر.

فلقد أدت العادات والتقاليد الاجتماعية المتطرّفة , التي اصلها زعماء اليهود منذ السبي البابلي في الشعب اليهودي الى إيجاد روح عنصرية خاصة عند اليهود قلما نشاهد لها مثيلا لدى الشعوب.

ولقد أعطت الحركة الصهيونية في فلسطين والعالم قوة جديدة للروح العنصرية اليهودية , بالإنجازات العديدة التي حققتها لصالح اليهودية العالمية .

وفي عصرنا العلمي الحالي , أخذ علماء اليهود أنفسهم يفسرون هذه العنصرية ويؤكدون حقيقتها علميا, بعد أن أصبحت العنصرية بشكلها العاطفي مرفوضة ومكروهة عند جميع أمم الأرض .

واهم هذه المحاولات العلمية ما قام به العالم اليهودي (جورج لاخوفسكي) في كتابه (المدينة والجنون العنصري) عند معالجته عادات الطعام والزواج عند اليهود , حيث يقول :" يتبع اليهود في البلاد الشرقية الأصول الدينية الدقيقة في الأكل , وهذا يعطي دمهم خصائص رفيعة.

" وعندما يتزوج اليهود من بعضهم , يخلق اجتماع العروق التي يتآلفون منها نماذج فريدة بعنصريتها .... مما يثير الغيرة والحسد لدى الشعوب "

ولا شك أن هذه العنصرية البغيضة أدت كما يقول أحد الباحثين اليهود وهو (آرثر روبين) الى انعزال اليهود انعزالا واقعيا كاملا , وأزليا عن المجتمعات الإنساني .

ومن الواضح أن هذه العنصرية عند اليهود وتنسجم والنحلة اليهودية , حيث يرى اليهود أن جميع شعوب الأرض باستثناء اليهود (غوييم) وهي تطلق في العبرية " على كل من لم يقبل باليهودية كدين, وتعني بالنسبة لليهودي تارة العدو العالمي المكروه , وطورا السعادين المحتقرة, أو قطيع الأغنام الغبية , أو الرفعة الارثية التي أعطاهم إياها يهوه "

ولقد سئل أحد حاخامي اليهود وهو (موسى أبو العافية) ماذا يقولون عن الأمم التي هي خارجة عن بني إسرائيل ,فأجاب :" يقولون عنهم بهايم و حواوين , وان اليهود فقط بشر"

وفي الحقيقة أن هذه الروح الممقوتة من العنصرية عند اليهود , أدت الى تكييف نفوس وعقليات اليهود تكييفا خاصا, يقوم على غرس الحقد في نفوس اليهود ضد العرب , واللغة العربية , وإحياء اللغة العبرية بأيه وسيلة, حيث أن اليهود الذين هاجروا الى فلسطين ينتسبون الى اكثر من مئة دولة والى اكثر من مئة لغة ومع ذلك استطاعوا أن يجمعوا شتاتهم عن طريق وحدة لغتهم.

ونشطت الوكالة اليهودية في بداية ظهورها في فلسطين في تعليم اللغة العبرية لليهود, ومحاربة اللغة العربية بكل ما أوتيت من قوة لمحوها , وسنكشف عن بعض أساليب اليهود في محاربة اللغة العربية في فلسطين أن شاء الله .

أساليب اليهود في محاربة اللغة العربية في فلسطين.

انطلاقا من الأسباب والحقائق السابقة , التي تنم عن الأسباب الموضوعية التي تقود اليهود لإبادة اللغة العربية في فلسطين , يستطيع القارئ أن يرصد أساليب المكشوفة في تصفية اللغة العربية ومحوها من الوجود , وهذه الأساليب العدوانية تسير في مجال إبادة اللغة العربية في مسارين مدروسين بعناية, ومخطط لهما , وهذان

المساران أجزاء من مناهج الإبادة الواضحة التي ينفذها اليهود لإبادة العرب ولغتهم , وتنفذ هذه المناهج تارة بالحديد وأخرى بالرصاص .

أما المساران اللذان تسير عليهما الدولة اليهودية المحتلة في إبادة اللغة العربية في فلسطين وما جاورها من البلاد العربية منها :

١- اجتثاث اللغة العربية من كل اثر عربي لمحو هذه اللغة في نطاق الأمكنة العربية.

٢- محاربة اللغة العربية في مجال العربية المحض , وذلك لوقف نموها ومحاصرتها , ومن ثم استئصالها .

ولنا توضيح مفصل لهذين الأسلوبين فيما يلي :

أولا : أساليب اليهود في حرب اللغة العربية في فلسطين في مجال الأمكنة:-

تقوم بمحاربة اللغة العربية في فلسطين , في مجال الأمكنة , المؤسسات الصهيونية الرسمية وغير الرسمية وعلى رأسها (الناحال) وهي اختصار للكلمة العبرية "نوعر حالوتسى- لوحيم" أي " الشبيبة الطلائعية المحاربة وقد تأسست سنة ١٩٤٨ وهي تعتمد الزراعة والقتال في بناء دولة إسرائيل.

ولقد كتبت صحيفة (دافار) بعد حرب سنة ١٩٦٧ عن دور الناحال في مكافحة اللغة العربية ما يلي : " بيد أن الناحال يتدفق اليوم في جداول جديدة وليس سرا إذا قلنا " لقد آن دوره في تهويد أرض إسرائيل وإرجاعها الى سابق عهد الآباء والأجداد , وتغيير المعالم الطارئة عليها من العرب المحتلين ومن لغتهم الدخيلة".

وتساند الدولة الناحال بكل قوتها لمحاربة اللغة العربية في فلسطين هذا بالإضافة الى حركتي (هو شافيم" وغوش أمونيم) الاستيطانيتين وتبارز هذه

المنظمات الصهيونية التي تدعمها الوكالة اليهودية , نجحت أساليب اليهود في محاربة اللغة العربية في فلسطين , والحد من نشاط اللغة العربية وبدأت اللغة العربية تتراجع أمام اللغة العبرية, وأخذ اليهود يحرفون الأسماء العربية ويعبرنونها الى أسماء عبرية خاصة , ومن أسماء المدن العربية التي غير اليهود أسماؤها الى أسماء عبرية ما يلي :

١- نابلس : شكيم ومعناها النجد.

٢- طبرية : (كنروت) وتقع مدينة طبرية على الساحل الغربي لبحيرة طبرية التي أخذت اسمها من اسم البحيرة وهي شديدة الدفء في الشتاء, والحرارة في الصيف لانخفاضها عن سطح البحر (٢٠٠ متر) تشتهر طبرية بحماماتها الساخنة المعدنية وانتاج السمك , وتقع في قضاء طبرية قرية حطين وسهل حطين الذي جرى على أراضيه معركة حطين الخالدة عام (٥٨٣هـ) وانتصر فيها المسلمون بقيادة (صلاح الدين الأيوبي).

٣- جنين : (عين جنم) أي عين الجنان , سميت بهذا الاسم لسبب الجنائن التي تحيط بها , تقع على سهل مرج ابن عامر والذي يعتبر من اخصب أراضي فلسطين وتكثر فيه الينابيع , كانت تقع مكان مدينة جنين قرية (عين جنيم) التي أقامها الكنعانيون , وكان الموقع عرضه للغزاة عبر التاريخ, وكانت تتعرض للتدمير والخراب.

في القرن السابع الميلادي دخلها العرب المسلمون وعرفت البلدة لديهم باسم جنين , بعد عام ١٩٤٨م هاجم الصهاينة قرى جنين في صرح ابن عامر واحتلوا كثيرا منها,وقبل أعوام معدودة أقدم اليهود على أبشع مجزرة في العصر الحديث حين قاموا باحتلال المدينة وارتكاب المذابح المخزية والتي تستر عليها العالم ممثلا بهيئة الأمم المتحدة .

٤- بيسان (بيت شعان أو بيت شان) , تقع الى الجنوب من بحيرة طبرية وتبعد نحو (٦) كيلو متر من ضفة نهر الأردن الغربية وتنخفض عن سطح البحر ١١٨متر قد سقط جميع قضائها بعد نكبة عام ١٩٤٨ تحت سيطرة القوات الصهيونية , استعمر المغتصبون جميع قرى هذا القضاء وأقيمت مكانها المستوطنات والقرى الزراعية , استولى الأعداء على بيسان في ١٩٤٧/٥/١٢ بعد أن حارب مجاهدوها من فلسطين دفاعا مجيدا ضد اليهود الذين كانوا يفوقونهم عددا وعدة , قام اليهود بترحيل سكان بيسان بالقوة الى سوريا والأردن وهكذا لم يبقى في هذه المدينة العريقة أي عربي .

٥- دير ياسين : (جبعات شاؤول) تقع الى الغرب من القدس , وتبعد عنها ٤ كم , وقعت فيها مجزرة في ١٩٤٨/٤/٩ ووقع ضحيتها ٢٥٠ شخصا بينهم أطفال ونساء وشيوخ ونظمتها عصابة (آرجون) وعصابة (يثيرن) بلغت مساحة أراضيها المسلوبة ٢٩٠٠ الف دونم أقيمت عليها مستوطنات مختلفة.

٦- القدس :(يورشليم أو أورشليم) وللقدس عند المسلمين لها قدسية خاصة وعند اليهود مكانة خاصة في نفوسهم حيث ارتبطت بأساطير التوراة منها : " كيف نرنم ترنيمة الرب في ارض غريبة ؟! ليلتصق لساني بحنكي أن لم أذكرك وان لم أفضل أورشليم على أعظم فرحي

ومن الملفت للنظر أن فكرة دولة إسرائيل بقيت حية في وجدان اليهود في كلمات هذا المزمور, وان منها نبتت بذور الصهيونية العالمية .

إذ أن القدس رمز لفلسطين بكاملها , وتهويد القدس يعني تهويد فلسطين بأسرها , وهذا يفسر لنا تهافت اليهود المسعور على تهويد فلسطين.

٧- الخليل :(جبرون)وتعني في لغتهم " الصحبة "

٨- بئر السبع : (بيئر شيبع)

٩- بيت لحم :(بيت ليخم)وتعني في لغتهم بيت الخبز في حين أن دلالتها العربية تـدل عـلى الخصب.

١٠- صفد :-(زفيت ,أو زفيت)

١١- زرعون :- (يزراعيل)أي " الـله يزرع "

١٢- المجدل:(مجدال) .

القرى التي تم تغير اسمها .

١- آبل القمح: (كفار يوفال) وتقع القرية على جدول يأتي مـن مـرج عيـون في الجنـوب مـن (المطلة) وعلى مسيرة ١٩ كم للشمال من بحيرة الحولة.

٢- السافرية :(كفارهبّاد) وتقع في قضاء مدينة اللد والبعض يقول يافا وتشـتهر بالحمضيات والزراعة السمسم.

٣- منصورة الخيط :(كفار هناسي)وتقع في الشرق من صفد, وفي الغـرب مـن نهـر الأردن, في نحو منتصف المسافة بين بحيرتي الحولة وطبرية.

٤- قرية السموعي :- (كفار شماي)وتقع غرب صفد وعلى نحو خمسة كيلو مـترات للشـمال الشرقي من فراضية.

٥- صفصاف :(سفسوفا) تقع شمال عربي صفد .

٦- ألجش : (جوش حلاف) تقع في الشمال الغربي من صفد.

٧- الرأس الأحمر: (هار أدمون)تقع شمال مدينة صفد.

٨- النبي يوشع : (متسودات يوشه)تقع في الشمال من مدينة صفد.

٩- سعسع :(ساسا).

الجبال التي تم تغير أسماؤها .

١- جبال السامرة : جبال شومرون

٢- جبال الخليل : جبال يهودا

٣- جبال نابلس : جبال شكيم

٤- جبال عجلون : جبال جلعاد

٥- جبال الشيخ : جبال حرمون

٦- جبال الزيتون : جبال هزيتيم

٧- جبل عروس : هار هيلل وتقع في أراضي قضاء عكا في نحـو منتصـف الطريـق بـين قريتـي السمّوعي وبيت دجن .

٨- جبل حيدر : هار هاري ويقع في أراضي قضاء عكا قريب قرية بيت دجن الجنوبي.

٩- جبل عداثير: هار أدير ويقع في ظاهر قرية سعسع الغربي وفي الجنوب من قرية " رميش" اللبنانية.

القلاع التي أخذت أسماء عبرية.

١- قلعة روشبينا : على مدخل قرية الجاعونة الجنوبي.

٢- قلعة يُسود همّلعه : اسمها بالعربية (زبيد) تقع بجوار أرض الخيط .

٣- قلعة مشمار هايردن: اسمها بالعربية حارس الأردن(جسربنات يعقوب).

٤- كفار جلعادي: تقع على بعد سبعة كيلو مترات للجنوب من المطلة .

٥- أيليت هشحر: نجمة الصبح , تقع في الجنوب من قرية الحسنية .

٦- أشمورا : (الدردارة) بنيت على الضفة الشرقية لنهر الأردن عند الحدود السورية.

٧- قلعة أفيفم : أقيمت على أراضي قرية (صلحة).

٨- اليفليط: أقيمت على أراضي الزنغرية.

٩- أميريم : أقيمت على أراضي فراضية الشرقي .

١٠- برعام : كفر برعم.

١١- قلعة جاووت : شمال جسر بنات يعقوب على أراضي مزارع الـدر دارة ومعنى (جـاووت) شواطئ النهر , نسبة الى الأردن المجاور.

١٢- جونن : تقع على أراضي عرابة.

١٣- قلعة دوفف : تقع بالقرب من الحدود اللبنانية للشمال من قرية سعسع .

١٤- ساسا: تقع في قرية سعسع .

١٥- قلعة قربات شمونا : بمعنى المدينة الثمانية .

١٦- قلعة متسودات يوشع : بجانب قرية النبي يوشع .

١٧- مارغا ليوت : تقع أمام الحولا اللبنانية .

١٨- هاغوشريم : تقع في الجنوب الغربي من الخالصة .

١٩- قريات سارة: تقع على جبل كنعان في ظاهر صفد الشمالي الشرقي .

٢٠- الماغور: تقع عند مصب نهر الأردن في بحيرة طبرية.

٢١- قلعة الحصن : كفار سماح أو سوسيتا تقع على ساحل البحيرة .

وغيروا كذلك أسماء سهول فلسطين :

١- غور طبريا : كنورت

٢- مرج ابن عامر : عميق يزراعيل .

٣- مجد الكروم : بيت هكيرم.

٤- سهل حيفا : زيولون.

٥- السهل الساحلي : الشارون .

وهودوا كذلك أسماء أودية فلسطين منها :

١- وادي عبدان : نهال كورازين.

٢- وادي العمود : نهال آمود.

٣- وادي الرَّبضية : تسالمون ويعرف بأسم وادي التفاح .

٤- وادي الحمام : نهال هاونيم أو هود الى اربيل .

٥- وادي التماسيح : هود الى تنينيم .

٦- قناة طبرية : رأس العين إيشد كنروت.

وهودوا كذلك أسماء انهار فلسطين منها :-

١- نهر العوجا : نهر اليرقون

٢- نهر المقطع : نهر قيتشون

٣- نهر بانياس : نهر حرمون :

وفي مجال تصفية اليهود للغة العربية في فلسطين في نطاق الأمكنة يحاول اليهود إطلاق أسماء عبرية محضة على المستوطنات التي ينشئونها في فلسطين , وهذه الأسماء لرجال خدموا إسرائيل خدمات جليلة , ليكون ذلك عاملا في تكريس الولاء لهؤلاء البناة لإسرائيل ومن هذه الأسماء :

١- جبعات حاييم : ومعناها " تلة حاييم " نسبة الى حاييم ارلوزورف أحد مؤسسي الصهيونية.

٢- كفار ابن يهوذا : نسبة الى اللغوي ابن يهوذا

٣- تل موند : نسبة الى الصهيوني الفرد موند , الذي حاز على لقب لورد في بريطانيا .

٤- كفار هس : نسبة الى اليهودي هس المتوفى سنة ١٨٧٥م .

٥- ياد حنة : نسبة الى حنة سرنيس وهي احدى اليهوديات التي أعدمها الالمان في الحرب العلمية الثانية .

٦- يديديا : نسبة الى الفيلسوف اليهودي يديديا المتوفى سنة ١٩٤٠ في الإسكندرية .

وسار اليهود قدما في حرب العربية ومحو آثارها من جميع آثار فلسطين حتى أسماء الشوارع والحارات والأشجار والعيون وما الى ذلك.

ويحاول اليهود في مجال إبادة اللغة العربية في فلسطين ,إقامة الدليل على أن فلسطين لهم منذ القدم وان اليهود كانوا موجودين في كل شبر من أرض فلسطين , ويدرسون هذه الأفكار لأجيالهم ,وحيث جاء في جغرافية الصف السابع العبري التي تدرس للشباب اليهود ما يلي " وبعد موت محمد خرجت جيوش العرب من شبه الجزيرة العربية واحتلت بلادا قريبة وبعيدة مثل أرض إسرائيل والعراق "

فلذا ما من اثر تاريخي كبير أو صغير , يوجد في فلسطين ما يربط اليهود, ويستغل في تنشئة أجيال اليهود تنشأة بالحقد والتعصب لأرض الأباء والأجداد فلقد جاء في المصدر السابق في تسمية مرج ابن عامر (بعميق يزراعيل) ما يلي :" ويعود السبب في تسمية عميق يزراعيل بهذا الاسم , نسبة الى المدينة يزراعيل - التي تعني الله يزرع - ولقد امتازت هذه المدينة في عهد الملوك العبرانيين ,كمشتى وقد عرف المرج كذلك في التوراة " بسهل مجيدو نسبة الى مدينة مجيدو القديمة .

عن سبب تسمية بحيرة طبرية بـ" كنيرت " ما يلي " وتسمى بحيرة طبرية كنيرت نسبة الى آلة طرب عبرية قديمة تسمى كنور.

إن غور الأردن يقسم أرض إسرائيل الى قسمين :

١. ارض إسرائيل الغربية

٢. ارض إسرائيل الشرقية .

وحدود إسرائيل الشرقية هي الصحراء السورية , ومعنى هـذا بحسب لغـة اليهود أن المملكـة الأردنية الهاشمية داخلة ضمن حدود إسرائيل.

ومن الطبيعي أن تخلق المناهج التربوية العبرية السابقة المعبأة بسموم الحقد , انسـانا يهوديا يحارب اللغة العربية بكل ما أوتي من قوة ليحيي اللغة العبرية على أنقاض اللغة العربية .

ثانيا: أساليب اليهود في حرب اللغة العربية في فلسطين في مجال اللغة المحض.

أما في مجال اللغوي المحض , فإن اليهود يشددون من تطويق اللغـة العربيـة , ومحاربتها بكـل طاقاتهم وبكل ما يملك اليهود من وسائل حديثة , لإبادة اللغـة العربيـة , لـذا لا نعجـب إذا رأينا اللغة العبرية تتسع في فلسطين وتنتشر واللغة العربية تتراجع أمامها وتندحر وتنحسر .

فلقد امتدت اللغة العبرية في فلسطين لتشمل جميع شؤون الحياة وجميع المؤسسـات العربيـة الرسمية حيث دفعت باللغة العبرية واستبدلت أسماؤها بأسماء عبرية مخصة .

ولقد كان من الحصاد المر لمحاربة اليهود للغة العربية في فلسطين نشوء جيل من العرب يسـاير اليهود في إبادة اللغة العربية , يقول أحدهم في مجلة الأخبار الأخرى التي تصدرها وزارة الأديان اليهوديـة ما يلي :

" إذا كان الإسلام هو الدين العالمي فعلينا أن نحوّله الى لغـة عالميـة كالإنجليزيـة حتـى لا يكـون صعب الفهم , لأن هذه اللغة عالمية بعكس اللغة العربية فهي لغة بدو رحل جافة ".

ويقول آخر في المصدر نفسه :

" يا أيها السادة الكرام , لقد جاءنا القرآن بغير لغاتنا الأصل , فنحن وان كنا نتحدث العربية فجميع الظواهر تشير الى أننا لسنا عربا من حيث الأصل لا بل استعمرنا العرب , فاتبعناهم جهلا منا, وإذا أردنا التقدّم فلنستبدل القرآن بلغة عالمية , فما تقدّمت المسيحية إلا بعد أن نبذت لغتها الأصل واصبح الإنجيل بكتب جميع اللغات العالمية ,إذا فلا بدلنا من أن نتكيف مع اللغات العالمية , مسايرين التطورات الحضارية نابذين اللغة العربية جانبا إذا أردنا التقدّم والازدهار في حياتنا , والتحرر في لغة الصحراء الجافة "

وهكذا استطاعت إسرائيل بأساليبها المعهودة من ترغيب وترهيب أن تحارب اللغة العربية في فلسطين , ولقد نتج عن محاربة اللغة العربية نتائج خطيرة .

ورغم ذلك فهذه الأمة حية لا تموت وستبقى تدافع عن أرضها ولغتها بكل الوسائل المتاحة وإليكم أمثلة على ذلك من كل المواقع:

مطار اللد واليافطات العربية.

أثار عدد من الأعضاء العرب في الكنسيت هذه الحالة وألزموا شركات تجارية عديدة ومصانع أن يكتبوا على منتجاتهم باللغة العربية , كما ألزموا إدارة مطار اللد أن تضع لافتات بالعربية .

وقام الطلاب الجامعيون بدور أساسي من اجل تدريس اللغة العربية باللغة العربية في الجامعات الإسرائيلية وقد نجحوا في إحداث تغيير هام , وقامت جمعية " ذكريات " بكتابة أسماء الشوارع باللغة العربية , كما كانت قبل ١٩٤٨ وعلقت يافطات تدل على ذلك .

ودعت جمعية "إنسان " الى مؤتمر عقد في مدينة الناصرة قبل ثلاث سنوات لدراسة وضع اللغة العربية في البلاد , وقد أرسلت رسائل الى السلطات البلدية

والمحلية دعتها الى التعامل باللغة العربية , كما توجهت للتجار ورجال الأعمال أن يكتبوا أسماء محلاتهم بالعربية .

وأما المدرّسون العرب الذين دافعوا عن اللغة العربية , وحببوها الى الطلاب , فقد تتوج نضالهم بإقامة لجنة متابعة قضايا التعليم العربي , وهي لجنة شعبية غير حزبية اهتمت بوضع مشروع التربية للهوية الثقافية الوطنية والقومية للطلاب العرب الفلسطينيين من مواطني إسرائيل , وطالبت بإدخال الأدب الفلسطيني الى مناهج التدريس وزيادة حصص اللغة العربية في المدارس العربية وقد حققت هذه اللجنة إنجازات هامة.

أن حال اللغة العربية يقلق الكثير من العرب في إسرائيل , لذلك فلا غرابة إذا رأينا عدة أطر سياسية واجتماعية وثقافية تعمل على المحافظة على اللغة العربية , وتحبيبها للأجيال الناشئة , وتهتم بأن تحرسها وتحميها كما يحمي المرء بؤبؤ عينه .

وهناك دعوات ترفع لتغيير اليافطات التي يكتبها اليهود للعرب وذلك لعدة أسباب منها:

إنها بشعة ومليئة بالأخطاء , مثلا تجد لافتات مكتوبا عليها " مستشفة " أو "منطقة يجوز التدخين " أو " منطقة ممنوع السباحة " أو " طريق ضطر" ولعلهم يقصدون " طريقا خطرا " أو " وقف " بدل "قف " وغير ذلك , مما يجعل الأنسان العربي يبذل جهدا لفك شيفرة مثل هذه اللافتات , ولعل الأمر الأشد خطورة هو أن السلطات المحلية العربية , بلديات ومجالس , تتعامل مع مواطنيها باللغة العبرية فإيصالات الضرائب والمحاسبات باللغة العبرية , وكذلك فإن الأطباء , في عيادات المرضى والمستشفيات في المدن والقرى العربية يكتبون تقاريرهم الطبية بالعبرية الممزوجة باللاتينية , وكذلك الحال مع جميع المصارف فالبنك العربي موظفوه عرب , وزبائنه عرب فقط , أما المراسلات والمعاملات فهي كلها بالعبرية .

تكتلات شعبية دفاعية

هذا التغييب المقصود للغة العربية , هو نهج وسياسة استراتيجية, وهو توجه عنصري , وقد يعجب المراقب عندما يسمع اللغة العبرية في الشارع الإسرائيلي وفي أجهزة الإعلام وفي الأغاني والمسرح والسينما ويرى أن مئات الكلمات العربية قد دخلت إليها واغنتها في حين أن المؤسسة الرسمية تعمل جاهدة لتغييب هذه اللغة وتشويهها .

هذا الواقع المر لحال اللغة العربية في بلاد من المفروض أن تتكلم أرضها وشجرها لغة الضاد ,إننا ندعو الأطر السياسة العربية والمربين وبعض الجمعيات العربية , أن يفكروا بالأمر ويعالجوه وفق طرق وأساليب متنوعة .

أن جميع المخططات أثارت ردود فعل قوية فأصبح التمسك باللغة العربية والكتابة بها بدون أخطاء لغوية أو نحوية قضية قومية , فالمحافظة على اللغة لا تقل عن المحافظة على الأرض , بل قد تتفوق عليها .

وعلى الرغم من أن عدد المواطنين العرب في إسرائيل هو حوالي ٢٠% من عدد السكان , وان القانون يضمن للغة العربية المكانة الثانية الرسمية , أن المؤسسات الرسمية تتجاهل العربية والواقع الديموغرافي والنص القانوني , جهاز القضاء الإسرائيلي بما فيه محاكم الصلح والمحاكم المركزية ومحكمة العدل العليا , لا تتعامل مع اللغة العربية , حتى لو كان المتهم عربيا والمحامي عربيا, فالدفاع والقرارات والاستجوابات والمراسلات باللغة العبرية فقط .

وكذلك الحال مع الوزارات مثل الداخلية والأمن الداخلي والصحة والزراعة وغيرها , جوازات السفر بالعبرية فقط , شهادات الميلاد بالعبرية فقط , الكتابات على اللافتات في المطارات والموانئ ومعظم المستشفيات بالعبرية فقط ,

وتكون الطامة الكبرى إذا قررت بعض الدوائر استعمال اللغة العربية , لأنهم يكتبونها بخطوط يدوية .

تهويد اللغة

فمن قبل نكبة عام ١٩٤٨ كان هدف المؤسسة الإسرائيلية الصهيونية , محو الوجود الفلسطيني , من على خريطة الإنساني , وقد تمثل هذا بممارسات مبرمجة للمؤسسة العسكرية الإسرائيلية , تدعمها المؤسسات الثقافية والتعليمية التي تجندت للهدف عينه من مؤرخين ومفكرين وكتاب وصحافيين ومخططي ثقافة وراسمي سياسة , فماذا أنجزت هذه الخطط , وأين أخفقت , وهل العربية في خطر الفناء داخل إسرائيل ؟

إن الحركة الصهيونية أنكرت وجود شعب فلسطيني – فلسطين ارض بلا شعب لشعب بلا ارض – لذلك أنكرت وجود حضارة فلسطينية , وقد قال(يغئال ألون)في بداية السبعينات من القرن العشرين , وكان يومئذ وزيرا للمعارف والثقافة في حكومة غولدا مئير :" لو عاش شعب فلسطيني في هذه البلاد قبل عودتنا إليها لترك ثقافة ما ... حضارة ما ... ولكننا عدنا الى الوطن ولم نجد ثقافة أو حضارة , تدل على أن شعبا فلسطينيا قد كان هنا ".

ولكن حكام إسرائيل وبعد اتفاقيات الهدنة التي أعقبت حرب ١٩٤٨ وجدوا أنفسهم مع أقلية عربية بقيت منغرسة في الوطن , اعتبر بعضهم بقاءها خطأ تاريخيا, ووضع دراسات عديدة وخططا كثيرة لطردها وترحيلها, كما فكر بن غوريون , رئيس حكومة إسرائيل الأول , فقد ذكر الشاعر والكاتب الإسرائيلي البارز حاييم غوري في صحيفة " دافار" في ٧ حزيران ١٩٨١ (انه رأى على مكتب دافيد بن غوريون في وزارة الدفاع , في تل أبيب أيام حرب ١٩٤٨ لافتة كتب عليها , النص التالي المأخوذ من سفر الخروج الإصحاح ٢٣ عدد ٢٩ و ٣٠ "

اطردهم من أمامك في سنة واحدة لئلا تصير الأرض خربة فتكثر عليك – يا شعب إسرائيل –
وحوش البرية , رويدا , رويدا , اطردهم من أمامك الى أن تزداد عددا وتملك الأرض).

وأما البعض الآخر , فخطط لعبرنة الإنسان والأرض , وقد نجحوا في عبرنة أسماء الأراضي والسهول
والأنهار والوديان والينابيع وبعض القرى وبعض المدن , فمثلا غيروا اسم " وادي الحواريث " الى " عيمك
حيفر" و"نهر العوجا" الى "اليركون" و" نهر المقطع " الى " الكيشون" وصارت "يافا" اسمها " يافو"و "عكا"
اسمها " عكو " و"صفد " اسمها " تسفات" و" بيسان "اسمها " بيت شان "الخ .؟.

اللغة أهم من الأرض

ولكنهم فشلوا في عبرنه الإنسان العربي , ففي بداية الحكم الإسرائيلي على هذه الأقلية العربيـة ,
فكروا بتدريس اللغة العبرية فقط , في المدارس العربية من اجل تهويد وعبرنه هذه الأقلية , ولكن المحاولة
فشلت مما دعا بعض المفكرين الصهاينة الى البحث عن خطط بديلة , وفي ٢٥ (أيار) ١٩٥٦ دعا الياهو
اغاسي , من مفكرين حزب مباي , في مقال نشره في "دافار" الى نشوء نتاج ثقافي عربي باللغة العبريـة , كما
نشأ نتاج عبري باللغة العربية وبعشرات اللغات الأخرى وبمعنى واضح فقد دعا الشعراء والأدباء العرب في
إسرائيل الى الكتابة باللغة العبرية , ولما لم يجد اغاسي تجاوبا مع طموحاته , بل وجد مقاومة لها , طوّر بعد
حين دعوته الى كتابة عربية بحروف عبرية , كما فعل بعض الشعراء .

التعليقات

هاشم إبراهيم SA, ٢٠٠٥/ ٧/٢٠

ما أكثر الخطر الإسرائيلي على كل المقومات العربية , واللغة العربية هي نواة الأفكار العربية ,
ويبدو بأن إسرائيل لا تريد فقط الاستيلاء على الأرض, وإنما

تريد أن تقضى على اللغة العربية , وهذا بالطبع من أخطر الأمور التي لا بد بأن يتيقظ لها العرب من مسؤولين ومفكرين وأدباء وعلماء ومجاهدين .

علاء الدين شاموق , ٢٠٠٥/٧/٢٠.

يبدو لي أن المواطنيين العرب داخل إسرائيل يحصلون على حقوقهم أكثر من كل الأقليات العرقية في العالم العربي , فقط لنقارن بين حال المواطنين العرب في إسرائيل - كأقلية بحكم الواقع لا التاريخ - والأكراد في العراق وسورية.

أحمد مرزوق ٢٠٠٥/٧/٢٠ .

أهملنا لغتنا العربية الى حد الإهانة ... لا تتعجبوا تعقيبا على الخبر المنشور في ٢٠ (تموز) بعنوان خطر انقراض العربية في إسرائيل. أتساءل لماذا نتعجب من أناس يحترمون ،ويسعون لكل ما هو في مصلحتهم حتى لو كان على جثث الآخرين؟.

ويحترمون لغتهم لدرجة انهم جعلوها لغة تدريس العلوم على الرغم من أنها كما يقول علماء اللغة هي لغة لقيطة متطفلة على لغات أخرى وخاصة العربية، لماذا نتعجب منهم إذا فعلوا كل ما يحلو لهم من اجل الحفاظ عليها وتدمير لغة أعدائهم , لماذا نتعجب منهم ولا نتعجب من أهل اللغة العربية الذين يهينونها ويدوسون عليها و ينكرون عليها أن تكون لغة العلم والتعليم ويتعاملون معها وكأنه عار لا يجب التعامل به واخذ كل منهم يتعلق بأهداب وثقافة لغات أخرى وشعوب أخرى وأمم أخرى حتى أصبحنا كالخراف الضالة في عالم الفكر والثقافة والحياة واللغة , اللغة هي وعاء الفكر والحضارة والحياة و إذا أردت أن تتغلب على أمة ما فعليك أولا بلغتها فهوّن أمرها لدى أهلها وأجعلها بينهم غريبة ثم سارع فحطمها تحطيما وسخفها تسخيفا .

وحاصر كل ما من شأنه أن يبقي عليها أو قتلها من داخلها ببعث اللهجات والنعرات المحلية في كل مجتمع وكل بيئة بل وكل مدينة وقرية، وخصص أحسن الوظائف لمن يتقن لغة أخرى واجعل أعلى المرتبات لمن يتعامل بلغة أخرى واجعل تعليم اللغة الأخرى في سني التكوين الأولى لأطفال تلك الأمة أو ذلك البلد .

أرضعهم اللغة الجديدة . / وافطمهم على اللغة الجديدة .

وغذيهم باللغة الجديدة . / وعلمهم باللغة الجديدة

ووظفهم باللغة الجديدة / وغنى لهم باللغة الجديدة .

وابكِ معهم باللغة الجديدة

وأعلِ من شأن كل من يرفع علم اللغة الجديدة ومن يتمسك بلغته الأم فاسخر منه في السينما وأهزأ به في المسرح وصفه بالتخلّف واتهمه بالرجعية ودس عليهم فإنك عندما تدوس عليهم فإنك ترتفع درجة في سلم الحضارة .

عفوا أيها السادة فأولى بنا قبل أن نبكي على اللغة العربية في إسرائيل أن ندركها في المساحة الجغرافية الأكبر من مساحة إسرائيل في البلاد العربية وعندها ستنقذ نفسها في إسرائيل وفي غير إسرائيل إذا كانت اللغة العربية في إسرائيل في خطر فإن اللغة العربية خارج إسرائيل في خطر أقسى وأعظم .

هيثم إدريس , ٢٠٠٥/٧/٢٠.

قال الله تبارك وتعالى (إنا أنزلناه قرآنا بلسان عربي مبين , فاللغة العربية في فلسطين قبل ١٩٤٨ بخير طالما الفلسطينيون يسعون لتعلم القرآن الكريم , وما زُعم عن كون فلسطين ارض بلا شعب قبل ١٩٤٨ فهو باطل . ففلسطين هي أرض لشعب له حضارة وشريعة إسلامية في الغالب على مذهب الإمام محمد الشافعي , والإمام الشافعي ولد في عسقلان (غزة) سنة ١٥٠ للهجرة وقلد الناس مذهبه

السني في فلسطين وغيرها من البلاد حتى يومنا هذا , وروي عن النبي صلى الـله عليه وسلم انه قال : (عالم قريش يملأ الأرض علما) رواه احمد , وقال علماء القرن الثاني للهجرة أن الإمام الشافعي هو المقصود بحديث النبي صلى الله عليه وسلم ,والإمام الشافعي دفن في القاهرة سنة ٢٠٤ للهجرة ومسجدة معروف في العاصمة المصرية .

نتائج محاربة اليهود للغة العربية في فلسطين :

لقد نتج من محاربة اليهود للغة العربية في فلسطين نتائج خطيرة سنجمل بعضها :-

١- نشوء جيل من العرب المهودين الذين يتبنون فكرة التخلّي عن اللغة العربيـة واتباع آيـة لغة أخرى.

٢- يقوم بمحاربة اللغة العربية في فلسطين , علماء يهود متخصصون, مثل (عاموس عوز) مـن الجامعة العبرية و(موشي شامير) الشاعر العبري المعروف .

٣- يقدم اليهود الحوافز المادية والمعنوية لعرب الأرض المحتلـة للـتخلي عـن لغـتهم العربيـة واتباع اللغة العبرية .

٤- يحاول اليهود تغطيـة معـركتهم المكشوفة في إبـادة اللغـة العربيـة في فلسطين بالترويج لفكرة السلام التي يتخذون منها ستارا لتنفيذ مآربهم الواضحة في محو اللغة العربية .

٥- لقد نتج عن انتصار اللغة العبرية على اللغة العربية في فلسطين نشوء جيل مـن العـرب المتهودين الذين يسايرون اليهود في عاداتهم وتقاليدهم .

٦- ومن النتائج الخطيرة لمحاربة اليهود للغة العربية في فلسطين محاولة اليهود طمس معـالم الحضارة الأخرى في فلسطين وتزويدها لصالح اليهود.

٧- يعتمد اليهود في إبادة اللغة العربية على السرعة الزمنية حيث يقول عضو الكنيست (آوري أفيري) " إن قضية التهويد يجب أن تنفذ سريعا بواسطة أعمال إرشادية وتنويرية".

٨- ومن أخطر نتائج التهويد التي قامت بها إسرائيل في فلسطين لمحاربة اللغة العربية ترجمة القرآن الى اللغة العبرية ليتسنى للعرب الاطلاع عليه , والانحجاب عن اللغة العربية ولقد قام بترجمة القرآن الى اللغة العبرية (يوسف ربلين) ونسوق من أمثلة هذه الترجمة لسورة الإخلاص وهي : بسم الله الرحمن الرحيم , قل هو الله أحد , الله الصمد لم يلد ولم يولد ولم يكن له كفوا أحد " الترجمة العبرية " بريشوت هايحود, أمورهو ألوهيم ايحاد , فلو يليد فلو يلد , فاين دومي لو ا حاد"

٩- يدرس اليهود كيف انقرض الصليبيون في فلسطين ولغتهم لقرض اللغة العربية في فلسطين , ويدرسون أيضا كيف انقرضت اللغة العربية في الأندلس لقرضها في فلسطين وإبادتها .

١٠- يستعين اليهود بخبراء عالميين يخططون بمنتهى الدقة والسرية لمكافحة اللغة العربية ومحورها فلسطين .

وأخيرا نستطيع أن نقرر أن اللغة العربية في فلسطين في خطر حقيقي حيث تواجه خطر الإبادة , واللغة العبرية عالية عليها حيث تدعمها إسرائيل بكل قوتها , وإنا لنخشى إذا لم توضع الخطط البديلة لنصر اللغة العربية في فلسطين أن يحدث في فلسطين ما حدث في الأندلس من نهاية للعربية والعرب هناك .

وأخطر من هذا وذاك أن تقهقر اللغة مؤشر حقيقي على تقهقر الأمة, وهو أنها أمام أعدائها وذلك لأن اللغة هي سلاح العقل السليم الذي لا تتم حضارة ولا رقي وتقدّم إلا به , ولغتنا العربية التي أودعتها السماء رسالة خالدة , وأودعتها

الأرض نتاج حضارات إنسانية مخلدة , هـذه اللغـة تواجـه اليـوم في فلسـطين خطـرا مـن أشـد الأخطار التي ما واجهتها في تاريخ حياتها , فعلى المخلصين لها أن يتناءوا لنصرتها ووضـع الخطط لحمايتها إذا كان هنالك غيور عليها .

الفصل السادس

اللغة العربية في مواجهة الغزو الحضاري

الغزو الحضاري.

محاربة العربية الفصحى.

الدعوة الى اللاتينية.

الدعوة الى لغة علمية.

الدعوات العنصرية.

الهدف من محاربة العربية.

جزالة اللغة العربية وقوتها.

لغتنا وهويتنا.

التحديات التي واجهتها اللغة العربية.

المواجهة.

اللغة العربية وقضية التخلف.

اللغة العربية في مواجهة الغزو الحضاري.

اللغة في الحقيقة هي الإرادة التي تعبر عن حركة الفكر والنفس والعاطفة والروح لأي أمة من الأمم , وهي المقياس الذي تقاس به ثرواتها الفكرية والحضارية , ولهذا يلجأ علماء الاجتماع أحيانا الى اللغة ليستنبطوا منها خصائص الأمم وما لديها من خلفية حضارية وتاريخ عميق , وقد ارجع علماء اللغة كافة اللغات الى اصل واحد رغم ما نجده من اختلاف هائل فيما بينها .

واظهر علماء الاجتماع أن الإنسان الأول قد نشأ بين العراق وأرمينيا , وقد تفرقت الأجيال البشرية فيما بعد وانفصلت عن بعضها , فدخلت الى لغتها الأولى ألفاظ جديدة حسب الحاجة , وحدث فيها نمو اختلف في أسلوبه وشكله تبعا للظروف والأوضاع , حتى آخذت لغة كل قوم تبتعد شيئا فشيئا عن اللغة الأم الى أن اشتد الخلاف بينها وتفاوتت تفاوتا ذريعا حتى بدا وكأنها لغات مستقلة , وكان كلما قرب زمن انفصال الطوائف بعضها عن بعض زادت لغاتها تفاوتا , وكلما قرب زمن انفصالها كانت اقرب الى بعضها , لهذا نجد أن الفرنسية والإيطالية اقرب الى اللاتينية منها الى اليونانية .

وعلى أساس ذلك الانقسام والتشعب تعددت اللغات حتى قدرها البعض بثلاثة آلاف أو اكثر , غير أن بعض علماء اللغة يرون أن هناك ثلاثة أصول رئيسية تتشعب عنها كافة هذه اللغات وهي :

١- اللغة الآرامية : نسبة الى الآراميين وهم قوم كانوا يعيشون عند مصب نهري دجلة والفرات قبل ألوف السنين , وقد تفرعت عنها العربية والسريانية والقبطية والحبشية وغيرها .

٢- اللغة الطورانية : نسبة الى طوران في تركستان ومنها تفرعت التترية والتركية والصينية والجركسية والدانماركية والهنغارية .

٣- اللغة الإيرانية : المنسوبة لهضبة إيران , ومنها تفرعت الفارسية والهندية واليونانية واليونانية واللاتينية وما تفرع منها من لغات أوروبية .

ومن حيث التطور قسم علماء اللغة , اللغات الى مجموعتين كبيرتين:

١- اللغات المختلفة : وهي اقل إبانة عن المعاني وابسط الفاظا وتركيبا, وغالبا ما تكون أحادية المقاطع وليس فيها فروق بين الاسم والفعل والحرف كالصينية واللغات الإفريقية .

٢- اللغات الراقية : وتتميز بسعة مداها في التعبير عن المعاني وغناها في الألفاظ , وقدرتها على إسعاف المتكلم بالألفاظ التي يتمكن بها من التعبير عن خلجات صدره ومكنونات نفسه وأفكاره , وعواطفه بدون عناء , وهي تقسم بدورها الى طائفتين : غير متصرفة ومتصرفة. فالأولى هي اقل تطورا عن الثانية.

وتمتاز بكونها مؤلفة من أصول جامدة , والاشتقاق فيها يقوم على إلحاق أدوات لا معنى لها في ذاتها بآخر تلك الأسماء كحال اللغة التركية , أما المتصرفة فتقسم الى طائفتين عظيمتين هما :

١- الآرية أو الهندية الأوروبية : ويكون الاشتقاق منها بإضافة أدوات يدل أكثرها على معنى مستقل , وتلحق في الغالب بآخر الألفاظ وأحيانا أولها , مثل اللغات الهندية والفارسية والإنجليزية والفرنسية والأوضاع.

٢- السامية : نسبة الى سام بن نوح "ع" وهي أرقى اللغات وتقع العربية في رأس الهرم منها لاحتوائها على كل الخصوصيات الضرورية لأية لغة متصرفة حية وتمتعها بمزايا إضافية لا نجدها في اللغات المتصرفة.

محاربة العربية الفصحى.

وجد الغزاة في اللغة العربية سدا عظيما يحول دون وصولهم الى أهدافهم العدوانية , فقرروا أن يحطموا ذلك السد شيئا فشيئا فوجدوا في "العامية" السلاح الذي يمكن أن يحقق لهم ما يصبون الى تحقيقه , فظهرت الدعوة الى العامة أولا في كتابات عدد من المستشرقين , وكانت بادئ ذي بدء دعوات هادئة ومغلفة بالنصح والإرشاد والحرص على العرب ومستقبلهم وتطورهم , ويقف في طليعة من حرض على الإعراض عن الفصحى والأخذ بالعامية كتابة وتكلما هو المستشرق الألماني الدكتور (ولهلم سبيتا) وكان مديرا لدار الكتب المصرية في أواخر القرن التاسع عشر , فقد اصدر كتابا عام ١٨٨٠م اسمه "قواعد اللغة العربية العامية في مصر-" ركز فيه على إثارة روح العنصرية ضد العربية , وتباكى على المصريين بسبب تشبثهم بالعربية الفصحى :" وأخيرا سأجازف بالتصريح عن الأمل الذي راودني على الدوام طوال مدة جمع هذا الكتاب وهو أمل يتعلق بمصر- نفسها , ويمس أمرا هو بالنسبة إليها والى شعبها يكاد يكون مسألة حياة أو موت , فكل من عاش فترة طويلة في بلاد تتكلم بالعربية يعرف الى أي أحد كبير تتأثر كل النواحي النشاط فيها بسبب الاختلاف بين لغة الحديث ولغة الكتابة .... وبالتزام الكتابة بالعربية الكلاسيكية القديمة لا يمكن أن ينمو أدب حقيقي ويتطور , لان الطبقة المتعلمة القليلة العدد هي وحدها التي يمكن أن يكون الكتاب في متناول يدها ".

وفي محاولة منه لتهدئة الاعتراضات المحتملة على هذه الأعلى لجأ الى طرح السؤال التالي بمكر :" فلماذا لا يمكن تغيير هذه الحالة المؤسفة الى ما هو أحسن؟ ببساطة لأن هناك خوفا من تهمة التعدي على حرمة الدين إذا تركنا لغة القرآن تركيا كليا " ثم يضيف "أن لغة الصلاة والطقوس الدينية إلا ستظل كما هي في كل مكان ".

وهو في هذا الجواب الذي تصور انه سيخدع به الشعور الإسلامي أراد للعربية أن تظل لغة طقوس وصلا بعيدة عن مسرح الحياة , وبالتالي كي يحصر القرآن والإسلام في زاوية المسجد لا غير , وهو الهدف الذي يسعى إليه المستعمرون , ومهد له التبشير والاستشراق ومشاريع التغريب ... أو بعبادة أخرى أراد للغة القرآن أن تكون كاللاتينية واليونانية والسريانية لا تردد إلا على ألسن الكهنة والقساوسة في المناسبات الدينية ولا يفهم الناس منها شيئا , كما تنبأ " سبيتا " في كتابة بموت العربية الفصحى كما ماتت اللاتينية , غائبا عن باله أن العربية غير اللاتينية , وان العربية لها قرآن يحفظها وتراث حضاري هائل يذب عنها ويضخ فيها روح القوة والصمود والشموخ.

ودعا الى هذه الفكرة أيضا المستشرق الألماني الدكتور (كارل فولرس) الذي تولى إدارة الكتب المصرية خلفا (لولهلم سبيتا) , وطالب بنبذ العربية الفصحى وضرورة الكتابة بالعامية , ووضع كتابا اسماه " اللهجة العربية الحديثة " طالب فيه ليس بإحلال محل الفصحى فحسب باستعمال الحروف اللاتينية لدى كتابة العامية أيضا !

كما حمل لواء الدعوة الى العامية أيضا المستشرق الإنجليزي " سلون ولمور" الذي تولى القضاء بالمحاكم الأهلية بالقاهرة إبان الاحتلال البريطاني لمصر , واصدر في ١٩٠١ كتابا يدعى "العربية المحلية في مصر " طالب فيه باتخاذ العامية المصرية لغة أدبية بدلا من الفصحى ووضع قواعد لها , ونادى - شأنه شأن ولمور - الى كتابتها بالأحرف اللاتينية .

واخطر الدعوات ضد الفصحى والمطالبة بإقصائها عن ميدان الكتابة والأدب دعوة المستشرقين الإنجليزي (وليم ولكوكس) الذي كان يشرف في عام

١٨٩٣ على تحرير مجلة الأزهر , فقد نشر في تلك المجلة مقالا عنوان " لم لم توجد قوة الاختراع لدى المصريين الى الآن ؟ " .

دعا فيه الى القضاء الفصحى والكتابة بالعامية , وربط بين الخطان قوة الاختراع والابتكار عند العرب وتقيدهم بالفصحى لدى الكتابة والتأليف , وأكد انهم متى ما كتبوا بالعامية نمت عندهم قوة الاختراع والإبداع ! ولم يوضح العلاقة بين الفصحى والتخلف في مضمار الاختراعات , أو بين بالعامية والرقي والاختراعي " وهل في العامية ذلك الاكسير الذي يدفع بالعرب نحو الاختراع والاكتشاف ويقدح في ذهنه القابلية على لاختراع ؟!

وفي عام ١٩٢٥ ترجم (ولكوكس) الإنجيل الى العامية , ثم نشر بالإنجليزية رسالة بعنوان "سوريا ومصر وشمال أفريقيا ومالطا تتكلم البونية لا العربية " زعم فيها أن اللغات العامية في الشام ومصر وبلدان المغرب العربي ومالطا هي نفسها اللغة الكنعانية أو الفينيقية أو البونية التي سبقت الفتح الإسلامي ولما تمت بصلة الى العربية الفصحى , وتحامل كثيرا على الفصحى واعتبرها لغة جوفاء لا تحمل أي معنى من المعاني السامية , فهو يقول :" من السهل جدا أن نرى في هذه البلاد ذلك التأثير المخدر الذي تحدثه الألفاظ الرنانة التي لا تفهم منها لفظة واحدة في نفس السامع , أن سماع مثل هذه الألفاظ يقتل في الذهن كل ابتكار بين أولئك الذين لا يقرؤون كما تقتله أيضا في نفس الطالب تلك الدروس التي تلقى عليه باللغة الفصحى المصطنعة التي تبلغ الرأس دون القلب , فتمنع من يتسمون بالعلماء في هذه البلاد من التفكير البكر " .

والهبت دعوة المستشرقين الى العامية حماس المنخدعين والمستغربين العرب فدعوا الى نبذ الفصحى والركون الى العامية مقدمين التبريرات غير المنطقية , بل انجرف في تيار تلك الدعوة الشرسة عدد من رجال الأدب العربي الذين لم يعرفهم

العرب إلا من خلال اللغة العربية الفصحى , وكان جزاء هذه اللغة أن يقابلوا إحسانها بالدعوة الى الإجهاز عليها ومحو آثارها !

وكان " لطفي السيد" من أوائل المصريين الذين حملوا لواء الدعوة الى قبر الفصحى وإحلال العامية محلها كما قدمت في مصر أيضا عشرات المشاريع في أسواقنا إلزام واصلاح الكتابة العربية كان أخطرها مشروع " عبد العزيز فهمي " الذي أثار موجة اعتراض شديد من قبل حماة العربية .

وانتقلت الدعوة الى العامية من مصر الى لبنان فتحمس لهذه الفكرة كثير من النصارى اللبنانيين مثل سعيد عقل وانيس فريحة ولويس عوض وغيرهم , وفي حزيران من عام ١٩٧٣ عقد في "برمانا "بلبنان مؤتمر هيأت له بعض الجهات الأجنبية , وحضره كثير من الأجانب جلهم من الرهبان اليسوعيين , وكان الغرض منه هدم معالم اللغة العربية والاهتمام بالعامية , وقد استنكره الشيخ عبد الحليم شيخ الجامع الأزهر .

وكانت هناك دعوات مصرية طالبت بلغة متوسطة بين العامية والفصحى , ويقف على رأس هذه الدعوات مزيد أبو حيدر, وتوفيق الحكيم, وأمين الخولي .

ودعا طه حسين الى شيء اسماه " تطوير اللغة !" بتبديل الخط العربي أو إصلاحه وتهذيب قواعد النحو والصرف .

التي ضبط بها القرآن الكريم والسنة النبوية , ولا يستعبد أن يكون طه حسين قد أراد التدرج في عملية إلغاء العربية , لأن الدعوة المباشرة قضية محفوفة بالمخاطر وقد لا يحالفها الحظ , وهناك من نادى بإلغاء صور , الإعراب في الكلام العربي واللجوء الى تسكين أواخر الكلمات .

الدعوة الى اللاتينية

أول من تزعم الدعوة الى الكتابة بالحروف اللاتينية هـو المبشر "ماسينيون" الموظف في قسم الشؤون الشرقية في وزارة الخارجية الفرنسية , وقد بث دعوته هذه في المغرب ومصر وسوريا ولبنان , وتابعة كولان وغيره , ثم شاعت هـذه الـدعوة بين خريجـي معاهـد الإرساليات فحملـوا لواءها في بيروت , المعبأة في مصر فقد جرت محاولات كثيرة أبرزها تلك التي دعا إليها لطفي السيد وقاسم أمين وسلامة موسى وعبد العزيز فهمي , وحينما دعا الأخير الى العدول عن الحرف العربي الى اللاتيني , تلقف سلامة موسى دعوته بالتشجيع وراح ينفخ في الداعين إليها : "قلما نجد الشجاعة للدعوة الى الإصلاح الجريء إلا في رجال نابهين لا يبالون الجهلة والحمقى , مثل قاسم أمين أو احمد أمين في الدعوة الى إلغاء الإعراب, أو مثل عبد العزيز فهمي حين يدعو الى الخط اللاتيني , والواقع أن اقتراح الخط اللاتيني هو وثبة المستقبل ,ولو أننا عملنا به لاستطعنا أن ننقل مصر الى مقام تركيا(!) التي اغلق عليها هذا الخط أبواب ماضيها وفتح لها أبواب مستقبلها " . ثم ينتهي سلامة موسى الى تقرير رأي فارغ :" وبالجملة نستطيع أن نقول أن الخط اللاتيني هو وثبة في الفور نحو المستقبل , ولكن هل العناصر التي تنتفع ببقاء الخط العربي والتقاليد ترضي بهذه الوثبة ؟" .

وكان أنيس فريحة أستاذ التاريخ واللغات السامية بالجامعة الأميركية ببيروت , في مقدمة دعاة اللاتينية بلبنان بذريعة تسهيل القراءة , ويعترض فريحة على اعتماد اللغة العربية لغة للجيل الحاضر لان قواعدها مستنبطة من القرآن الكريم والشعر العربي القديم :" ولكن لا يصح اعتماد اللغة- كما تحدرت إلينا مدونة – مصدرا لدراسة اللغة في عهودها السابقة , وذلك لان الذين استنبطوا قواعدها وضبطوا أحكامها اعتمدوا الشعر الجاهلي أولا ثم القرآن الكريم مادة

لغوية , ومتى كانت لغة الشعر ولغة الأدب والدين مرآة تعكس لغة الناس في معاشهم ومكاسبهم " ؟

ويسخر فريحة من اللغة العربية والدين الإسلامي معا حينما يقول :" فإن علينا في مواقفنا الرسمية أن نتكلم بلغة الإبادة الغابرة , علينا أن نعبر عن أحاسيسنا ودواخلنا بلغة وقفت في مجراها عند نقطة معينة من الزمان والمكان عندما أحيطت بهالة من التقديس وعندنا سيج حولها بسياج من الأحكام فوقفت في تطورها عند هذه النقطة من الزمان والمكان ".

وأدرك فريحة خطورة دعوته وعنف حملته على العربية والإسلام المرتبط بها والمرتبطة به فحاول أن يخفف من تأثير وطأة تلك الدعوة بطرح السؤال التالي :

" ولكن الناس أن يسألوا ماذا سيحل بالقرآن الكريم ؟"

ثم يجيب بنفسه على سؤاله :" أن القرآن الكريم سيخلد على ما هو عليه كما بقيت كتب دينية عديدة , فبرغم انحراف لغة الناس عن لغة هذه الكتب فإن لغة هذه الكتب قد حافظت على روعتها وجلالها ومقامها الديني, هناك لغة التوراة الإنجليزية المعروفة بترجمة الملك جايمس , فإنها مع قدمها تعتبر في الإنجليزية - الى جانب مقامها الديني - قطعة أدبية رائعة وقل مثل هذا في لغة شكسبير فإنها حافظت على كيانها ومقامها , وفي لندن اليوم مسرح مشهور يعرف بـ Ole vic لا يمثل فيه إلا روايات شكسبير بلغتها القديمة وبشعرها القديم وتعابيرها القديمة .... وها هي الكنيسة الكاثوليكية فإنها تعتبر الترجمة اللاتينية للتوراة لغة الكنيسة الرسمية , ولا يكون القداس إلا باللغة اللاتينية , وقل مثل هذا في الكنيسة الأرثوذكسية التي حافظت على اللغة اليونانية التقليدية , والكنيسة المارونية التي احتفظت باللغة السريانية والكنيسة المسيحية الحبشية التي احتفظت باللغة السامية القديمة المعروفة بلغة الجفر" وهكذا يبدو وبكل وضوح انه يريد أن يقصر العربية

على المسجد والقداس لا غير ويقتطعها والدين الذي تعبر عنه وتتحدث باسمه عن الحياة في جميع شؤونها , وهو الهدف الذي يسعى إليه الاتجاه للإسلام وللعالم الإسلامي .

الدعوة الى لغة علمية

لعل الكاتب سلامة موسى يقف في طليعة خصوم اللغة العربية في الربع الثاني من القرن العشرين , ولعل اللغة العربية لم تجد أشرس منه من بين جميع خصومها هذه الفترة أيضا , كيف لا وقد تحدث عنها قائلا :" ورثناها من بدو الجاهلية في عصر الناقة ويراد لنا أن نتعامل بها في عصر الطائرة

وهو هنا يقر بحقيقة تغافل عنها أنيس فريحة , وهي أن اللغة متى ما أصبحت لغة كهان ومعابد انقطع الاتصال العضوي بينها وبين المجتمع , لكنه وبدلا من أن ينحى باللائمة على العامية نراه يوجه أصابع اتهامه الى الفصحى ويطالبها بلملمة أذيالها وفسح المجال للعامية التي تختلف من إقليم لآخر , بل ومن منطقة لأخرى داخل الإقليم الواحد.

ولم يكتف سلامة موسى بهذا بل رد كل مظهر من مظاهر التخلف في مجتمعنا الى العربية التي وصفها بالخرساء , كما أن العربية نفسها مسؤولة – من وجهة نظره – عما يعوز المجتمع العربي والإسلامي من عدالة اجتماعية كما أن جرائم الدفاع عن العرض هي جرائم لغوية اكثر وحوادث الجنون ناجمة عن اللغة العربية .

ويتمادى سلامة موسى في استهجانه للعربية فيتحدث عن الإنجليز فيقول : " انهم يفرقون بين نوعين من الحب باستعمالهم كلمتي Love و Like , على حين لا نجد في لغتنا غير كلمة "احب" نطلقها على الحب البيولوجي وحب الملوخية ... نطلقها عليها جميعا لأننا كالمتوحش حين يسمي ما زاد على العشرة : كثير "

ولا أدري ما العلاقة بين قلة المفردات المعبرة عن الحب – حسب زعمه – المتوحش الذي يرى ما يزيد على العشرة كثيرا ؟ ثم من قال أن اللغة العربية لا تميز بين نوعين من الحب ؟ أنها تفرق بين كافة أنواع الحب , بل أن فيها مفردات تعبر عن درجات الحب الواحد : فأين هو عن الهوى , والعلاقة , والكلف , والعشق , والشعف , واللوعة , والشغف , والجوى والتيم , والتبل , والتدلية , والهيوم ؟

ولم ينته عند هذا الحد بل يمضي قائلا:" أن هذه اللغة لا ترضي مثقفا في العصر ـ الحاضر , إذ هي لا تخدم الأفكار ولا ترقيها , لأنها تعجز عن نقل مائة من العلوم التي تصوغ المستقبل "

ولم يقدم دليلا علميا واحدا على عجز العربية عن نقل العلوم التي تصوغ المستقبل , عدا ذلك الكلام البعيد كل البعد عن الدراسة المنطقية والتحقيق العلمي.

ويحاول أيضا أن يعرف الرقي الذي يجب أن تصل إليه الأفكار فيقول " أن هذا الرقي يعني أننا نعيش المعيشة حيث تستند الحقائق الى البينات لا الى العقائد فيجب لهذا السبب أن تكون لغتنا علمية وثقافتنا كوكبية وكتابتنا لاتينية, وهو بهذه العبارة يكون قد عزف على الوتر الحساس الذي طالما حاول تحاشيه .... فهو لا يريد للغة أن تكون مستندة الى العقيدة ولا مرتبطة بها ! ولا يكتفي بهذا فكسب بل يطالب بأن تكون اللغة علمية , والكتابة بالرسم اللاتيني .

وقد اضطراب سلامة موسى بين الدعوة الى العامية ودعوته الى لغة علمية لا صلة لها بالقرآن ولا علاقة لها بالتراث اللغوي والحضاري مع الإصرار على استخدام الحروف اللاتينية بدلا من الحروف العربية .

وفي إطار دعوته الى اللغة العلمية , ناشد أيضا الكف عن الأساليب الأدبية, وأكد على الكتابة بلغة الأرقام !

وفيما يلي نماذج من لغته العلمية التي دعا إليها

خوف الغارت قد نفذ الى جميع مسامع المجتمع.

يمشي في تثاقل روماتزي

الوقوف كالخثرة في الدورة الاقتصادية المصرية .

يعاني تخمة ذهنية.

كان مذهب التطور من اعظم الخمائر الاجتماعية .

الاستقلال هو بؤرة الاشتعال الوطني

من الحركات المغنيطيسية التي تجذب الشبان

الحرب هي قاطرة التاريخ لأنها تجعل التطور

تجرثمت الفكرة عندي

وهكذا بإدخال ألفاظ الغارات والروماتيزم والخثرة والتخمة والخمائر والبؤر والمغناطيسية والقاطرة والجراثيم الى العبارات العربية , تغدو تلك اللغة علمية وعصرية حسب رأي سلامة موسى.

وقذف "أمين شميل " بنفسه في اتون المعركة أيضا نادى كذلك بالتخلي عن العربية بشقيها الفصيح والعامي واستعارة لغة أجنبية لتدريس العلوم الحديثة والتأليف فيها , لكي تحيينا علميا وثقافيا واقتصاديا , كما أكد على عقم كل محاولة تبذل لإحياء اللغة العربية التي وصفها بالمحتضرة !

الدعوات العنصرية

وفي سبيل توجيه ضربة قاصمة الى العربية والدين الإسلامي وتقويض أي أساس عربي إسلامي يقف عليه المسلمون , ارتفعت الأصوات منادية بالأعراق الميتة المندثرة , وجاءت تلك الدعوات كما هو معروف على لسان الأجانب أيضا , فقد حاول (غوستاف لوبون) أن يدق أجراس المصرية بين المصريين من اجل أن يقدح في نفوسهم شرارة التمرد على العربية ويهيأهم لقبول فكرة إقصائها عن الحياة , فقد قال :" وسوف ترى المصريين الذين تمردوا على حضارة الفرس والإغريق والرومان ولغاتهم , انتحلوا لغة العرب ودينهم وتمدنهم , وان مصر غدت بذلك اشد البلاد التي دخلت في دين محمد عروبة, وانه مع كثرة توالد المصريين والعرب الفاتحين وظهور مثال جديد اختلف عن الأشياء بعد جيلين أو ثلاثة , لدى تفوق نسبة المصريين العديدة من حيث النتيجة الى تقلص اثر الدم العربي في المصريين وان الفلاح المصري العتيد العربي بدينه ولغته , رجع ابنا لقدماء المصريين وصورة حية لهم" .

وتأثرا بتلك الدعوات التي انطلقت من الأفواه المعادية , انبرى مفكرون وكتاب عرب للدعوة الى الفرعونية واعادتها الى مصر كما تعالت الصيحات في لبنان داعية الى الفينيقية , وارتكزت هذه الدعوة على أن اللبنانيين هم أحفاد الفينيقيين القدماء الذين كانوا سكان الساحل اللبناني قبل العرب , وادعت بأن اللبنانيين تاريخيا ليسوا عربا وإنما هم خليط من أبناء الفينيقيين وأحفاد الإمارات الصليبية .

وفي العراق انطلقت بعض الحناجر في الدعوة الى البابلية والسومرية والحمورابية والنبوخذية, والادعاء بأن العراقيين الحاليين إنما هم أبناء لتلك الأقوام

التي أنشأت الحضارات في العراق قبل الميلاد , وان عليهم الاعتزاز بهم وإبادتها تراثهم , واستمداد العون والعزيمة من أرواحهم !

وقد فشلت هذه الدعوات فشلا ذريعا أيضا , وآية هذا الفشل ما يعترف به اكبر دعاة الفرعونية الدكتور محمد حسنين هيكل :" وانقلبت الشمس في تاريخنا البعيد في عهد الفراعنة موئلا لوحي هذا العصر ينشأ فيه نشأة جديدة , وروأت أن تاريخنا الإسلامي هو وحدة البذر الذي ينبت ويثمر , ففيه حياة تحرك النفوس وتجعلها تهتز وتربو "!

وما أروع ما خاطب به الأستاذ احمد حسن الزيات دعاة العصرية القديمة والفرعونية:

" هذه مصر الحاضرة تقوم على ثلاثة عشر قرنا وثلثا من التاريخ العربي نسخت ما قبلها كما تنسخ الشمس الضاحية سوابغ الظلال , أرهقوا أن استطعتم هذه الروح , وامحوا ولو بالفرض هذا الماضي , ثم انظروا ماذا يبقى في يد الزمان في مصر ؟ وهل يبقى إلا أشلاء من بقايا السوط , وأعضاء من ضحايا الجور وأشباح طائفة ترتل كتاب الأموات , وجباه ضارعة تسجد للصخور , وفنون خرافية شغلها الموت حتى أغفلت الدنيا أنكرت الحياة لا تستطيع مصر الأخرى إلا أن تكون فصلا من كتاب المجد العربي "الإسلامي " لأنها لا تجد مبررا لحيويتها ولا سندا لقوتها , ولا أساسا لثقافتها إلا في رسالة العرب , انشروا ما ضمت القبور من رفات الفراعين , واستقطروا من الصخور الصلاب أخبار الهالكين , وغالبوا البلى على ما بقي في يديه من أكفان الماضي الرميم , ثم تحدثوا الحديث عن ضخامة الآثار وعظمة النيل , ولكن اذكروا دائما أن الروح التي تنفخونها في مومياء, فرعون هي روح "عمرو" وان اللسان الذي تنشرون به مجد مصر هو لسان "مضر" وان القيثار الذي توقعون عليه الحان النيل هو قيثار " امرئ القيس".

الهدف من محاربة العربية

لا ريب أن الهدف هو تحويل التراث الضخم للامة الأخرى وفي مقدمته القرآن والسنة والشريعة الأخرى الى شيء تاريخي صرف لا يمكن معرفته إلا بواسطة المعاجم اللغوية وذلك لان الأفكار العربية إذا تنازلت عن لغتها الفصحى ولجأت الى العامية وكتبت باللاتينية , فإنها ستكون عاجزة عن فهم القرآن والوقوف على مضامينه , وبعبارة أخرى أن العامية لو انتشرت وحلت محل الفصحى , ستصبح لغة القرآن بمرور الزمن غريبة على المسلمين العرب , وبالتالي سينزوي القرآن وينحسر الإسلام تدريجيا وهو ما يهدف إليه الاستعمار الفكري والسياسي , فالهدف النهائي إذا تغريب المسلمين , أي حملهم على قبول الذهنية الغربية وتبلور الفكر الإسلامي وتطبع المجتمع العربي بالطابع الإسلامي المميز , فالتغريب يرى في بقاء اللغة العربية بقاء للإسلام وترسيخا للمبادئ الإلهية المناهضة لكل لون من ألوان الاستبداد والاحتواء والمصادرة , ودعما لوحدة الأفكار هذه الوحدة التي تتحطم على صخرتها كافة المؤامرات الفكرية والحضارية والسياسية .

أن الهدف من تلك الدعوات التي آزر الغرب الصليبي فيها أعداء الإسلام من داخل البلاد الأخرى هو كسر شوكة الإسلام وضرب طوق حول القرآن وتحويله في احسن الأحوال الى مجرد آيات تتلى في زوايا المسجد والمناسبات الدينية شأنه شأن الكتب السماوية, والقضاء على خاصية كونه دستورا للحياة ونهجا للبشرية ونظاما عالميا حيا لا تغير منه الأيام والظروف والحوادث, ومن اجل ذلك تكاتف أعداء الإسلام – كما أشرنا – لصد الأفكار الأخرى عن العربية وصرف العرب عن الفصحى , وتغذية اللهجات المحلية وتشجيعها وتضخيمها , والدعوة لتكون لغات للعمل والأدب والحياة اليومية , والكتابة بالحروف اللاتينية أو بأي حروف جديدة أخرى لا تشابه الحروف العربية.

ولو استطاع الأعداء أن يحملوا المسلمين عن التخلي عن الأحرف العربية أيضا وإحلال الحروف اللاتينية محلها – كما فعلوا بتركيا – فهو سيعني بالنهاية قطع صلة العرب والمسلمين بالقرآن والمؤلفات الدينية والأدبية واللغوية والتاريخية , وحينئذ يصبحون "وحدات" لغوية وفكرية وثقافية غريبة عن بعضها مما يسهل عملية ابتلاعها , وتنفيذ كافة المخططات التي يراد تطبيقها على هذه البقعة المهمة من العالم.

جزالة اللغة العربية وقوتها

عاشت اللهجات المحلية العربية – كما في باقي لغات العالم – الى جانب العربية الفصحى على مدى الزمن لغة تعامل شعبي وتفاهم محلي , لم تصل في أي يوم ما الى مستوى الفصحى , وليس في مقدورها أن تتحداها على أي صعيد , وبقيت الفصحى بما تمتلك من عوامل القوة والحيوية لغة الأفكار , لغة الدين والسياسة والأدب والتعليم والتأليف والثقافة والحضارة, لغة الوجدان والذوق والمشاعر.

ومهما يكن من تفاوت اللهجات المحلية وحريتها في الخروج على قيود الفصحى وقواعد اللغويين والنحاة ,فإنها لم تعد أن تكون لهجات شعبية للعربية , وليس من المتصور أن تحتمل أي لهجة منها على أن لغة قديمة قبل العربية , فحين نقول العامية المصرية أو الشامية والعراقية فليست إلا العربية على ألسنة أنكرت هذه الأقطار .

فالعامية عاجزة أن تكون لغة كاملة معبرة كل التعبير عن المشاعر والخلجات لأنها بدائية وغير ناضجة ولا تتمتع بأية خلفية حضارية ولا حصيلة علمية , فيما حملت الفصحى مشعل الدين والأدب والفنون المختلفة طيلة قرون من الزمن , كما أن العامية غير قادرة على تحقيق التفاهم بين كافة الأقاليم العربية

والإسلامية بل أنها لا تحقق التفاهم حتى بين أبناء الإقليم الواحد , وهي بهذا ستعمل على تمزيق وشائج التلاحم بين أبناء الأمة وتحطيم عرى الدين والفكر والعاطفة .

كما أن الحروف اللاتينية التي أريد لها أن تحل محل العربية هي الأخرى قاصرة عن التعبير عن العربية ورسم الأصوات العربية التي تنفرد بها لغة القرآن ,ثم لماذا اللجوء الى الحروف اللاتينية والحروف العربية اقدر من غيرها واجدر في التعبير عن لغتها ؟ فهل هو التقليد الأصم أم شيء آخر؟ وقد اعترف بهذه الحقيقية المستشرق الايطالي "نالينو" رغم عدائه للإسلام حيث قال :" أن الخط العربي مواقف لطبيعة اللغة العربية , ولو أردنا استبدال الحروف العربية باللاتينية لتحتم علينا حروف جديدة نضيفها الى الأبجدية اللاتينية الحالية لكي نعبر عن الأصوات العربية التي تمثلها حروف :ج-ح- خ- ش-ط-ظ-ص-ض-ع-غ, ولاحتجنا كذلك الى التمييز بين الحروف المتحركة الممدودة وبين الحروف المقصورة ".

أن متعلم الإنجليزية نفسه يعاني من عيوب الكتابة باللاتينية ما لا يعانيه متعلم الكتابة العربية , ففي الكثير من كلماتها حروف صامتة لا يحق للمتكلم النطق بها , ويجب على المتعلم أن يكتب تلك الحروف التي لا معنى لإضافتها وليس لها قاعدة ثابتة , وان يحفظ تلك الكلمات الكثيرة التي تحتوي على تلك الزوائد!

لقد بقيت العربية الفصحى اللغة العامية المشتركة , وكانت هناك رقابة شديدة وصارمة لحمايتها , ولكنها لم تتوقف لحظة عن الحركة والنمو في عصور نهضتها , ولم تجد عند قديمها معاندة للتطور, بل استجابة لدواعي الحياة , فكانت لسان الأمة في الدول الاسلامية الكبرى من أقصى المشرق الى أقصى المغرب , ولغة فكرها الحي الناضج , وكتاب علومها الأصيلة والمستحدثة , وأداة اتصالها بقديم

التراث الإنسان كما كانت أداة اتصال العرب بالحضارة الإسلامية التي استوعبت ثمار العلوم والمعارف من اقدم العصور الى فجر عصر النهضة والأحياء , ولو صح ما يقال عـن جمودها لاضمحلت وماتت بحكم قوانين الحياة وسنن الاجتماع اللغوي.

أن العربية قد صمدت في وجه كافة الغزوات الموجهة إليها , والسر في صمودها هو القرآن الكريم الذي التحمت به التحاما وثيقا منذ نزوله بها, وقد احدث القـرآن معجـزة أخرى تضاف لسلسلة معاجزه وهي أن العربي يستطيع أن يقرأ تراث القرون الماضية أن يتحدث مع النـاس دون صعوبة , واشار الباحثون الى ما تتميز به اللغة العربية من ثبات عجيب لا مثيل لـه ,الى درجة أن أحد المستشرقين الالمان دعا الغرب الى استخدام اللغة العربيـة لتدوين الآثـار الفكريـة التـي تبنـى عليها الحضارة وتستحق الخلود, ذلك أن المواطنين في آية لغة من اللغات الحاضرة لا يتجاوز فهمهم اكثر من إنتاج مائتي عام من التراث , المعبأة ما عدا ذلك فإنهم لا يستطيعون دراسته إلا بواسطة قواميس , وإن اقل مقارنة بين شكسبير مثلا في الأدب الأوروبي وبين المتنبي في الأدب العربي تكشف عن هذا الفرق البعيد , حيث أن العربي يقرأ المتنبي اليوم ويفهمه , بينما الإنجليزي لا يقرأ شكسبير ألا من خلال دراسات تنقل أفكاره الى لغة القرنين الأخيرين .

واذا كان القرآن - كما أسلفنا - هو الذي قوى عناصـر الصـمود في العربية وحفظهـا مـن الموت والاندثار, إلا أن هذا لا يعني أن لم تكن في ذاتها صالحة للبقـاء, بـل أن تحمل أيضـا عناصـر القوة والديمومة والرقي , ولم تجـد طـوال حياتهـا أدنى صـعوبة في اكتسـاب اللغـات الأجنبيـة التـي فرضت على المجال الرسمي , وفي مصر حيث استغرقت عهود السيطرة الأجنبية اكثر من الف ومائة عام قبل الفتح الإسلامي , لم تجد الجهود التي بذلها الغزاة على ذلك المدى الطويل لفرض لغاتهم

وثقافاتهم عليها , ولم تصمد اليونانية التي كانت قد استأثرت بالمجال الثقافي والرسمي لثلاثة قرون قبل الميلاد (٣٣٣:٣٠ ق.م) وثلاثة أخرى بعده (٢٨٤:٦١٦م) أمام اللغة العربية .

أن العربية الفصحى تحتل بحسب صفاتها الذاتية واستنادا الى المقارنات الموضوعية بينها وبين سائر اللغات أرقى درجة من درجات الكمال التي تحتلها اللغات المنتشرة في العالم , وتحتل المرتبة الأولى بلا منازع بين اللغات الاشتقاقية التي تمثل أرقى مجموعة لغوية في عالم اليوم ,أن العربية تتميز بسعتها وكثرة مفرداتها , فبينما نجد عدد كلمات اللغة الفرنسية حوالي ٢٥ الف, وعدد كلمات الإنجليزية حوالي ١٠٠ الف نجد عدد مواد العربية الفصحى نحوا من ٤٠٠ الف مادة , ويضم لسان العرب ٨٠ الف مادة كلمة , ويشير الخليل بن احمد (١) الى أن عدد أبنية كلام العرب يبلغ ١٢ مليون و٣٠٥ الف و٤١٢ كلمة, وفيها ثراء في الأسلوبين المضاعفة , فهناك ١٧٠ أسماء للماء و٧٠ أسماء للمطر . وللمادة الواحدة في العربية مصدر للدلالة على المعنى مجردا من الزمن ولها صيغ تدل على الفاعل والمفعول به , والزمان , والمكان , والتفضيل, والتعجب والتمييز والتصغير وهكذا , وليس في أية لغة من لغات العالم هذا الانطلاق اللغوي المترابط في ميدان الاشتقاق اللفظي المناسب لترابط المعاني فكريا , كما أن معظم مشتقاتهم تقبل الصرف إلا فيما ندر منها .

وهذا يجعلها في طرح أهلها اكثر تلبية لحاجة المتكلمين .

وهذبت العربية صيغها بالإعلال والإبدال والإقلاق والإدغام والحذف , واستقرت على ضوابط للتأنيث والتذكير وللأفراد والتثنية والجمع, وميزت المعلوم من المجهول , والمعرفة من النكرة , وتصرفت في المادة اللغوية بصيغ مطردة لكل منها دلالتها المحددة , وتصرفت في الفعل لضبط الزمن تحديدا للماضي المطلق

والقريب والحاضر والمستقبل القريب والبعيد والمطلق , واستخدمت الضمائر وأخذنا الاشارة الموصولة بدقة واحكام للمتكلم والمخاطب والغائب مفردا ومثنى وجمعا , وتوسعت في الدلالات المجازية لكي تنمو وتلبي حاجات الحياة فنقلت الألفاظ من الاستعمال الحسي الى الاستعمال المجازي والاصطلاحي .

أن العربية لا ترقى إليها لغة في ثرائها وكثرة مفرداتها المترادفة ,فأية لغة في العالم تتحدث عن السحاب بهذا الشكل .

" أنها ما ينشأ السحاب فهو النشء , فإذا انسحب في الهواء فهو السحاب فإذا تغيرت له السماء فهو الغمام ,فإذا كان غيم ينشأ في عرض السماء لا تبصره ولكن تسمع رعده من بعد فهو العقر , فإذا أظل فهو العارض ,فإذا كان ذا رعد وبرق فهو القراض ,فإذا كان ..." وأين أنت عن اللغة التي تسمى جمال الوجه "صباحه" وجمال البشرة " وضاءة" وجمال العينين "حلاوة " وجمال الفم "ملاحة " وجمال اللسان " ظرف " وجمال القد "رشاقة " وجمال الشمائل "لباقة ".

وأية لغة عظيمة هذه التي تميز بين الالوان المتقاربة :

الصهبة : حمرة تضرب الى البياض.

الكهبة : صفرة تضرب الى حمرة.

القهبة :سواد يضرب الى خضرة.

الدكنة : بين الحمرة والسواد.

الكمدة : لون يبقى اثره ويزول صفاؤه .

الشربة : بياض مشرب بحمرة.

الشهبة : بياض مشرب بأدنى سواد .

العفرة : بياض تعلوه حمرة .

الدبسة : بين السواد والحمرة.

القمرة : بين البياض والغبرة .

الطلسة : بين السواد والغبرة . وما يزال الكثير من أسرار اللغـة العربيـة خافيـا حتـى عـلى المتبحرين بها , وستظل العربية دائمـا وأبدا قوية صـامدة وتلبـي الحاجـة , وتنشر ـ رسـالة القرآن في ربوع الأرض , فالقرآن هو الضامن لخلود العربية ووحدة وثقافة الأمة الإسلامية وفكرها .

لغتنا وهويتنا

اللغة التي تتكلم بها الأمة هي أهم ما يميز تلك الأمة وتعرف الكثير من الأمم باللغة التي تتكلمها وتحمل هذه الكلمات قيم المجتمع الذي نشأت فيه وتتطور الكلمة وهي مشعبة بهذه القيم وعندما يستخدم أصحاب هذه اللغة هذه الكلمات يكون لديهم إدراك لمعنى وتطور هـذه الكلمة, ومن ثم يصبح من الأهمية بمكان أن نتدبر الكلمات التي نتفوه بها لأن هناك حملة شعواء تتم من خارج الأمة العربية وداخلها تستهدف حمل أبناء هذه الأمة على التخلي عن لغـتهم وذلـك في إطار مخطط أكبر لسلخهم عن هويتهم المستمدة في الأساس من دينهم الإسلامي الذي حفظ لهم لغتهم وهويتهم عبر العصور وبما أن اللغة العربية هي الوعاء لهذا القرآن وهو الحافظ لهـا بـاتت تتعدد وتتنوع صور هجر القرآن في هـذا الزمان , فهنالك هجر بعـدم قراءتـه وهجر بعـدم فهـم معانيه وهجر بعدم العمل بما فيه , بيد أن هناك صورة أخرى مـن الهجـر تتمثل في هجر ألفاظـه وكلماته أي عدم التحـدث بلغـة القرآن ويتم ذلـك سـواء عـن قصـد يرمـى الى اسـتعباد المفاهيم الإسلامية وإحلال المفاهيم الغربية

محلها كخطوة في طريق تغريب الإسلام أو ربما عـن غـير قصـد في المعـاملات اليوميـة والأحاديث الإعلامية باستخدام مفردات لغوية غربية - بلا ضرورة - بغية التفاخر والتباهي.

فمن المعلوم أن هناك حملة شعواء يجري شنها على العالم العربي والإسلامي منذ زمن طويل تستهدف القضاء على قيمة ومعتقداته وطمس كل معالم هويته وخلق أجيال مسخ ليس لها هوية مميزة , وقد حل الاستعمار بأغلب البلدان العربية والإسلامية وقام بنهب خياراتها وثرواتها وحاول جاهدا إحلال قيمه وعاداته ولغاته محل قيم وعادات ولغات الشعوب المستعمرة بشتى السبل , وخرج الاستعمار تحت أوضاع معينة , لكنه كما يقال خرج ليبقى بأشكال أخرى غير مباشرة فإذا كان وجوده كان محل اشمئزاز واستفزاز من قبل الوطنيين الغيورين على أوطانهم فقد خرج وترك لنا أفكاره ولغاته وثقافته وعاداته حتى صارت مجتمعات كثيرة في بلداننا العربية ترتدى أزياء الغرب وتقلده فيها تقليدا أعمى , فنرى الملابس المصممة في الأساس لطقس قارس البرودة نستخدمها نحن في طقس حار جدا وما أكثر عروض الأزياء التي تبثها الفضائيات التي هي غريبة بحتة لا تتناسب ولو بشكل جزئي مع ما نلبسه في بلداننا - ونشيد هنا بالأصالة العمانية والسعودية والخليجية التي يتمثل جزء منها في هذا الزي الأصيل الذي يأبى على الذوبان في خضم هذا الوافد الغازي - كما أن هناك الكثير من المأكولات والمشروبات الغربية التي قد لا تتناسب مع أذواقنا العربية الأصلية وهو ما يتم استيراده على نطاق واسع مما يستنزف مواردنا من العملة الصعبة ويزيد جانب الإيرادات في ميزانياتها ويلحق بالغ الضرر بمنتجاتنا الوطنية التي قد تعجز عن المنافسة في الوقت الذي يؤدي ذلك الى تدوير وتطوير مصانع الدول الأخرى وتشغيل شبابها وتصدير منتجاتها الى أسواقنا فيزدهر اقتصادها وينمو بينما يختل

اقتصادنا ويتدهور ويكفى إلقاء مجرد نظرة على ما تحويه أرفف المتاجر في البلدان العربية لإدراك ذلك .

أما القيم الثقافية والأفكار فحدث عنها ولا حرج ويكفى الإشارة في ذلك الى ما تطالعنا به وسائل الإعلام المقروءة والمسموعة والمرئية .

أما عن اللغة فقد باتت مجتمعات كاملة تقريبا تتحدث بلغة أجنبية بعدها تخلت تقريبا عن لغتها العربية الأصلية ومجتمعات أخرى يتشدق عدد قل أو كثر من أبنائها في استخدام مفردات لغوية أجنبية تأثرا بالمحيط الاجتماعي المملوء بالوافدين أصحاب اللغات المغايرة وهناك عدد من رجال الصحافة والإعلام وغيرهم - ممن يفترض فيهم الوعي التام بدلالة اللغة- يستخدمون مفردات لغوية غربية من باب التفاخر والتعالي بأنهم يعرفون مالا يعرفه بنو جلدتهم ومن ثم فهم يسمون عليهم .

وهذه من الأمور بالغة الخطورة التي يتعين الوقوف عليها والسعي بشتى السبل الى بحثها وتوضيحها بغية تغيرها . ذلك لأنه من المسلم به أن كلمات اللغة التي تنطق بها الأمة هي أفكارها وقيمها وهي ذات صلة عميقة بالعقيدة , وعلى هذا فإن اصطلاحات الغرب ومفاهيمه لا يمكن فصلها عن ملابساتها الفكرية والتاريخية التي ترمى إليها ولا يمكن نقلها كما تنقل ألفاظ الاختراعات وأسماء الأشياء.

والاعتقاد والعقيدة هما محور الفكر والتفكير , وتحقيق الربط بين الالتزام العقدي من جهة والمفهوم من جهة أخرى يترك آثاره على قضية المفاهيم وتعلقها بقضية التغريب ,فالمفاهيم ليست إلا وحدات تشكل ما نسميه المعايير والقيم والعقيدة والثقافة والحضارة والسياسة, ويحاول الغرب وفق أهدافه نشر كلماته ومفاهيمه بكل أدواته من داخل ومن خارج على الرغم من أن معايير الغرب

وقيمه على اختلافها تناقض مرتكزات المسلمين ومنطلقاتهم ومن ثم فإن التحدي الحقيقي بات مداره الكلمة والمعنى .

ويشكل الوعي بأهمية الكلمة ومسئوليتها وفق البيان القرآني الأساس في تحرير العقول والنفوس من الأفكار والنظريات والمعايير والتخلي عما لا يفيد من مختلف مفردات أنماط الحياة الغربية .

ذلك أن اختلال المفاهيم والأفكار يعني ضمنيا حمل المسلمين على قبول ذهنية الاستسلام والاحتواء والتحرك من داخل دائرة الفكر الوافد ومقاييسه ومعاييره ومفاهيمه , كما يستهدف ذلك إخراج المسلمين من دائرة فكرهم بما يوجد شعورا بالنقص في نفوسهم.

وقضية المفاهيم وتعلقها بقضية التغريب لابد من معالجتها لأن سيادة المفاهيم الغربية أدى بفعل شيوعها وانتشارها في الاستخدام الى الانحياز لتلك المفاهيم في إطار من التقليد بلا بينة ولا دليل أو برهان فكل من أرخ للتراث الإنساني لم يكن إلا غربيا وانطلق من المفاهيم الغربية , والإنسانية المتقدمة فقط هي تلك النابعة من الحضارة الأوروبية , والتقدم السياسي هو أسلوب الحياة الديمقراطية في نموذجه الغربي , لا يتجزأ أي منهما عن الآخر, مجموعة من المفاهيم المشوهة آن لنا أن نعيد النظر في جوهرها لا بمعنى أنها غير صادقة لكن على الأقل بمعنى أنها غير مطلقة , وكان لا بد لهذه المفاهيم المختلفة أن تفرض إطارا معينا في فهم التاريخ البشري والخبرة الإنسانية حيث تعودت التقاليد العلمية على أن تنطلق في فهم أي خبرة إنسانية من الإطار الفكري المجرد الذي رسبته لنا المفاهيم الغربية .

وتعد اللغة أداة للتفكير كما تعد أداة للبيان , ورغم أن هذه بدهية مقررة إلا أن ذلك قد ينتهي الى نتيجة معقدة , ووجه التعقيد في تحديد العلاقة الحيوية بين اللغة والفكر , ورغم أن ذلك قد أدى الى التباس في قدرة اللغات على الإبانة إلا

أن الاختلاف على معاني الألفاظ واستعمالهما لم يمنع من اتخاذ اللغة وسيلة الى البلاغ والتفاهم , ومن ثم يشكل البيان المهمة الأساسية في وضوح المفهوم ورفع الالتباس عنه , ويعد البيان وتعليمه أعظم منة من الله بها على عباده .

حيث يقول الله سبحانه (الرحمن علم القرآن خلق الإنسان علمه البيان) الرحمن (١-٣) فلولا البيان لكان الإنسان خلقا غير هذا الخلق, ولولا قدرته على اجتياز محنة البيان أي محنة اللغة التي لا تكاد تستقر ألفاظها ولا حدود جملها لوقع في دمار اليأس من اللغة وقدرتها عن الإبانة عن نفسه , فالنظر يوجب أن يكون أول البيان أي اللغة التي يبين بها الناس عما في نفوسهم مضبوطا صحيح الحدود ظاهرها لا يكاد يكون في اختلاف يذكر ثم يتوارث اللغة جيل بعد جيل يستخدمها لمعان متجددة وتكثر المعاني الحادثة وتتلاحق على اللفظ الواحد .

ولكن اللفظ يبقى كسائر ألفاظ اللغة يتكلم الناس به ويستعملونه في بيانهم, وينشأ فساد النظر في الفكر من استخدام هذا اللفظ أداة للتفكير تبعا لقصور القدرة على بلوغ كنه هذه الروابط التي تشد معانيه القديمة والحديثة بعضها الى بعض شدا محكما للدلالة على معنى مركب تكون له في الذهن صورة جامعة , وهذه الصورة الجامعة هي منشأ كل اختلاف في اللغة والفهم والتفكير , فإذا بدأ المرء يفكر مستخدما لفظا ينطوي على صورة جامعة وعرض له في إدراك هذه الروابط عارض من الوهم أو سوء التقدير أو من إساءة فهم الروابط أو تغليب بقصد المعاني الحادثة فيه على بعض أو مما شئت من وجوه أخرى كثيرة كان تفكيره مهددا بسلوك طريق غريبة يجره إليها بعض ما بنى عليه تفكيره .

وعلى غرار ذلك يكون شأن الذي يتلو كلاما يحاول أن يفهمه أو يحاول أن يفسره فهو عرضة للانحياز الى جانب من الفهم أو التفسير يزيد وينقص على قدره

مبلغة من كنه الألفاظ التي يحاول أن يفسرها أو يفهمها ولا سيما إذا تضمن الكلام ألفاظا تنطوي على صورة جامعة .

ويقترن البيان بقواعد مخصوصة من حيث أن اللغة هي وعاء الفكر والحضارة وبدونها لا يمكن التعبير عن المعاني ؟, وتعتبر أحد المقومات الرئيسية التي تكون شخصية الأمة وتمنحها ملامحها وهويتها وترسى دعائم التفاهم بين أبنائها وتحقق وحدتها .

ومـن ثـم فـإن الكلمـة والمعنـى واللغـة صـارت مـدار معركـة يجـب التنبيـه الى خطرهـا والمسؤولية تجاهها فالمرء لا يستطيع أن يعرف حقيقة عـدوه إلا بعـد تمـام معرفتـه لكلمتـه , وهـو أيضا إذا ما وقع تحت سلطان كلمة عدوه فقد وقع في أسره الذي لا محال منـه إلا بـالتيقظ الـدائر حيال الكلمة الملفوظة والمنطوقة والمكتوبة والمسموعة , ومجمل المفارقة والتمايز والهوية لا يقـوم إلا بكلمة أخرى تستطيع أن تشكل البديل الذي يجب أن يتمثله في قوله وحركته هـذا مـن ناحيـة وأن ينبري لسلطان كلمة الخصم فينقضه ويبقى لكلمتـه السـلطان الأعـلى ومعنـى ذلك أن تكون حضارة الكلمة وثقافتها وآدابها وأسسها الفلسفية قادرة حتى من تاريخها الماضي وتاريخها الآني على أن تقوم في وجه حضارة (العدو) وثقافتـه وآدابـه وفلسـفته , ويشكل ذلك الـرفض للعبـث بشـأن الكلمة خاصة في اللغة العربية أو أي لغة أخرى ذلك أن الكلمة هي مقدمة البيان والبيان وطريقه هو خصوص وتميز وهوية والبيان في جملته هو نعمة اللـه الكبرى التي أنعم بها على عبـاده مـن كل جنس ولون , فمن استهان بما فقد استهان بأفضل آلاء اللـه لعبـاده وبالنعمـة الكبرى التـي أخرجته من حد البهيمية العجماء الى حد الإنسان الناطق .

فللكلمة مسئوليتها وخطرها ومسؤوليتها البيان والهوية والتمايز وخطرها التقليد والتلبيس قصورا في الفهم أو توهما في الإدراك أو تفريطا في حدها أو تفريطا في مدلولاتها .

والنظر الى اللغة بسهامها في عملية التمايز أمور يحققها القرآن ويؤكدها فاللغة هي الوعاء الذي احتضن الوحي وعبر عنه فقد أكد سبحانه على الصلة بين لغة النبي وبين الوحي الذي أنزله في آيات كثيرة بما يكرس الارتباط بين لغة القوم والوحي المرسل , كما يؤكد سبحانه أهمية اللغة وأنها الأساس في توزيع الناس الى شعوب وقبائل ﴿**يا أيها الناس إنا خلقناكم من ذكرٍ وأنثى وجعلناكم شعوبا وقبائل لتعارفوا إن أكرمكم عند الله أتقاكم إن الله عليم خبير** (الحجرات (١٣)) فالتعاون وسيلته اللغة التي تجمع القوم وتميز الشعب عن غيره كما أنها الأداة للتفاهم والتعارف , ويؤكد سبحانه على أهمية اللغة في عملية التوزيع والتميز فيقول تعالى: ﴿**ومن آياته خلق السماوات والأرض واختلاف ألسنتكم وألوانكم إن في ذلك لآياتٍ للعالمين**﴾ (الروم (٢٢)) فيبين سبحانه أن اختلاف الناس في اللغة واللون من آيات الله العظمى التي ترقى الى درجة إعجازه في خلق السماوات والأرض , كما أرسل الله الرسل وجعل كل رسالة بلغة النبي الذي كلفه بحملها والعمل بها قال تعالى: (**وما أرسلنا من رسولٍ إلا بلسان قومه ليبين لهم فيضل الله من يشاء ويهدي من يشاء وهو العزيز الحكيم**) (إبراهيم (٤)).

وسمى الله سبحانه وحيه بالكتاب والذكر والبيان وهو مجموع الآيات والمبادئ والأسس التي عبرت عنها وان أصل هذه الآيات ووحدتها الكلمة وقد سمى الله سبحانه وحيه بالكلمة والكلمات قال تعالى:﴿ **فتلقى آدم من ربه كلماتٍ فتاب عليه**

إنه هو التواب الرحيم}... (البقرة (٣٧)) , قال تعالى {**واتل ما أوحي إليك من كتاب ربك لا مبدل لكلماته ولن تجد من دونه ملتحدا**... (الكهف (٢٧)) وكل كلمة تتألف من ركنين هما اللفظ والمعنى، والعلاقة بينهما ارتباطية تصل الى حد كونها سببية فلا بد للمعنى من كلمة أو كلمات تعبر عنه , ولما كان الوحي مجموعة كلمات لها دلالتها فان العلاقة بين الوحي واللغة علاقة تفاعلية لا يمكن انفصال أي منهما عن الطرف الآخر ويؤكد سبحانه على هذه العلاقة في قوله تعالى {**فإنما يسرناه بلسانك لتبشر به المتقين وتنذر به قوما لدا (مريم (٩٧)).**

فمن صور هجر القرآن محاولة البعض تنحية مفرداته اللغوية ومفاهيمه واستبدالها بمفاهيم غربية من خلال التغريب والتغييب عن الواقع وهو ما يعد مقدمة لغربة الإسلام .

وقد مس ابن باديس ذلك في تفسيره لقول الله سبحانه وتعالى {**وقال الرسول يا رب إن قومي اتخذوا هذا القرآن مهجورا** (الفرقان (٣٠)) في الجزء الأول من كتاب آثار ابن باديس في قوله (ونحن معشر المسلمين قد كان منا للقرآن العظيم هجر كثير في الزمان الطويل وان كنا به مؤمنين , بسط القرآن عقائد الإيمان كلها بأدلتها العقلية القريبة القاطعة فهجرناها وقلنا تلك آثار سمعية لا تحصل اليقين وأخذنا في الطرائق الكلامية المعقدة وأشكالها المتعددة واصطلاحاتها المحدثة مما يصعب أمره، وبين القرآن أصول الأحكام وفوائدها في الصالح الخاص والعام فهجرناها واختصرنا على الفروع الفقهية مجردة بلا نظر جافة بلا حكمة، محجبة وراء أسوار من الألفاظ تفنى الأعمار قبل الوصول أليها .. وبين مكارم الأخلاق ومنافعها ومساوئ الأخلاق ومضارها وبين السبيل للتخلي عن هذه، والتحلي بتلك مما يحصل به

الفلاح بتزكية النفس ... فهجرنا ذلك كله .... ووضعنا أوضاعا من عند أنفسنا واصطلاحات من اختراعنا وخرجنا في أكثرها عن الحنفية السمحة الى الغلو والتنطع وعن السنة البيضاء الى الأحداث والابتداع، وأدخلنا فيها من النسك الأعجمي والتخيل الفلسفي مما أبعدها غاية البعد عن روح الإسلام وألقى بين أهلها بذور الشقاق والخصام وآل الحال بهم الى الخروج من أثقال أغلالها والاقتصار على بقية رسومها للانتفاع منها ومعارضة هداية القرآن بها، وعرض علينا القرآن هذا الكون ونبهنا على ما فيه من عجائب الحكمة ومصادر النعمة للنظر ونبحث ونستفيد ونعمل فهجرنا ذلك كله ودعانا القرآن الى تدبره وتفهمه والتفكير في آياته ولا يتم ذلك إلا بتفسيره وتبيينه فأعرضنا عن ذلك، وعلمنا القرآن أن النبي صلى الله عليه وسلم هو المبين للناس ما نزل إليهم من ربهم وان عليهم أن يأخذوا ما آتاهم وينتهوا عما نهاهم عنه فكانت سنته العملية والقولية تالية للقرآن فهجرناها كما هجرناه ... وعاملناها بما عاملناه به ... وكم قابلناه بالصد والهجران ... وشر الهاجرين للقرآن هم الذين يضعون من عند أنفسهم ما يعارضونه به، ويصرفون وجوه الناس إليهم والى ما وضعوه ...لأنهم جمعوا بين صدهم وهجرهم في أنفسهم صد غيرهم فكان شرهم وبلاؤهم متجاوزا وشر الشر وأعظم البلاء ما كان كذلك .

ومن الجدير بالذكر أن عقائد الإيمان وأصول الأحكام ومكارم الأخلاق وجملة الاصطلاحات كلها جميعا يمكن أن ترد الى دائرة المفاهيم الإسلامية على تنوعها , وهو ما يؤكد أهمية إحياء المفاهيم الإسلامية ضمن عملية بنائها وإهمال ذلك والاستبدال به مفاهيم غريبة إنما يشكل هجرانا للقرآن ومفاهيمه , كما أنه ليس لمدع أن يدعى أن هذه الآية السابقة وقعت في قريش عند بدء الدعوة وما يعني ذلك أن شكوى الرسول من قومه قريش الذي أرسل لهم بالقرآن الذين صدوا عنه فتركوه وثبتوا على تركه وهجره , غير أن الفهم الصحيح وان اعتبر المناسبة في

شكوى النبي صلى الله عليه وسلم للهاجرين بإنزال العقاب عليهم , ولما كان الهجر طبقات أعلاها عدم الإيمان به , فلكل هاجر حظه من هذه الشكوى وهذا الوعيد .

وعلى صعيد المصطلحات السياسية الشائعة بفعل عوامل التغريب مثل الديمقراطية أو التحرر أو الثيوقراطية أو الحكومة البرلمانية أو اليمين أو اليسار أو الرجعية أو الاتجاه المحافظ أو التقدمية أو الاستنارة أو رجل الدين أو غير ذلك فإن الشخص الأوروبي أو الأمريكي ينظر إليها بنظر مختلفة تماما عن نظرتنا نحن لها فهو ينظر إليها وفي ذهنه أحداث الغرب التي صنعها في حاضره وماضيه كله وفي حدود هذه التصورات لا تكون هذه المصطلحات في موضعها الطبيعي فحسب ولكنها تصبح سهلة الفهم معروفة المقاصد ذلك أن ذكرها يحشد في الذاكرة كل الصور الذهنية كما حدث في الماضي وما قد يحدث في المستقبل خلال التطور التاريخي للغرب .

ويكفى في هذا الأمة تنحية أسماء مدن ومواقع عربية وإحلال أسماء عبرية مكانها في إطار الصراع القائم مع المشروع الاستعماري الصهيوني في فلسطين ولا سيما في وسائل الإعلام مثل استخدام حارهوما بديلا لجبل أبو غنيم وحائط المبكى بديلا من حائط البراق وتل أبيب بديلا لمدينة يافا العربية واستخدام مصطلح العنف بديلا للعدوان الذي يشنه الصهاينة على الفلسطينيين وإلحاق وصمة الإرهاب بالعرب والمسلمين في كل مكان .

ألم يحن الوقت لنا بعد لنتدبر الألفاظ التي نتفوها ونستخدمها فيما بيننا وفي إعلامنا ؟ وهل سنشهد في المستقبل القريب هيئات مثل كليات اللغة العربية والمجمعات اللغوية تنتفض وتنهض لإزالة ما ران على لغتنا الجميلة وتدافع عنها في وجه هذا الغزو الوافد في عصر فرض الهيمنة الثقافية واللغوية الأمريكية وتعيدها الى سابق عهدها التليد؟ وألا نقف نحن مع أنفسنا لنتدبر حالنا حيث بات كل هم

الكثير منا هو تعليم أبنائه في مدارس تعليم اللغات الأجنبية بأسعار بالغة دون أي اهتمام بتعليم أبنائهم لقواعد اللغة العربية وبعض الأجزاء من القرآن الكريم لصقل ألسنتهم حتى نراهم يكتبون جملة صحيحة ويقولون قولا سديدا بدلا من الأمر التي يندى لها الجبين عندما يكتب أو يقرأ أو يتحدث هؤلاء؟ وهل نرى الوقت الذي يقترن فيه طلب المؤسسات والهيئات تعيين موظفين لديها شرط إجادة اللغة العربية بشرط إجادة اللغة الإنكليزية ؟

وقديما قيل إذا ذل العرب ذل الإسلام والمقصود بالعرب هنا هو اللسان وليس الجنس العربي فمن تكلم العربية فهو عربي , فعلينا أن ننظر ونتدبر ما لدينا من مفردات لغوية مصدرها القرآن والسنة ونعود الى استخدامها لعلها تكون أحد العوامل الرئيسية لنهضة أمتنا من سباتها العميق الذي يكاد يذهب بها وحتى لا ينطبق علينا الى حد ما ما انطبق على بني إسرائيل من قبل وهو مثال ينطبق على كل من يفعل هذا الفعل مهما كان وأينما كان قال تعالى {**مثل الذين حملوا التوراة ثم لم يحملوها كمثل الحمار يحمل أسفارا بئس مثل القوم الذين كذبوا بآيات الله والله لا يهدي القوم الظالمين** (الجمعة (٥)) وقال تعالى **واتل عليهم نبأ الذي آتيناه آياتنا فانسلخ منها فأتبعه الشيطان فكان من الغاوين ولو شئنا لرفعناه بها ولكنه أخلد إلى الأرض واتبع هواه فمثله كمثل الكلب إن تحمل عليه يلهث أو تتركه يلهث ذلك مثل القوم الذين كذبوا بآياتنا فاقصص القصص لعلهم يتفكرون**) (الأعراف (١٧٦)), وقال تعالى {**فخلف من بعدهم خلف ورثوا الكتاب يأخذون عرض هذا الأدنى ويقولون سيغفر لنا وإن يأتهم عرض مثله يأخذوه ألم يؤخذ عليهم ميثاق الكتاب أن لا يقولوا على الله إلا**

الحق ودرسوا ما فيه والدار الآخرة خير للذين يتقون أفلا تعقلون والذين يمسكون بالكتاب وأقاموا الصلاة إنا لا نضيع أجر المصلحين (الأعراف (١٦٨،١٦٩)).

ولغتنا العربية لغة عريقة وأصيلة وواسعة تستوعب كل الأسماء والمستجدات العصرية فهي لغة متطورة وليست جامدة , ورحم الله الشاعر حافظ إبراهيم الذي نظم لنا هذه القصيدة الخالدة على لسان لغتنا العربية الجميلة وهي تشكو من سوء معاملتنا لها وتنعى حظها بين أهلها منذ قرابة قرن من الزمن وان كان واقعنا اليوم لا يختلف عما كان عليه الحال في ذلك الوقت.

التحديات التي واجهتها اللغة العربية فإننا نلخصها بالتالي :

- استبدال العامية بالفصحى .
- تطوير الفصحى حتى تقترب من العامية .
- الهجوم على الحروف العربية والدعوة الى استعمال الحروف اللاتينية .
- إسقاط الإعراب في الكتابة والنطق .
- الدعوة الى إغراق العربية في سيل من ألفاظ الأجنبية.
- محاولة تطبيق مناهج اللغات الأوروبية على اللغة العربية ودراسة اللهجات والعامية .

المواجهة :

وقبل الدخول في المواجهة علينا أن نشخص الأمراض التي نعاني منها على المستوى اللغوي فالتشخيص نصف العلاج .

إن التردي في عصور الانحطاط كان عاملا من عوامل ضعفنا اللغوي, وهذا التردي لم يكن مقصورا على العامة من الناس بل شمل العلماء والفقهاء حتى كان

يعجز الكثير منهم عن كتابة رسالة خالية من العجمة , بريئة مـن الركاكـة أو العاميـة , سليمة من الخطأ , وكانـت دروس الفقـه والـدين بـل دروس النحـو والبلاغـة تلقـى بلغـة مشـوبة بالعامية منحطة عن الفصحى , أما أساليب العرب الفصيحة والكلام البليغ فقد كـانوا بعيـدين عنـه كل البعد , وكل ما تصبو إليه النفوس وترتفع إليه المطـامح أن يقلـد الكاتـب أسـلوب الحريري في مقاماته أو القاضي الفاضل في رسائله ومكاتباته .

لقد اختفت الفروق اللغوية وأصبحت الألفاظ المتقاربة مترادفة , ولم يبقى الترادف مزيـة من مزايا العربية بل مرضا من أمراضها الوافدة المنتشرة , وغلـب عـلى النـاس استعمال الألفـاظ في معانيها العامة فضاعت من اللغة بل من التفكير مزية الدقة التـي عرفت بها اللغـة العربيـة في عصورها السالفة , وأدى ذلك الى تداخل معاني الألفاظ حين فقدت الدقة واتصفت بالعموم , وفقـد الفكر العربي الوضوح حين فقدته اللغة نفسها , واتصفت بالغموض , وانفصلت الألفاظ عن معانيها في الحياة وأصبحت عالما مستقلا يعيش الناس في جوه بدلا من أن يعيشوا في الحياة ومعانيها .

إن الموقف يلقي أمامنا مشكلة النهوض باللغة العربية وقدرتها على الوفاء بحاجات أهلها في هذه الحياة الجديدة سواء في ميدان العلوم أو الفن أو الأدب بأغراضـه وآفاقـه الحديثـة , أو في ميدان الحياة العملية بما فيها من مستحدثات لا ينقطع سيلها .

كما يدفعنا باتجاه التحـرر مـن آثـار عصـور الانحطـاط مـن جهة ومـن التقليـد الأجنبـي والعجمة الجديدة التي أورثنا إياها عصر الاستعمار والنفوذ الأجنبي من جهة أخرى .

إن المطلوب تكوين وعي لغوي صحيح يساير وعينا السياسي والفكري بل هو الأساس لتكوين تفكيرنا تكوينا صحيحا, والأخذ بأيدينا نحو الوحدة اللغوية والتحرر اللغوي والقضاء على التجزئة والشعوبية أو النفوذ الأجنبي في ميدان اللغة والفكر !

إن التعليم الجامعي العلمي خاصة في كثير من أقطار العروبة ما زال باللغات الأجنبية : فهو إنكليزي في أقطار, وفرنسي في أقطار , وروسي في أقطار , ولا توجد صيدلة عربية ولا طب عربي .

وما زال هناك إلى الآن من يجادل لابقاء تدريس العلوم باللغات الأجنبية , لقد انقسم العرب إبان عهد الاستعمار الى مجموعتين : الأولى هي الدول التي حافظت على اللغة العربية طوال فترات الاحتلال , ولكن العجب أن تتصاعد فيها آراء تشكك في صلاحية اللغة العربية لاحتواء العلوم الحديثة , والثانية هي مجموعة الدول التي استطاع المستعمر فرض لغته عليها , وهي على العكس بذلت جهودا مضنية لاستعادة مكانة اللغة العربية , ومنذ سنوات ظهرت حلقة من برنامج الاتجاه المعاكس في محطة الجزيرة القطرية الفضائية كان موضوعها عن صلاحية اللغة العربية في تدريس العلوم , وكان النقاش بين أستاذين جامعيين عربيين : الأول يدعو الى تدريس العلوم باللغة الإنكليزية وهو سوري , والثاني يدعو الى تعريب التعليم وهو جزائري .

إن كثيرا من دعاة العروبة لا يحسنون لغتهم , وهذا ما دفع أحد المفكرين الى القول بأن هناك إهانة توجه الى العربية , تتجلى هذه الإهانة في ثلاثة أمور :

١- السيل من الأفلام والمسلسلات والتمثيليات والمسرحيات والأغاني باللغة العامية .

٢- بعض الزعماء يخلط العربية بالعامية , وهم مولعون بخفض المرفوع وجر المنصوب .

٣- تقليد المنتصر .

وإذا نظرنا الى ما فعل أصحاب اللغات الأخرى لخدمة لغاتهم لوجدنا أنفسنا مقصرين كثيرا, فالإنكليز مثلا يفعلون العجب في تعميم لغتهم , ويبتكرون الحيل الطريفة لتحبيبها الى النفوس حتى أصبحت الإنكليزية لغة العالم , ولغة العلم معا,

وقد حفظ لنا تاريخنا جهود رواد بذلوا ما بوسعهم لخدمة هذه اللغة, فمثلا لما تولى سعد زغلول وزارة المعارف في مصر كان التعليم في المراحل الأولى باللغة الإنكليزية ؛ كان كتاب الحساب المقرر على الصف الابتدائي تأليف " مستر تويدي " وكذلك سائر العلوم , فألغى سعد هذا كله , وأمر أن تدرس المقررات كلها باللغة العربية , وأن توضع مؤلفات جديدة باللغة القومية , وبذلك المسلك الناضج حفظ على مصر عروبتها .

وهذا الصنيع دفع أحد المفكرين المصريين الى القول :" إن سعدا أحسن الى جيلنا كله بجعلنا عربا" فكم سعدا نحتاج إليه ؟

قبل عام ١٩٦٧ لم يكد أحد في الساحة الثقافية والفكرية العربية يعلم شيئا عن الإبداع الأدبي والإنتاج الفكري لفلسطينيي (٤٨) الذين نجحوا في التشبث بأرضهم التي وقعت بعدئذ ضمن الأراضي التي أقيمت عليها عنوة الدولة الصهيونية , اللهم قلة من مثقفي وسياسي اليسار العربي وتحديدا أولئك المنضوين أو المحسوبين على الأحزاب الشيوعية العربية .

وفقط بعد هزيمة حزيران ١٩٦٧ المدوية استيقظ الجمهور العربي والساحة الثقافية العربية على هذا الصوت الإبداعي الجديد المقبل من خلف أسلاك الدولة

العبرية من شعر مقاوم وأعمال أدبية في القصة والرواية والمسرحية ...الخ , وكان من أبرز الرموز التي برزت ولمعت في الساحة الثقافية العربية محمود درويش وتوفيق زياد وسميح القاسم وإميل حبيبي ... وغيرهم .

حينذاك عمت الساحة الثقافية العربية موجة عارمة من الاحتفاء بهذه الظاهرة- الرموز من الشعر والعمل الإبداعي المقاوم الى درجة دفعت الشاعر محمود درويش الى توجيه ندائه المشهور الى المثقفين العرب من على صفحات مجلة "الجديد" الصادرة باسم حزب "راكاح " اليساري تحت عنوان " أنقذونا من هذا الحب القاسي ".بالتزامن مع هذه الصحوة على إبداع وثقافة هذا الجزء من الشعب الفلسطيني التي ظلت مغيبة عن العالم العربي على مدى نحو عقدين منذ نكبة ١٩٤٨ انخرطت مجاميع من الحركات والتنظيمات القومية وفي مقدمتها " القوميون العرب " في تبني الفكر الاشتراكي العلمي كرد فعل على هزيمة الأنظمة القومية " مصر وسورية تحديدا " أمام إسرائيل , بيد أن ذلك الاحتفاء العارم بالثقافة والرموز الإبداعية لعرب ٤٨ سرعان ما أخذ تلاشى , إذ عادت نزعة التشكيك والتخوين في هذه الثقافة ورموزها لتطغى مجددا بسبب حمل الرموز والقيادات السياسية لعرب ٤٨ الجنسية الإسرائيلية وتعاطيهم مع الوسائل المشروعة الإسرائيلية من أجل التغيير والمساواة والدفاع عن حقوقهم بما في ذلك العمل البرلماني ضمن الكنيست الإسرائيلي , وهذه النزعة التشككية طبعت مواقف الحركات القومية واليسارية الجديدة على حد سواء حيث كان شعار "الكفاح المسلح " وتحرير فلسطين من النهر الى البحر هو السائد بل هو الوحيد المقبول.

وظل عرب ٤٨ يعانون الأمرين لسنوات طويلة الظروف المعقدة الصعبة التي يناضلون في ظلها تحت قمع واضطهاد سلطات الدولة الصهيونية العنصرية الجديدة من جهة , وظلم ذوي القربى من أشقائهم العرب خارج الخط الأخضر

المشككين في وطنيتهم وفي طريقهم الخاص الذي اختطوه للنضال مـن الـداخل مـن اجل تغيير واقعهم والدفاع عن هويتهم وثقافتهم في وجه مخططات التهويد الشامل وطمـس جذورهم من جهة أخرى .

ومنذ مطلع التسعينات جرى تدريجيا كسر تابوت التعامل معهم والانفتاح عـلى رمـوزهم الثقافية والفكرية على نحو أوسع نسبيا بعد ما كان قد انحصر هذا التعامل في الأحـزاب الشـيوعية ثم برز في قيادة منظمة التحرير - ممثلة على وجه الخصوص في قيـادتي " فتح " والديمقراطيـة - اللتين أجازتا إقامة الصلات مع أكبر ممثل سياسي لهما حينذاك ألا وهو الحزب الشيوعي "راكـاح " وكان أبرز تطور لافت في هذا السياق سماح دمشق لرموز وقيادات سياسية من عرب ٤٨ بزيارتها .

إلا أن البلبلة أو الحيرة في تكييف الموقف السياسي مـنهم لم تتبـدد كليـا, إذ ظلت تثـار الريبة أو التخوين فيهم بين الفينة والأخرى وانعكس ذلك بصـورة جليـة عـلى مواقـف الاتحـادات النقابية العربية ومنظمات مناهضة التطبيع مع العـدو . مـن هنا وفي هـذا السـياق يمكـن فهـم بالضبط مغزى وأبعاد الزيارة التي قام بها أخيرا للبحرين واحد مـن رمـوزهم السياسية والإبداعيـة البارزة ألا وهو الشاعر الكبير سميح القاسم باستضافة وتنظيم من قطـاع الثقافـة والـتراث الـوطني بوزارة الإعلام وأسرة أدباء وكتاب البحرين , حيث احتفت به هـذه الـبلاد أروع مـا يكـون إذ جـرى تنظيم أمسية شعرية جميلة له في القرية التراثية بمتحف البحرين الوطني , كما نظم للضيف الكبير محاضرة قيمة في مركز الشيخ إبراهيم بالمحرق جاءت ثرية في أهميتها وفائدتها السياسية والفكرية.

خصص الشاعر السياسي العربي الفلسطيني سميح القاسم محاضرته المرتجلة للحديث عـن ملحمة نضال شعبه داخل الأراضي التي أقيمت عليهـا الدولـة الصـهيونية عـلى امتـداد نصـف قـرن ونيف منذ نكبة ١٩٤٨ , وهي ملحمة جرت في

ظروف شاقة بالغة التعقيد محليا وعربيا ودوليا استطاع خلالها هذا الجزء من الشعب الفلسطيني بقيادة طليعته السياسية ابتداع طرقه ووسائله السلمية الخاصة للحفاظ على هويته وجذوره , والنضال من أجل مساواته في الحقوق السياسية والاجتماعية والثقافية لانتزاع ما يمكن انتزاعه من هذه الحقوق في ظل سياسات الاضطهاد العنصري والتمييز المنهجية التي دأبت سلطات الدولة الجديدة على ممارستها بحقهم.

وفي إطار حديثه عن ملحمة نضال شعبه الكفاحية على أراضي ٤٨ عبر المحاضر عن مرارة آلام هذا الجزء من الشعب الفلسطيني لتنكر العرب لنضالهم وتضحياتهم واتهامهم بالخيانة والعمالة مع العدو , في حين لم يكن أمامهم منذ نجاح الصهيونية وحلفائها في إقامة دولة إسرائيل سوى رفع شعارين والتمسك بهما:

النضال مع بقية شعبنا في الضفة وغزة والشتات من أجل استرداد حقوقه الكاملة.

وبين كيف أحبطوا مخطط تهويد اللغة والثقافة العربية , وأصروا على تدريس العربية بمدارس الوسط العربي والتزموا بتدريس العبرية وقالوا لهم : سنتقنها أفضل منكم وأما اللغة العربية فسنتقنها وسنحافظ عليها أكثر من العرب الذين تناسونا ..." وهو ما حدث فعلا" !

ولئن جاء برنامج زيارة القاسم للبحرين ثريا وحافلا في التعرف على نضالات والإبداعات الثقافية والفكرية لهذا الجزء من الشعب الفلسطيني فإن السؤال الذي يظل قائما : هل ستتكرر على نحو منهجي مثل هذه اللقاءات المهمة المثمرة مع رموز وقيادات هذا الجزء من الشعب الفلسطيني في كل الأقطار العربية ؟...! وهل سيتم التوصل الى آلية دائمة لإنهاء العزلة كليا عنهم والتواصل المتبادل بين إنتاجياتهم الثقافية والإنتاجيات الثقافية العربية على امتداد العالم العربي ؟

اللغة العربية وقضية التخلف

أن التركيز على تعليق جريمة التخلف العربي في رقبة اللغة العربية , وتجاوز الأسباب الحقيقية لهذا التخلف , يشير بأن المقصود هو صرف الأنظار عما يجري للأمة من هوان ومذلة وانهيار , والوقوف على قضية ذات مستوى علمي تخصصي بمنهج دعائي بعيد كل البعد عن المعالجة العلمية والمنهجية لمشكلة نتجت عن التخلف العربي , ولم تكن سببا فيه بحال من الأحوال .

أن هذه الدعوة قديمة قدم النهضة الحديثة , فقد بدأت في الربع الأخير من القرن التاسع عشر الميلادي , وقادها بعض الأجانب الذين رأوا في اللغة العربية عائقا أمام أطماع الغرب الاستعماري في تحقيق التبعية والتغريب , فنشروا آراءهم التي يعيد إنتاجها " الشوباشي " بعد قرن وربع قرن من الزمان , ومن هؤلاء اللورد جراي , واللورد كرومر, وخليفته دانلوب , والسير ويليام ويلكوكس , والمستر ويلمور ,,, وسنعود بعد قليل الى عرض بعض آرائهم بإيجاز مع آراء الاتفاق والاختلاف مع "دعوة" الشوباشي التي قدمها من خلال تظاهرته وهتافه وبسقوط سيبوية.

يقول " شريف الشوباشي " في كتابه " لتحيا اللغة العربية : يسقط سيبوية " الصادر عن الهيئة المصرية العامة للكتاب , ٢٠٠٤ م , ص ١٦٦:

" وبعيد عن ذهني تماما أن أدعو الى تطوير جذري يقضي على أسس اللغة العربية , فمثل هذا التطوير يقطعنا عن تراثنا وثقافتنا , وهو مرفوض تماما بالنسبة لي . فنحن العرب أصحاب ثقافة من أهم الثقافات الإنساني , ومن الجنون التفريط في هذه الكنوز التي تركها لنا السلف .

والمطلوب هو العمل على تطوير اللغة بجرأة , ولكن دون نسف الأسس التي قامت عليها والحفاظ على الشكل والقواعد الأساسية التي وضعها السلف ,

وأعلم أن أي تطوير للغة يمس جوهرها هو خوض في بحر عميق , لكن عبور هـذا البحـر هو سبيل الخلاص للعقل العربي وإنقاذه من الحلقة المفرغة التي يدور فيها منذ عدة قرون ".

ومع هذا التناقض الـذي تحملـه دعـوة الشوباشي الى " التطويـر " الجـذري دون نسـف الأسس والثوابت , فإنه يصر على وصم اللغة العربية بالتعقيد والصعوبة , والقيد الذي يكبل العقل العربي ويغل طاقات العرب الخلاقة والإسار الذي يخنق الأفكار ويلجمها " وهـي تسـهم للأسـف في حرماننا من الانطلاق الى الآفاق الرحبة التي يفتحها العلم الحديث ووسائل المعيشة المواكبة للتطور العلمي , وباختصار فإن اللغة أصبحت سجنا يحبس العقل العربي بين جدرانـه الحديديـة بإرادتـه المستكينة " , ثم إنه يرى في رسوخ اللغة واستمرارها جمـودا وتحجـرا ينعكسـان سلبا عـلى العقـل العربي , ويقول : " فأنا أعتبر أن اللغة هي إحدى عناصر تخلف العالم العربي , وأن تحجر البعض في تناول قضية اللغة من أسباب عملية إجهاض النهضة " , أيضا, فإنه يطالب بإعادة النظر في القواعد الأساسية للغتنا لتصبح أداة فعالة لتفجير طاقات العقل العربي المحتسبة في هيكل اللغـة المقدس , وزعم أنه على ثقة من أنه يترجم المشاعر الدفينة في نفوس ملايين العرب وهو يهتف قائلا: يسقط سيبوية !

ويقول ما فحواه : إن المجتمعات المتقدمة ليست على استعداد لإضاعة وقتها الثمـين في الكلمـات الرنانـة الفارغـة مـن أي محتـوى , وفي القواعـد المعقـدة والجنـاس والطبـاق والمقابلـة والاستعارة المكنية وغير المكنية وما شابه ذلك من محسنات بديعية .

ويهدد الأفكار بأنه إذا لم تجدد اللغة العربية نفسها فتبقى دائما لغة العرب المشتركة أو تتقوقع على نفسها فتواجه خطر الـزوال لحسـاب اللهجـات كـما حـدث للغـة اللاتينيـة في القرون الوسطى .

هذا مجمل الخطوط الرئيسية لـدعوى تطـوير اللغـة العربيـة التي يراهـا سـبب تخلـف العرب وابتعادهم عن التطور والانطلاق وهذه الخطوط بما فيها من تنـاقض , تعيد إنتاج مـا قيـل ونشر في أواخر القرن التاسع عشر الميلادي , فقد قال اللورد "جراي" حين سـئل في مجلس العمـوم البريطاني عن تعليم اللغة العربية بمصر :" لا تصلح اللغة العربية اليوم لتعليم العلوم إذ تفتقـر الى الاصطلاحات العلمية والفنية.

وقد تابع عدد من المصريين هؤلاء الأجانب في الدعوة الى التخلص من الفصحى بوصفها حائلا بين المصريين والتقدم , وقد حاول " إسكندر معلوف " من سورية , أن يوهم جمهور المصريين بأن اللغة العربية الفصحى من أهم أسباب تأخرهم وأثنى على اللغة الإنجليزية , وطلب بأن تكتب الصحف والمجلات بالعامية بدلا من الفصحى , وتدوين العلوم والآداب بالعامية ليستطيع الشعب تحصيل العلوم بسهولة .

ولكن ماذا ينبغي علينا تجاه اللغة العربية , لغة الدين الطاهر , والأدب البـاهر , وديـوان الفضائل والمفاخر , لغة التنزيل , ووعاء الإسلام , والشريان الـذي يـربط بـين أواصر الأفكار , وأحـد أسس الوحدة العربية والإسلامية ودعامتها , والأداة الحية للأدب والثقافة العربية , وعامـل تجميـع المسلمين , وتوحيد صفوفهم , وقيام روابط قوية بينهم ؟

هذه اللغة التي كادت تتغلب اللغات الأجنبية والعامية عليها لدى ملايين المسلمين , ولا سيما تفشي الجهل من حيث الاهتمام باللغة العربية , والجهل بكتاب اللـه تعالى وسنة نبيـه حتـى صار البعض يردد الأفكار التي ترى أن اللغة العربية اختفت , واختفت حروفها وقواعدها ؛ نظرا للواقع المؤلم الذي يشهده تاريخ المسلمين من انحسار اللغة العربية , وضعف الشعور باحترامها , وتقدير

منزلتها , ولا سيما ضعف الحافز الإيماني , والوعي الإسلامي بضرورة تعلمها , وزاد ذلك سوءا انتشار الأخطاء اللغوية في بعض الصحف والمجلات والكتب .

هذه اللغة تتميز بمنزلة كبيرة , وتتمتع بخصائص ؛ منحتها القدرة على الصمود أمام التحديات , حية قوية , وبعض هذه الميزات تنبع من إمكاناتها الذاتية التي وهبها الله تعالى من خلال مراحل تاريخها ونموها ما هو نعمة من الله عليها , وعلى المسلمين , وعلى الناس كافة , حين اختارها لغة رسالته الى عباده , ولغة دينه وكتابه , وتعهد بحفظ دينه وقرآنه وسنة نبيه.

ونزل الوحي من عند الله باللغة العربية ؛ لتستقر بها قواعد الإسلام وآيات الكتاب المجيد, وأحاديث الرسول وجاء القرآن الكريم ليبين منزلة اللغة العربية في الإسلام ؛ ولبين أن اللغة العربية من خصائص منهاج الله وإنها منه : كما قال تعالى : **الر تلك آيات الكتاب المبين إنا أنزلناه قرآنا عربيا لعلكم تعقلون** (يوسف :١,٢) هذه اللغة , تواجه خطرا يتهددها , ويهدف الى إضعافها من خلال نشر لغات قومية وتغذيتها , وعزلها في معظم ديار المسلمين , واللجوء الى ترويج الدعايات لتغيير حروف اللغة العربية , وتغيير قواعدها وأسس بيانها وبلاغتها .,والأخطر من ذلك : إبعاد المسلمين عن القرآن الكريم , وعن سنة نبيه ؛ لأن غياب اللغة العربية , أو ضعفها يضعف صلة الإنسان بمنهاج الله تعالى وعلى قدر ما تضعف اللغة العربية يضعف التلقي من منهاج الله تعالى , وإذا ضعف هذا التلقي ضعف الإيمان والتوحيد

وبالتالي , يرتبط هذا الخطر بقضية مصيرية في حياة الإنسان , إنها قضية الإيمان والتوحيد , وتلقي رسالة الإسلام قرآنا وسنة تلقيا أمينا دقيقا, وأي تنازل عن اللغة العربية إنما هو التنازل الذي يؤدي الى هجران الكتاب والسنة , والتنازل عن الدين والمبادئ وعن البلاد.

لذا فإنه من الواجب على كل مسلم أن يسعى لدراسة اللغة العربية, وإتقانها في حدود وسعة وطاقته ؛ حتى يحسن تلاوة القرآن ويتسنى له فهمه وتدبره؛ فالقرآن أنزل بلسان عربي مبين.

وأما مسؤولية الدعوة الأخرى , والدعاة , وعلماء المسلمين , وأولي الأمة منهم , فتكمن في وضع المنهج والخطة لمعالجة الواقع الحالي , وإعادة اللغة العربية الى منزلتها , وهذا المنهج يظل قابلا للنمو والتطور كلما صدقت النية والعزيمة , ومن ملامح هذا المنهج :

- اللغة العربية جزء لا يتجزأ من منهاج الله تعالى .
- جعل اللغة العربية الأولى في العالم الإسلامي أثناء المؤتمرات والمحاضرات والندوات ولو كانت في تخصصات تجريبية أو صناعية أو تجارية أو غيرها

الفصل السابع

التعريب

- معنى التعريب
- دواعي التعريب
- مجالات التعريب
- وسائل التعريب
- فوائد التعريب
- أهداف التعريب
- صعوبة التعريب
- غربة التعريب

أثر العربية توليدا واصطلاحا

اللغة بين التفكير والإبداع

التجربة الأردنية في التعريب

دور مجمع اللغة العربية الأردني

دور الأردن المأمول في التعريب

مقترحات إجرائية لتشجيع التعريب في المدارس والجامعات

التعريب: -

هناك عدة معاني للتعريب ومن أهمها:

المعنى الأول: يقصد به استخدام العرب ألفاظا أعجمية على طريقتهم في اللفظ والنطق أي أنهم عند وضع الكلمات المعربة، يحافظون على الأوزان العربية والإيقاع العربي، قدر الإمكان، حتى لا تتنافى هذه الألفاظ مع روح العربية وموسيقاها فلا يستثقلها اللسان العربي أو ينوء بها.

إن هذا الضرب من التعريب يسمى الاقتراض، وبالفعل فقد أفاد الاقتراض في إغناء اللغة العربية بألفاظ كثيرة ولا سيما أعلام المواليد من نبات وحيوان وجماد، وأسماء الأدوية والعقاقير والآلات العلمية والمركبات الكيميائية وبعض من أسماء اللباس والطعام والشراب، فقيل: الإلكترون والكالوري والفيلم والتلفزيون..

المعنى الثاني: يقصد به نقل النصوص من إحدى اللغات الأجنبية إلى اللغة العربية، أي أن معنى التعريب ينصرف هنا إلى الترجمة: نقل العلوم والآداب والفنون وسائر أصناف المعرفة، مثل الترجمة القانونية والاقتصادية والإعلامية والتجارية والمصرفية.. وسواء أكانت الترجمة شفوية أو كتابية. فهنا تكون كلمة تعريب مرادفة لكلمة ترجمة، وعلى عكس التعريب في هذا السياق كلمة التعجيم التي يراد بها نقل الأثر من اللغة العربية إلى أية لغة أجنبية غير لغة العرب.

المعنى الثالث: يقصد به جعل اللغة العربية لغة الإنسان الأساسية والحياتية، أي أن تكون له لغة العلم والعمل، لغة الشعور والفكر والحراك، يعبر بها عن مكنونات نفسه وومضات فكره وخلجات فؤاده، كما يعبر عن رغباته وحاجاته المختلفة.

وتبعا لذلك، يُقال: عربنا المجتمع أي: جعلنا العربية لغته الأساسية والحياتية، وعربنا التعليم: إذا جعلنا أداته، في كل درجاته وتخصصاته، اللغة العربية، وعربنا العلم: إذا وطناه أرضنا ووصلناه بثقافتنا فصار دوحة وارفة في بستاننا لا ورودا صناعية تقبع جامدة في آنية عندنا. وهذا هو المعنى الأساسي للتعريب وحبذا لو استخدمت كلمة الاقتراض للمعنى الأول، والترجمة للمعنى الثاني، والتعريب للمعنى الثالث.

** دواعي التعريب: -

إن من المسلمات التي تتسق مع طبيعة الأمور أن تكون العربية السليمة الفصحى لغة العرب أجمعين، لغة علم وتعلم، وإدارة وعمل، لغة الحياة الاجتماعية بكل حركاتها وسكناتها، على الرغم من وجود صور باهتة عنها في الاستعمال اليومي، وهي اللهجات العامية الدارجة على الألسن في كل قطر عربي بل في كل مدينة وقرية، شأنها في ذلك شأن اللغات الأخرى التي تتوالد منها لهجات عامية دارجة بفعل التطور اللساني والصوتي والتباعد في المكان والزمان.

بيد أن الظروف السياسية التي مرت بالبلدان العربية السالفة، وبشكل خاص في القرن الماضي، خرقت هذه المسلمة وجعلت بين الأمة العربية ولسانها ثلمة ينبغي رتقها، وبينها وبين ثقافتها فرجة يجب سدها.

إن التعريب هو رد الأمر إلى ما ينبغي أن يكون عليه، تصحيح لمسار، إنه اختيار أوحد تدعو إليه جملة من الدواعي، كل واحد منها كافٍ ليجعله في مقدمة المهمات التي ينبغي أن تنهض بها أمتنا العربية لاستعادة دورها الحضاري في هذا العصر:

١. إن اللغة ليست طارئا دخيلا يمكننا قبوله أو التخلي عنه.
٢. إن اللغة العربية هي مستودع الثقافة العربية ووعاء التراث الحضاري.

٣. إن التعريب هو امتداد لحركة التحرير السياسي والتخلص من النفوذ الأجنبي التي خاضها الشعب العربي في جميع أقطاره.

٤. إن التعريب هو السبيل إلى بناء الشخصية العربية الجديدة ؛ كما أنه استجابة لتطلعات جماهير الأمة، وتعبير عن إرادتها في مصير عربي مشترك.

** مجالات التعريب: -

إن كل خطة توضع ينبغي أن يحدد لها هدف يراد بلوغه. والهدف فيما يوضع من خطط للتعريب هو جعل اللغة العربية لغة المجتمع بأسره، أي تمكين العربية من أن تكون لغة حياة الناس جميعا، في المدرسة والإدارة والمعمل والسوق، وفي المدينة والقرية والبادية، حتى يواجه المواطن شؤون الحياة كلها من منطلق اللغة والثقافة العربية.

وإيضاحا لشمولية التعريب الذي نصفه بالتعريب الشامل، نسرد باقتضاب أهم المجالات التي يصح الاهتمام بها كي تكون العربية أداة التعبير في المجتمع:

١. مجال التعليم النظامي:

انه من أهم مجالات التعريب لأنه ينصرف إلى النشء في مطلع تكونهم اللغة والثقافة فيكسبهم ملكة اللغة العربية، ويغرس في نفوسهم حبها.

ويشمل هذا المجال جميع مراحل التعليم: الابتدائية والإعدادية والثانوية.

كما يشمل التعليم الديني والمهني والفني ومعاهد إعداد المعلمين ومعاهد وكليات التعليم الجامعي.

٢. مجال التعليم غير النظامي:

يتسع هذا المجال ليصيب فئات عديدة في المجتمع مشتملا على عدة نشاطات، مثل نحو الأمية وتعليم الكبار والتنمية الريفية والإرشاد الزراعي والتثقيف الصحي والرعاية الاجتماعية ..الخ

٣. مجال الثقافة الجماهيرية:

لقد صار هذا المجال منافسا للتعليم النظامي والغير نظامي، لصلته بالجمهور، وتأثيره الفعال في عقولهم ومشاعرهم. ومن أشكاله: الإذاعة والتلفزة والصحافة والمسرح والسينما والفيديو، ومنها المعارض والمكتبات العامة والمراكز الثقافية.

٤. مجال النشاط الفكري:

إن اللغة العربية عندما تكون لغة هذا النشاط الفكري تغنيه وتعتني به، تغنيه إذ تمده بالألفاظ الفصيحة والعبارات البليغة والأساليب البارعة، وتعتني به منه إذ تحث المبدعين من رجالات الفكر على استنباط الألفاظ الدالة والتعابير الجزلة والرشيقة التي تخدم الأغراض الأدبية والعلمية التي يقصدونها.

٥. مجال الإدارة والعمل:

يتصل هذا المجال بنشاط المواطنين المهني والعلمي في الإدارة والمعمل والحقل والسوق، فهو بكلمة يتعلق بحركة المواطن وسعيه في حياته المعيشية اليومية.

** وسائل التعريب: -

إن الوضع القائم اليوم والمتمثل بضعف اللغة العربية، قليلا أو كثيرا في هـذا البلـد العربي أو ذاك، لم ينشأ مصادفة ولا استمر عبثا، بل ثمة من أحداثـه مـن أربـاب السـلطة والنفـوذ إضعافا للأمة العربية، لذا فان كل خطة توضع للتعريب وتقوية اللغة العربية في قطر عـربي مـا، ينبغـي أن تهيأ لها المستلزمات الواجبة للعمل حرصا على تجنب النكسة وإدراك النجاح.

يمكننا أن نتصور ثلاثة أصناف من الوسائل المختلفة:

● **القوى البشرية:**

إن عمل التعريب وتقوية اللغة العربية ؛ إنما يعتمد بالدرجة الأولى، على العناصر البشرية التي تتولى رسم الخطة والقيام بتنفيذها، ولذا كان نجاح هذا العمل إنما يتوقف عـلى قـدرة هـؤلاء الناس ومدى ما يتحلون به من الإيمان بالهدف والإخلاص بالعمل.

وإلى جانب المخططين والباحثين والخبراء الذين يضعون الخطط والـبرامج، لا بـد مـن أن يتوافر عدد وافر من المدرسين والمعلمين والمشرفين والمدربين والفنيين .... وعلى مقدرة هؤلاء جميعا وحماسهم في العمل يقوم النجاح ويتحقق الفوز.

● **الإمكانات المادية:**

إن العمـل عـلى تقويـة اللغـة العربيـة ونشرها يقتضي- حشـد الجهـود البشريـة وتـوفير الإمكانـات الماديـة في آن واحد، لتـأمين النشـاط الفعـال في جميع المجـالات التـي تقضي- الأوضـاع القطرية بالعمل فيها.

وتشتمل الإمكانات المادية الإنشاءات اللازمة من المدارس والمعاهد والكليات، وتوفير الأجهزة والمعدات الفنية والأدوات والوسائل التعليمية المختلفة، وكذلك الكتب والمراجع والمجلات والصحف والأشرطة ...

وليس من الريب في أن توفير هذه الإمكانات المادية يتطلب أموالا قد لا يكون في طاقة البلد المعنى أن يخصصها لهذا المشروع. ولكن، انطلاقا من أهمية التعريب، بوصفه عملا يدخل في نطاق حركة التنمية الاقتصادية والاجتماعية والثقافية، فان السلطة مطالبة برصد كل ما تستطيع من اعتمادات له في خططها التنموية وميزانياتها السنوية، علما بأنه عمل استثماري رابح ومفيد وسيكون مردوده على البلد أضعافا مضاعفة لا على الصعيد المادي وحده بل على الصعيد المعنوي كذلك.

- **التشريع والتنظيم**

إن القيام بعملية التعريب في بلد ما، وإشاعة اللغة العربية وتقويتها بين الفئات الأهلية، يرتب حقوقا ويفرض واجبات، ولا بد من صدور نصوص شرعية، من الجهات المختصة تضبط العمل وترسم حدوده وتبين موجباته وتعين مؤيديه: قوانين ومراسم وقرارات تنظيمية ٠٠الخ.

وإما التنظيم فهو القاعدة التي يقوم عليها البناء، ولا بد أحكامه من إيجاد مجلس أعلى يتولى التوجيه والإشراف ولجان منطقية وفرعية وقطاعية تحشد الجهود وتتعاون على إنجاح المشروع.

ومن المهم أن نذكر أن ما سبق بيانه عن مجالات التعريب ووسائله إنما هو من مقتضيات شمول التعريب جميع أوجه النشاط الاجتماعي، إذا استعدى الحال ذلك، ولكن معالجة كل حالة بمفردها، وعلى وجه الأخص الحالات الجزئية مثل

العمل على إزالة الازدواجية اللغوية أو تعريب التعليم العالي، إنما يتطلب التبصر في معالجتها، في ضوء ما يكتنفها من أوضاع وما تستدعي من حلول وإجراءات.

** فوائد التعريب:-

إن السعي لتحقيق التعريب الشامل، بما فيه تعريب التعليم ولا سيما العالي منه، كي تكون العربية لغة العلم والتعليم والحياة بأسرها، ليس بدعة أو ردة، بل هو إعادة الأمور إلى مسارها القويم، وإعادة ما هو كائن إلى ما يجب أن يكون.

إن التعريب يجب أن يكون هما من همومنا وهدفا من أهدافنا حتى يتحقق على كل صعيد، وما أكثر الفوائد التي نحصل عليها والثمرات التي نجتنيها:

- إن التعريب ليس عملا لغويا خالصا، إذ أنه يشتمل على بناء الإنسان بناء سويا سليما، بتعميق وعيه بتراثه وقوميته.

- إن التعريب هو طريق الكشف والإبداع، ذلك إن تقبل المعرفة باللغة الأم ادعى إلى استيعابها بالنسبة إلى الفرد، وأدعى إلى توطنها بالنسبة إلى القوم، وهذان شرطان ضروريان لظهور مبدعين في مختلف مجالات المعرفة، في العلوم والفنون والآداب.

- التعريب انفتاح على الحضارة العلمية من موقع متميز، ولا سيما جانب الثقافة العلمية والتكنولوجية منها، وليس انغلاقا دون ما يبدعه الفكر البشري ويدون باللغات الأجنبية.

- التعريب جهد لغوي وثقافي يترك آثارا ظاهرة ونافعة على جميع الأصعدة: الوطنية والقومية والاجتماعية.

- انه يوطد الوحدة الوطنية بين أبناء الشعب الواحد، ويجعل الاقليات العرقية والدينية تزداد اندماجا بالحياة الوطنية بقناة اللغة العربية، إذ عن

طريق هذه القناة يصل المواطن الدارس إلى شتى مجالات الفكر العربي من آداب وعلوم وفنون.

- انه يقوي الرابطة الهامة التي تربط بين أبناء الأمة العربية في أقطارهم المختلفة، ألا وهـي رابطة اللغة.

- أنه يتيح للمواطنين العرب، على اختلاف مستوياتهم العلمية والثقافية أن يعملوا ويعيشوا هنا وهناك في الأقطار العربية، ويكون الوطن العربي كلـه سـاحة عمـل يحقـق المواطنـون أهدافهم وتربح الأقطار العربية جهودهم البناءة.

أهداف التعريب:

من أهم أهداف التعريب عربيا :

١- تدريس العلوم وإتقانه باللغة القومية

٢- أنه أساس التوازن بين أساسيات المعرفة واللغة التي تتشكل في رحمهـا المعرفـة، وذلـك في عقل الفرد وبالتالي في العقل عندما يتكامل النسيج الاجتماعي حـول لغـة علميـة واحـدة مما يجعل العلوم والتقنيات بمفاهيمها وثقافتها أوسع انتشارا وأكثر تأثيرا.

٣- وهذا الأمر يؤدي إلى تحقيق الديموقراطية الحقيقية فبالتعليم ما يوسع دائرة المشاركة في فهم وتطوير العلوم وإتقانه .

٤- ويؤذن بانخراط أكبر عدد من المواطنين في البحث والإنتاج العلمـي الـذي سـيجد المزيد من القارئين والمطورين عندما يكتب باللغة القومية.

٥- إن التعريب يخرج الجامعات من عزلتها ومن وظيفتها المتقزمة كصانعة شهادات فقـط، إلى وظيفتها الكبرى التي صانعة النهضات في حضارات أخرى كالحضارة الغربية واليابانية، فجامعاتنا بالتعريب يمكنها أن تتحول

إلى مراكز إشعاع علمي وحضاري تعلي من شـأن الثقافـة العلميـة الضروريـة المصاحبة للبحث العلمي والتعليم الأكاديمي المعرب، من أجل النهوض بالمجتمع كله عقلا وإنجازا.

أهم فوائد التعريب في التعليم العالي:

أولا: يصبح التدريس أكثر حيوية وسلاسة بتعميق التواصل بين المـدرس والطالب بلغـتهما المشتركة، وهذا تؤكده التجربة الذاتية، فنحنُ الذين درسنا في الغرب كلنا لا نتقن اللغـة الإنجليزيـة كما نتقن لغتنا لو أردنا، فكيف بطلابنا ؟!.

ثانيا: يتسع ويتعمق استيعاب الطلبة لما يتلقـون مـن علـم ومعرفة بسـبب زوال حـاجز اللغة الذي يستهلك أغلب جهد الطالب الذهني أثناء تلقيه للعلم بغير لغته.

ثالثا: يتمكن المدرس من تغطية المنهاج الـدراسي كلـه، بسـبب تجاوب الطلبـة وقـدرتهم العليا في المتابعة الصفية وفي إنجاز الوظائف البيتية بيسر.

رابعا: وبالتجربة والإحصاء وبالمنطق، واعتمادا على البنود السابقة، فإن نسبة نجاح الطلبة حتى في أصعب المواد، تزداد عندما يتلقون العلم بلغتهم القومية.

ضرورة التعريب في التعليم الجامعي:

الأردن في مقدمة الدول العربية التي تكاد تصل إلى ما يشبه تعميم التعليم الجامعي، وذلك ليس ضمن خطة مدروسة من الدولة الأردنيـة، بـل استرضاء للضـغط الاجتماعـي والسياسي المتزايد لتوسيع القبول بشتى أنواعه، وهذا التعميم له فوائده بلا شـك، لكـن لـه محاذيره المروعـة على المستوى الأكاديمي للمنتج وهو الطالب المتخرج وخاصـة مـن الكليـات العلميـة عندما يشـق طريقه العلمية بصعوبة بالغة بغير لغته. وبذلك فإن تعميم التعليم الجامعي إن لم يتحقق في ظل تعريب

مدروس فإنه سيتحول إلى كارثة أكاديمية وبالتالي وطنية، فنحن في الكليات العلمية إما أن نرسب بإصرار، أو نخرج أشباه المتعلمين الذين لم يتقنوا تخصصاتهم، ولا اللغة التي حالت بينهم وبين ذلك الإتقان، وهذا خيار صعب جدا نعاني منه صباحا ومساء.

يقول شحادة الخوري في مقدمة كتابه دراسات في الترجمة والمصطلح والتعريب: " إن تعليم العلوم والثقافة في البلاد العربية باللغة العربية ليست مسألة للنظر والدرس والمناقشة، بل هي من حيث المبدأ اختيار لا ثاني له، وإن الإنسان لا يختار لغته مثلما لا يختار بلده ولونه وقومه، فهي قدره.. اللغة عنوان الذات، لا لغة المنزل والسوق والحياة العادية، بل لغة الثقافة والعلم والتقنيات، ومن استخدم غير لغته في التعبير عن أفكاره في موطنه، كان كمن لبس غير جلده، أو كمن اتخذ هوية غير هويته ".

فاللغة العربية هي قدرنا شئنا أم أبينا ولا فكاك لنا منها إلا بانفكاكنا منها وتحولنا إلى كائنات حية تشبه الغربان تنسى لغتها ولا تبدع في لغة مستعمرها.

والدكتور عبد الكريم اليافي يقول " وإن اللغة وطن الأمة الروحي، وخزانة تراثها الفكري، ووعاء ثقافتها وآدابها وعلومها، وحاملة هويتها وشعائرها في الماضي والحاضر والمستقبل، ولهذا تحرص الأمة على سلامة لغتها حرصها على ذاتها، وتتمسك بها تمسكها بحقيقتها، وتدافع عنها دفاعها عن حماها ". وهذه ليست عبارات رومانسية أو حماسية، هذه حقائق واقعية توليها كل الأمم العناية الفائقة لأهميتها في استمرار حضارتها وتنامي هويتها.

وكما أن الحرب أخطر من أن يترك أمر القرار فيها للعسكريين فقط، كذلك اللغة والتعليم العالي، فمن الخطر على الوطن والأمة أن تعد اللغة شأنا يخص اللغويين وحدهم، وأن التعليم والتعليم العالي شأنان متصلان فقط بالأساتذة

والمسؤولين المباشرين عن التعليم، إنهما شِأنان يخصان كل القوى الحية الواعية في الـوطن والأمة.

أهمية التخطيط اللغوي:

إن اللغة والتخطيط اللغوي وبالتالي الأمن اللغوي، والتعليم والتعليم العالي وبالتالي الأمـن التعليمي، هذه القضايا شؤون استراتيجية مهمة تمس جوهر أمن الأمـة والـوطن وجـوهر الحضـارة والتحضر، فالتفريط بالشـؤون اللغويـة والتعليميـة بالسـماح لهـا بـأن تكـون مجـرد شـؤون خاصـة بالمدارس والمعاهد والجامعات هو تفريط بالماضي والحاضر والمستقبل وتحويل للمجتمع بـأسره إلى نثار من حبات القش تلعب بها رياح التغريب والاغتراب في كل الاتجاهات، كما هو حاصل في بعض الدول العربية.

فمؤسسات التعليم كالمدارس والمعاهد والجامعات ومؤسسات التوجيه كالمجـامع ومراكـز التنسيق لا يجوز أن تترك جزرا سابحة في بحر من الضياع غير المنسوج مع المجتمـع وقـواه الثقافيـة والسياسية وسلطاته الدستورية، فهذه الجزر بؤر نور كاشف إن أسرج المجتمع بقواه الحية المحييـة سرجها واستضاء بضيائها، وهي بؤر تشتت وضياع وبلبلة إن سـاهم المجتمـع في حرفهـا عـن غايتهـا المثلى، أو أدار ظهره لها، وسـمح بالتناقضـات القاتلـة أن تعتريهـا مـن كـل جانـب، فـالأمن اللغـوي والتعليمي ثقلهما الأساسي فكري وسياسي من الطراز الأول قبل أن يكـون لغويـا وتعليميـا وتربويـا، فإما أن تدرك الأمة والوطن أهمية هذا الأمـن وأولويتـه عـلى كـل أمـن مـن خـلال جهـود ساسـتها ومفكريها وعلمائها قبل مدرسيها وتربوييها، أو أننا سننال جميعا قسطا وافرا مـن لعنـة التـاريخ إن تابعنا التفريط بلغتنا في تدريس وتوصيل العلوم في مدارسنا وجامعاتنـا ومجلاتنـا العلميـة ومراكزنـا البحثية.

فنحن منذ عقود من التعليم الجامعي في الأردن أمام محك صعب لم نستعد له بما يستحق من العدة، لكننا مستقبلا أمام محك أكثر منه.

صعوبة التعريب:

التعريب بكل ألوانه وخاصة الأكاديمية والبحثية منها هو صعود إلى أعلى، واستصدار قرار سياسي ملزم للجميع صعود سياسي وثقافي وأكاديمي، أما الاستنامة لعدم التعريب فهو شكل من الانحدار الأكاديمي والثقافي. نحن جميعا نعلم أن الصعود يحتاج إلى طاقة وجهد واجتهاد وتجاوز لصعاب جمة، لكن الاستنامة للانحدار فلا تحتاج إلا للاستسلام للجاذبية التي تشعر المنحدر أنه يمتلك ويطلق طاقة زائدة زائفة تشبه طاقة الوضع، ولن ينتهي هذا الشعور الزائف بالطاقة الزائدة إلا ببلوغ منتهى وادي الانحدار التغريبي، ولا منتهى لمثل هذه الوهدة إلا بالفقدان التام للهوية، وبتكريس التبعية الثقافية والأكاديمية والبحثية، وبالتالي الاجتماعية والسياسية.

أما التعريب الذي يستصعبه البعض فهو الصعود الشاق لاكتساب طاقة الوضع الحضارية، لذلك فإن أي قرار إيجابي بشأن التعريب لن يكون سهلا في ظل الانحدار الشامل، لكن مثل هذا القرار لا بد منه لإيقاف عجلة الانحدار من الوصول بنا إلى قعر المنحدر الحضاري حيث لا طاقة وضع، بل ضعة وضياع أكاديمي وحضاري.

فالسؤال الذي ما زال يلح علينا جميعا ساسة ومفكرين وأساتذة:

هل اللغة العربية عاجزة عن أن تكون لغة علم ؟ منذ ما قبل بداية القرن العشرين. تجرأ البعض من قصيري النظر وبدأوا بالتشكيك بصلاحية اللغة العربية للعلم درسا وتدريسا وبحثا في المدارس والجامعات ومؤسسات التدريب والبحث العلمي، رغم أنهم يرون لغات أخرى أثبتت جدارتها في هذا المضمار كالعبرية

والهنغارية والهولندية وغيرها، رغم أنها لا تملك عراقة اللغة العربية وامتدادها الزماني والمكاني وسعة ذخيرتها التوصيلية والتواصلية في شتى فروع المعرفة البشرية منذ قرون متطاولة.

وقدرة اللغة العربية الفائقة تتبدئ من خلال مرونتها الفائقة في التوليد المبدع البالغ الأهمية للغة العلم ، وذلك باتخاذ طرائق الاشتقاق والنحت أو التركيب، والمجاز، والاقتراض أو التعريب اللفظي، وغيرهما مما لا مجال للتفصيل فيه في هذا المقام.

فتبيئة العلم هي أساس رفعة المجتمع وأساس الإبداع المجتمعي للعلم المتأصل في النسيج الاجتماعي الواحد الذي ينشد تشكيل الكتلة التاريخية التي تصهر كل شيء في لغة الأمة لتكون النقلة الحضارية الواحدة بحراك هذه الكتلة ابتداء من مؤسسات التربية والتعليم العالي من خلال اللغة القومية التي تمثل جوهر التقدم الأصيل في أي أمة.

وكما يقول الدكتور محيي الدين صابر: " إن التعريب يساوي التقدم، وليس من السهل اقتحام المعاصرة إلا باستنبات العلم في اللغة العربية ، وإنما يبدأ ذلك كله من التعليم والبحث.

غربة التعريب والتشوهات الواقعية:

يقول الطاهر لبيب في مقاله " العجز عن التعريب في مجتمع تابع " المستقبل العربي العدد ٢٩ تموز ١٩٨١ " إن المجتمعات العربية التابعة عاجزة، بنيويا عن إنجاز مشروع التعريب، حتى ولو تبنته أنظمتها سياسيا، فهنالك قوى سياسية اجتماعية متزايدة كما ونوعا وتأثيرا ترتبط مصالحها بالسوق الذي يقوم على استهلاك فكري وسلوك ثقافي واستعمال وظيفي للغة أجنبية أكثر مردودا ونفعا. "

فقوى الربح السريع ترى أن التعريب مكلف اقتصاديا لذلك تستسهل استعمال لغة المستعمر في فعالياتها الهندسية والعلمية والتجارية، وهذه القوى تقاوم التعريب مصلحيا، والأستاذ الجامعي المؤمن بالتغريب أو المتردد بين أهمية التعريب والاستنامة للتغريب كالتاجر يشكل حاجزا آنيا لإعاقة القرار في شأن التعريب، لكن لو جاء القرار فإنهما سيسبقان الجميع في مدح التعريب وتأكيد دوره وتقديم الترجمات والتأليفات المدعمة له. فهو كالتاجر الماهر الذي ينتهز الفرص المتاحة، إن أتاحها أصحاب السلطة.

فالأستاذ الجامعي التابع علميا كالتاجر التابع تسويقيا للوكالات الأجنبية، كلاهما معوق بنيويا لأي جهد تعريبي فاعل، لأن كليهما وكيلان لما يسوقانه ولا ينتجانه، لكن هل من الممكن أن تكون مسؤولية الأستاذ الجامعي الأخلاقية كمسؤولية التاجر نحو وطنه وأمته ومهنته، أليس من أول واجبات الأستاذ أن يكون مبادرا وليس تابعا، ساعيا للارتفاع بالمجتمع، وليس مستسهلا لسلوك الطريق المسلوك، وليس مكرسا لغربة التعريب خضوعا لتشوهات الواقع الذي يستهلكه السوق .

فمعارضة التعريب أو التردد في شأنه لأسباب أساسها متطلبات الواقع التي شوهتها الأيام، هذه المعارضة فيها ملمح واضح أو متخف من عدم الثقة وضآلة الإحساس بأهمية دور الأستاذ الجامعي، وهي استجابات معيبة لا يجوز أن تكون صفات الأستاذ الأكاديمي المعد تعليميا وعقليا وخلقيا لأن يكون صانع أجيال وليس مصنوعا هلاميا حسب ما تقتضيه الأحوال المتردية لأسباب خارجية كاسحة وداخلية. فتشوهات الواقع المصاب بحمى الاغتراب الاستجابة الواعية لها العمل على علاجها وليس تكريسها كأمر واقع .

عقبات فنية أمام التعريب وسبل تجاوزها:

أ - المصطلح العلمي:

المصطلح العلمي طالما أشير له على أنه مشكلة المشكلات في شأن التعريب، لكنها حقيقة مشكلة متخيلة ومضخمة حلها ليس متطلبا سابقا للتعريب، بل جزء مهم من عملية التعريب نفسها، فتوحيد المصطلحات عملية حيوية، لكنها ليست شرطا للتعريب، بل تتكامل أثناءه، ففي اللغة الإنجليزية معبودة التغريبيين مصطلحات متعددة لنفس المفهوم. والمصطلح العلمي مكانه الطبيعي ليس بطون المعاجم بل حياته الحقيقية المتنامية هي الكتاب الأكاديمي والبحث العلمي والمختبر والمحاضرة الأكاديمية والندوات والمؤتمرات العلمية. فحياة المصطلح العلمي أو موته هي الميدان العلمي، ومكانه الحقيقي هو الاستعمال الفاعل المتفاعل، فكيف نحكم غيابيا ونحن لا نستعمل ؟ ومع ذلك فللمجامع العربية ولا سيما مجمع اللغة العربية الأردني أدوار فاعلة ومباركة في شأن توليد المصطلحات العلمية وإشاعتها وتوحيدها.

ب - الكتاب الجامعي المعرَب:

الكتاب الجامعي المترجم أو المؤلف في الأردن خلال ربع القرن الأخير هو من أجود الكتب الجامعية من الناحيتين العلمية والمهنية في إخراج الكتب شكلا ومحتوى، وهذا الرأي ليس من باب إطراء الذات بالنسبة للكتب الجامعية المعربة في الدول العربية المجاورة، فالكتب ماثلة أمامنا ويمكن حتى لغير المتخصصين أن يروا الفروق ظاهرة للعيان. ورغم ذلك فإن الكتاب الجامعي المعرب تأليفا أو ترجمة غالبا غير متوفر والمتوفر منه، إما تجاوزه الزمن لعدم ملاحقة الجديد علميا وتقانيا، أو أنه مقدَم بحلة طباعية رثة وبرسومات توضيحية باهتة تحتاج إلى توضيح، وهي غالبا نتاج طباعة تصويرية، الحروف فيها غير واضحة، والمعادلات بحاجة لمنجم

ليتأكد من ماهية الرموز المتداخلة الموجودة فيها، ومازالت الجهود المبذولة لتلافي هـذا النقص موجودة لعدم تبني تدريس الكتب المعربة، ولو جاء القرار لرأينا شلالا من الكتب الأكاديمية المتنافسة على الجودة العالية.

ج - الأستاذ الجامعي المعرب:

الأساتذة الجامعيون في الأردن على ثلاث ملل في شأن التعريب، فريق تغريبي نافـذ الـرأي بالفعل أو بالقوة، وفريق تعريبي مقموع معنويا وماديا، وفريق ثالث يشـكل الأغلبيـة السـاحقة الصامتة، وهذه الأغلبية مستنيمة للأمر الواقع الشاذ الـذي شرع عمليـا لجعل الاستثناء باستعمال اللغة الأجنبية هو القاعدة، واللغة القومية زائدة دودية عـلى هـامش اللغـة الأجنبية في الكليات العلمية والطبية والزراعية. هذا الواقع الشاذ المحير أساسـه بسـيط ولا يسـتوجب إلا القليل مـن الصراحة مع الذات من أجل وضع الأمور في نصابها الصحيح حيال الوضع الحقيقي للأستاذ الجامعي بالنسبة للتعريب الأكاديمي في الأردن.

فالتفحص الدقيق الشامل لعلاقة أستاذنا الجامعي بالقضايا التعليمية والتربوية والتعريبية يظهر لنا أمرا غاية في الإدهاش، وهو أن نسبة أسـاتذة الجامعـة وخاصـة في الكليـات العلميـة مـن أصحاب الفكر والرأي والرؤية قليلة وقليلة جدا، والأغلبية الساحقة من أساتذتنا هم مجرد جيوش من الموظفين في سلك التعليم العالي لاتهمهم إلا مكانتهم الاجتماعية ورواتبهم وترقياتهم وعملهـم الإضافي ومكافآتهم وغيرها من أمور الموظفين العاديين، لذا فإن أمر التعريب الأكـاديمي في الأردن لا ينتظر له أن يأتي قراره نتيجة ضغط الأستاذ الجامعي وحده. ومقاومة الأستاذ أيضا ليست بالعقبـة الكبرى أمام التعريب. فعلى أهمية الأستاذ الجامعي عندنا من الناحية النظرية لكنه عمليا أصبح قشة هشة تلعب بها رياح الواقع العاتية، فتعريب الأستاذ الجامعي يمكن إنجازه بجرة قلم إذا كـان هنالك القرار

المجتمعي والسياسي النافذ حول إلزامية التعريب، من خلال ربط زيادة الراتب والترقية والعلاوة والمكافأة بالإنتاج العلمي المعرب، عندها سنرى عجبا، إذ ستتبخر كل العقبات وستتكاثر الكتب المعربة، وسيتنافس المتنافسون على إنجاح التعريب بكل السبل، مسبوقين بآخرين من المتشوفين للصدارة عندما يصبح التعريب الجامعي والمجتمعي سياسة عامة وخطة دولة تتبنى قيادة التعريب في هذه الأمة، عندها سيتسابق التغريبيون والمثبطون والمترددون والمتقاعسون والمستنيمون لإنجاح التعريب من خلال التأليف والترجمة والبحث والتدريس وتكريس أمر واقع أصيل بدلا من الأمر الواقع التغريبي الحالي الذي جعل الأستاذ الجامعي كائنا فاقدا لوزنه وتأثيره وثقته بنفسه، بل كائنا يتشكل حسب متطلبات الواقع بدلا من أن يشكل الواقع بقوة علمه وإيمانه بدوره الأصيل.

د - الطالب الجامعي المعرب:

رأي الطالب الجامعي في الأردن مهم، لكنه ليس معضلة في شأن التعريب حتى لو قاوم التعريب بعض الطلبة وخاصة المتشوقين منهم لإكمال دراستهم العليا، وحتى لو ادعى البعض الآخر أن اللغة الإنجليزية هي الفضلى لمهنتهم في المستقبل في الأردن وخارجه، لكن الأغلبية كالأساتذة بلا رأي محدد تندفع مع تيار سيل التغريب دون أن يرف لها جفن، رغم أنهم يعانون أشد المعاناة من اللغة الإنجليزية !.

ولنكن واقعيين وموضوعيين دون مجاملة أو مواربة، فطالبنا الجامعي قلما ينشد العلم والمعرفة، بل همه الأكبر مع الأسف الشديد العلامة ومن ثم الشهادة، وإن جاء العلم كمنتج مصاحب أو منتج جانبي فلا ضير بالنسبة للغالبية الساحقة من طلبتنا فيما عدا النجباء الذين غالبا ما يكملون دراستهم العليا، لكنهم أقلية لا

يجوز القياس عليها، ولا يجوز رسم الخطط الجامعية التعريبية أو غيرها بناء على هذه الفئات المتميزة.

فالطالب الجامعي عندنا كأساتذة لا يملك موقفا فكريا مسبقا بشأن التعريب أو التغريب، فإن وجد كتابا مناسبا باللغة العربية في مواده في العلوم والطب والهندسة مع أستاذ متخصص يتقن التعليم بلغة أمته، ثم امتحانات معربة ينجح فيها أكثر مما ينجح في الامتحانات غير المعربة، وبالتالي يصل إلى شهادته الجامعية بأيسر مما كانت تأتيه باللغة الإنجليزية التي لا يتقنها أصلا، بالإضافة إلى العلم بتخصصه الذي يأتي مصاحبا لتلك الشهادة بقالب ومحتوى أقرب إلى فكره وفكر مجتمعه، عندها فإن الغالبية الساحقة من طلبتنا سيتظاهرون احتجاجا على أي محاولة لإفشال التجارب التعريبية. فإن عملنا على طالبنا بكل واقعية وحسب احتياجاته الحقيقية فإنني لعلى يقين تام بأنه ستكون له أبرز الأدوار في الحفاظ على تعريب التعليم الجامعي وسيساهم في منع تغريب التعليم المدرسي بعد أن يتخرج ليعلم في المدارس أو يعمل في مشارب الحياة المختلفة.

هـ - تمويل التعريب في الأردن

القرار السياسي والمجتمعي ومن ثم الأكاديمي مهم للغاية لتحقيق التعريب لكن يجب أن يترجم إلى تمويل سخي، لكي يؤدي غرضه كاملا في دعم التأليف والترجمة، رغم أن الكتب المؤلفة أو المترجمة إذا ما أصبحت رسميا متبناه لمواد دراسية محددة لسنين، فإنها ستمول نفسها بنفسها، وقد تحقق ربحا مجزيا للأشخاص أو الشركات أو الهيئات الداعمة. ولهذا السبب هنالك دور نشر أجنبية تعلم علم اليقين أن الترجمة أو التأليف باللغة القومية للكتب الأكاديمية المقررة ستدر عليها أرباحا مجزية، لذلك تأتي وفودها إلينا وتلتقي بالأساتذة في الكليات العلمية والهندسية والطبية، وهم يعلمون أو يتشوقون لأن يصبح الأردن مركزا إقليميا في

هذا الشأن، لذلك يخططون من الآن، وقد تعامل بعض أساتذتنا مع بعضهم، وما زالوا بشكل إيجابي مما يحقق الربح بعد أن يخدم العملية التعليمية من أساسها.

فتمويل التعريب في الأردن سواء من خلال الجامعات أو المراكز البحثية أو وزارة التعليم العالي أو مجمع اللغة العربية أو من خلالها جميعا هو ضرورة كبرى لكنه قد تتضاءل ضرورته مع ترسخ قدم التعريب. وبسبب الإقبال الهائل على التعليم العالي قد يحقق التعريب ربحا للقائمين عليه لتمويل مشاريع أخرى. فأمره حقيقة كأمر التفاعل الكيميائي أو النووي يحتاجان لطاقة أولية لتحققها، لكن التفاعل ذاته قد يطلق طاقة تساوي عشرات بل أحيانا ملايين أضعاف الطاقة الأولية المطلوبة لإحداث التفاعل، وهذا شأن أي تحول من حالة إلى أخرى، كالتحول من الاستنامة للتغريب إلى النهوض بالتعليم والوطن والأمة بالتعريب، يحتاج للحجم الحرج والطاقة الحرجة، وعندها ستنطلق طاقات الأمة الهائلة من قمقمها بإذن ربها.

الخجل من مناصرة التغريب:

يذكر الأستاذ الدكتور عادل جرار أبرز رواد التعريب الأكاديمي في الأردن أنه عندما دعته كلية الآداب في الجامعة الأردنية للمشاركة في ندوة حول تعريب التعليم في يومها العلمي لم تجد أحدا من الأغلبية الصامتة أو الأقلية التغريبية يقبل في المشاركة كمناقض للتعريب، ألا يعني هذا بكل بساطة أن الاضطرار للتدريس باللغة الإنجليزية مخجل، ولا أحد يقبل بالدفاع عنه صراحة حتى من أنصار التغريب في السر والعلن.

هنا تتولد تساؤلات جديرة بالتفكر بها قبل الإجابة الصريحة عليها: لماذا نفعل ونصمت على فعل ما نخجل من مناصرته صراحة؟ لماذا نعطي لأنفسنا الوصاية على مجتمعنا علميا، فنقدم له العلم بغير لغته، ثم نخجل من التصريح

بذلك له، لماذا نخجل من التصريح بهزيمتنا الداخلية أمام التغريب والعولمة والأمركة، ثـم لا نخجل من العمل الدؤوب على تكريس مستلزمات تلك الهزيمة الكاسحة في أعماق أدمغة طلبتنا.

أثر العربية توليدا واصطلاحا:

رغم الأهمية البالغة للنحت والاقتراض في العربية، إلا أن الاشتقاق هـو محـور التوليـد ثـم يتبعه في ذلك المجاز، فكل لفظة في اللغة العربية هي عائلة أو قبيلـة مـن الاشـتقاقات المشـتركة في أصلها المصدري، مما يجعل اللغة العربية من أثرى لغات الأرض وأقدرها على التوليد الذاتي لكل مـا تحتاجه العلوم والتقنيات.

أما المجاز فهو استعمال اللفظ في غير ما وضع له، مع قرينة تمنع من إرادة المعنى الأصلي، وهو شائع في كل لغات الأرض في توليد المصطلحات وتقريب فهم المفاهيم الجديدة، لكنه في اللغـة العربية له ميدان رحب جعل البعض يتوهم أن اللغة العربية لغة شاعرية غالبا، وهذا خلاف الواقع على أهمية شاعريتها في تنامي الترميز فيها.

فلا بد من ملاحظة أن الكثير من الحقائق اللغوية كانت مجازات لغوية، فالمجاز والخيـال اللغويان هما طاقة هائلة في أي لغة تكسبها حيوية ترميزية وتجددا إن وجـدت رجـالا ونسـاء مـن مسؤولين وباحثين وأكاديميين ومدرسـين يعملـون بجد لتحويـل الطاقـة المكتنـزة في شعرية اللغـة العربية إلى لغة العلم الحية .

اللغة بين التفكير والإبداع:

يرى اشكرافت (Ashcraft, ١٩٩٨) أن مـن أهـم خصـائص أي لغـة المرونـة الترميزيـة (Flexibility of symbols) علـى أن الارتبـاط بـين الرمـوز والمعـاني والمفـاهيم اصـطلاحية وليسـت حتمية، مما يمنح اللغة مرونة تلقائية في التعبير

عن الأشياء واشتقاق الأسماء الجديدة للمخترعات الجديدة، أو ابتكار بعض هذه الأسماء.

وقد أجمع علماء علم النفس اللغوي على أن هنالك علاقة عميقة بين التفكير واللغة المفكر بها، فالبعض يرى أن التفكير واللغة وجهان لعملة واحدة، والبعض منهم يرى أن التفكير يصوغ اللغة ويؤثر فيها، والبعض يرى أن اللغة هي التي تصوغ الفكر وتؤثر به، والبعض يرى أن هنالك تبادلا حيويا بين اللغة والتفكير ولا سيما التفكير الإبداعي. فهل يمكن تنمية التفكير العلمي الأصيل وتوسعة القدرة على الابتكار؟

البيئة الطبيعية والاجتماعية والاقتصادية لها أكبر الأثر في تشكل الموضوعات الدراسية الغربية المثقلة بمشكلات بيئاتها والحلول التي تقدمها هذه البيئات لمشكلاتها.

التجربة الأردنية في التعريب:

التجربة المجهضة للتعريب في الجامعات الأردنية لم تكن كافية لا زمانيا ولا شموليا للحكم على الجنين أنه كان أصيلا أو لقيطا، ثم إن التعريب يتجاوز التدريس إلى التأليف والترجمة والإبداع وبالتالي التفكير والتعبير والتغيير، وهذه أمور لا تكون إلا بقرار سياسي، أو بقرارات مجتمعية وأكاديمية مدروسة ومحسوبة، لكن مسنودة بقرار سياسي ملزم يسمح بالتدرج الإيجابي التصاعدي، وليس التدريج التسويفي، ويسمح بالاستثناءات المؤقتة، وليس الاستثناءات الأكثر اتساعا من القاعدة، يسمح بالتركيز على كليات بعينها أولا ككلية العلوم والزراعة مثلا، أو أقسام بعينها كقسم الهندسة المدنية مثلا، أو البدء بفروع محددة من هذه الأقسام كهندسة المياه من الهندسة المدنية مثلا، لكن على أن يكون كل ذلك ضمن خطة

شاملة مدروسة ومتدرجة بتصاعد مضمخ بالإخلاص، وليس مغلفا بالتسويف وذر الرماد في العيون.

هنا نستذكر أن ثمانين من أعضاء هيئة التدريس في جامعة اليرموك تقدموا بمشروع لتعريب العلوم من أجل التدريس باللغة العربية واضعين خطة عمل من ستة عشر بندا، عندما نستذكر ذلك نشعر بالسعادة بأثر رجعي أنه كانت ومازالت في قلوب الأساتذة عندنا حمية للغة والأمة، لكن الآن عند استذكار عدم نفاذ تلك الخطة، وعندما نستشعر الآن صعوبة اجتماع عشرة من أساتذة العلوم والهندسة والطب والزراعة على قلب رجل واحد للشروع بتقديم أي خطة للتعريب هل نشعر بالإحباط التام، هل نستنيم للأمر الواقع ونقول ليس بالإمكان إبداع ما هو أبدع مما كان ؟ الجواب لا وألف لا، فالصخرة الصلبة يضربها الحجار مئة ضربة فتبدو لليائس صامدة متماسكة، لكن بالضربة المئة تنهار الصخرة بضربة واحدة، فهل انهارت الصخرة بالضربة الأخيرة ؟ أم بتراكمات كل الضربات السابقة ؟ الحق أن لكل ضربة أثرها المحدود الذي قد لا يرى، لكن الصبر والتكرار يؤدي بكل المعوقات إلى الانهيار حتى لو كانت من أصلب الأحجار.

يقول الأستاذ الدكتور محمود السمرة عن هيئة التدريس الذين تخلوا عن تجربة التعريب في الأردن بعد سنة من المحاولة المحدودة: " ولو أنهم آمنوا أن التدريس باللغة العربية يعني محافظة الأمة على شخصيتها، وأن أفراد الأمة لا يمكن أن يبدعوا إلا من خلال لغتهم، وأن الطالب الجامعي لا يمكن أن يستوعب المادة استيعابا دقيقا إلا من خلال لغته، لهان عندهم أي جهد يمكن أن يقدموه من أجل التعريب " هنا تناول أستاذنا الكبير ثلاثة أبعاد مهمة للتعريب بإيجاز نافذ: البعد الحضاري، والبعد الإبداعي، والبعد التعليمي، وهذه الابعاد هي أساس كل تطور ونماء وتنمية بشرية واقتصادية، وهي محاور قلما يلتفت لها جيوش الموظفين في سلك التدريس

الجامعي عندنا، لأن الهم المادي يلتهم جل اهتمامنا وهمتنا، لكن على القلة التي تضطلع بمهمة التنوير والتغيير ألا تيأس من روح العليم القدير.

دور مجمع اللغة العربية الأردني:

أصدر الملك عبد الله بن الحسين أمرا بتأسيس مجمع علمي في الأردن في عام ١٩٢٤، على غرار المجمع العلمي في دمشق الذي أسس في عهد شقيقه الملك فيصل في عام ١٩١٩، فكانا وفيين لإرادة أمتهما في النهوض العلمي من خلال التعريب المنظم والمقنن، وأيضا كانا وفيين لإرادة والدهما الذي ثار على الطورانيين الذين حاولوا تتريك الأمة العربية بدلا من تعريب الأمم العثمانية بلغة القرآن الكريم. ولكن لظروف قاهرة انطوى أمر مجمعنا الوليد واستمر بالتنامي المجمع العلمي في دمشق، وانتظرنا إلى ما بعد تعريب الجيش الأردني بأربعة أعوام لتتشكل اللجنة الأردنية للتعريب والترجمة والنشر عام ١٩٦١، ثم يتكامل الميلاد المبارك لمجمعنا مجمع اللغة العربية الأردني عام ١٩٧٦ بجهود أساتذتنا الكبار من الذين أشعل حب الأمة ولغة الأمة وكرامة الأمة نيران حماسهم وما زالت جذوة حماسهم تتوقد رغم تراكم رماد الانتكاسات العربية المتتابعة منذ عقود !

وقد أقيل إن مجمعنا العلمي لعام ١٩٢٤ الذي أراده الملك المؤسس المحب للغة العربية قد ذاب قراره لنقص في المال والرجال، والآن لا نقص في الرجال والحمد لله، فالأردن يفاخر الدنيا بأن بتروله الحقيقي هو ثروته البشرية المنتشرة في كل الدول العربية، وفي مختلف أصقاع الأرض بكل كفاءة واقتدار.

أما المال فأمره حقيقة أسهل بكثير مما يظن للوهلة الأولى، فترشيد قليل جدا لبند الضيافة والتنقلات والمياومات في مؤسسات الدولة والجامعات يمكن أن يوفر الملايين الكثيرة للتعريب والترجمة والبحث العلمي المتصل بذلك في الجامعات وفي

مجمع اللغة العربية. فلو توفر لمجمعنا العتيد مليون دينار سنويا مع إرادة سياسية إيجابية تجاه التعريب وأهميته الجوهرية للوطن وللأمة، عندها سيتغير وجه الأردن، وسنرى أردننا الصغير الحجم قائدا بجدارة للأمة العربية بشأن التعريب والترجمة والتأليف والنشر الذي قد يدر دخلا كبيرا لاحقا يزيد أضعافا مضاعفة عما صرف من مال في المراحل الأولى لتسيير العجلة بجدارة.

دور الأردن المأمول في التعريب:

الأردن بموقعه الجغرافي وبشعبه التفاعلي المعطاء وبقيادته الهاشمية التاريخية يمكنه أن يضطلع بدور بناء وقيادي بشأن التعريب من خلال تواصله الأصيل مع العالمين العربي والإسلامي. فلطالما كانت للدولة الأردنية أدوار أكبر من حجمها الجغرافي والسكاني والاقتصادي، فلماذا لا تصبح عمان - العرب عاصمة للتعريب ومركزا إقليميا وعربيا وعالميا للمعربين ؟! لماذا لا يصبح التعريب بمفهومه الحضاري والتعليمي والمؤسساتي شعارا وعملا للدولة الأردنية وثابتا من ثوابتها بغض النظر عن وجهة نظر الحكومات. فالأردن يملك إمكانية أن يكون ملتقى كل الأطراف دون السيطرة على أي طرف، فلماذا لا تعمل الدولة الأردنية على تحويل مجمع اللغة العربية إلى مجمع العوربة والتعريب لكل العرب، مما يجعل الأردن منارة التنوير والتغيير العربية من أجل تحقيق النقلة الحضارية ... وهل من تنوير أو تغيير يقع خارج إطار اللغة القومية ؟!.

فلقد كان غول التتريك الذي حاول القضاء على اللغة العربية في مؤسسات التعليم في البلاد العربية في ظل الدولة العثمانية بعدما اختطفها الطورانيون، كان من أهم أسباب الثورة العربية الكبرى، لذلك كان أول مجمع للحفاظ على اللغة العربية هو مجمع دمشق عام ١٩١٩، الذي كان نتاج الدولة العربية الفيصلية، التي كانت نتاج الثورة العربية الكبرى، ومن ثم كان هذا المجمع

النواة الأولى لتعريب التعليم في مراحله كافة في سوريا. وقد حاول الأمير عبد الله مؤسس الدولة الأردنية الحديثة أن يكون للأردن أيضا مجمع للحفاظ على العربية منذ ١٩٢٤، لكن ظروف الأردن لم تمكن تلك التجربة من رؤية النور إلا في عام ١٩٧٦.

ألا يمكن للأردن أن يكون قائدا للدول العربية في هذا الشأن رغم كل المحددات ؟ نعم يمكن ذلك، لأن الأردن يملك الإمكانات الآتية:

أولا: قيادة تاريخية لها إرث ديني وحماية معروفة للتراث واللغة العربية كجسر مهم يصل الماضي بالمستقبل.

ثانيا: حركة تعليمية واسعة النطاق أنتجت إمكانات بشرية متزايدة يمكنها أن تضطلع بأدوار كبيرة لو أتيح لها ذلك.

ثالثا: تصدير كثيف للرأسمال البشري المتعلم إلى الكثير من الدول العربية المجاورة والبعيدة.

رابعا: تأثير الأردن تعليميا بما يجري في الجزيرة العربية في المدارس والجامعات.

خامسا: التفاعل الحميم مع العراق وفلسطين سكانيا واجتماعيا، وبالتالي يصبح الأردن رافعة لهما لمقاومة التهويد والأمركة على كل مستوى انطلاقا من اللغة.

سادسا: الأردن هو الأقرب إلى سوريا صاحبة التجربة الرائدة في التعريب منذ عقود، لذا يمكن للأردن أن يتأثر إيجابيا تلك التجربة، ويساهم في تطويرها وتحديثها لتلائم كل العرب بالتعاون مع العلماء الأنقياء من كل العرب.

وهنالك إمكانيات أخرى للأردن الصغير الحجم والسكان، الكبير بإرثه وجغرافيته، وبما يمكن أن يضطلع به من أدوار حضارية رائدة لو تبنى التعريب لكل العرب كمنهج دولة وريثة لثورة كل العرب على من عادي لغة العرب.

مقترحات إجرائية لتشجيع التعريب في المدارس:

لوقف الانهيار لا بد من إجراءات عملية تنبثق من خطط مدروسة انطلاقا من استراتيجية وطنية للتربية والتعليم في الأردن لوضع اللغة العربية في مكانها الوطني الصحيح في المدارس الحكومية والخاصة، مع مراقبة حثيثة وقياس دقيق لمدى التزام تلك المدارس باللغة العربية في تدريس المواد كافة وفي اشتراط إتقانها على المعلمين كافة كشرط مسبق لتعيينهم وترفيعهم، مع إعطاء مدرس اللغة العربية المتابعة والاهتمام الكافيين ليضطلع بدوره الأصيل، مع إدخال اللغة العربية في صلب تدريس الحاسوب وأساليب الربط المعلوماتي بين المدارس والجامعات والمراكز البحثية، وحتى في عمليات الربط مع المواقع الإلكترونية العالمية من أجل المساهمة بالارتقاء باللغة العربية في المدارس والمجتمع بالطرق المتجددة عالميا، لتصبح اللغة القومية هي أساس المعرفة والهوية، والفتوح العلمية والانتفاحات المجتمعة.

مقترحات إجرائية لتشجيع التعريب في الجامعات الأردنية:

ومن الأمور الإجرائية البحثية التي يمكن اقتراحها هنا مع إمكانية تعديلها وتطويرها لتشكل بذرة إجرائية لتحفيز الترجمة والتأليف باللغة العربية في الجامعات الأردنية إن تبنت التعريب بشكل متدرج، وإن أرادت جذب الأستاذ الجامعي للمشاركة الفعلية الرسمية في التعريب. فيمكن اشتراط ترجمة كتاب متخصص على الأقل لأي مدرس جديد في الجامعة قبل أن ينتقل من درجة مدرس إلى درجة أستاذ مساعد، ثم أن يشترط نشر بحثين باللغة العربية على الأقل في كل ترقية، ثم اشتراط

بحث ينشر كل عامين باللغة العربية للأستاذ الـدكتور وإلا توقـف علاوتـه السنوية، ثـم إضافة بند مهم إلى مجلاتنا العلمية المتخصصة باسم ترجمة الأبحاث العلمية الحديثة المتخصصة، على أن تكون ترجمة كل خمسة أبحاث في التخصص الدقيق للأستاذ الجامعي بما يعادل بحثا مفردا لغايات الترقية، ويمكن تقديم حزم أخرى للخطوات الإجرائية لتشـجيع التعريب، لكـن لا بـد مـن البدء في ذلك بأسرع وقت وإلا فقدنا وزننا في المعترك العلمي والحضاري.

حتمية التعريب أم استحالته ؟

هل التعريب في الأردن والدول العربية للمدارس والجامعات حتمي في المستقبل القريـب أو البعيد، أم أنه مستحيل وتزداد استحالته كلما أغرقتنا العلوم والمعارف بالمزيد من طوفاناتها، مـع العجز التام عن ملاحقتها ؟ سؤال مركب ومؤلم ومعقد ! وجوابه أكثر تركيبـا وإيلامـا وتعقيـدا، لكـن العنوان الرئيسي لهذا الجواب أن التعريب حتمي ومستحيل في آن معـا، فهـو حتمـي لأنـه قـدرنا، ومستحيل أن يحصل بنفسه دون تشكيل الإرادة المجتمعية والسياسية والأكاديمية والبحثية الفاعلـة والمتنامية التي تحول الاستحالة المفترضة إلى حول وقوة في مدارسنا وجامعاتنا. فما الذي يمنع هـذه الإرادة من التشكل عندنا رغم أنها تشكلت في أمم وشعوب أقل عـددا وأضيق امتـدادا وأفقـر تراثـا ولغة منا، لكنها تأبى الذوبان المستخذي للهجمة العولمية المتأمركة التـي تجتـاح اللغـات والثقافات، بسطوة الإعلام الكاذب وترهيب الدبابات وانتشار الدين الجديد الذي يـدعوه الفيلسوف الفرنسي۔ المسلم روجيه جارودي بدين السوق ليصبح كل شيء برسم البيـع حتـى الأمـم والشـعوب واللغـات والثقافات.. فتعريبنا لمدارسنا وجامعاتنا هو رفض لدين السـوق الـذي شيـأ الإنسـان وقـدس الفكـر الاستهلاكي للأشياء، ويسعى إلى تحويلنا إلى قطعان تستهلك العلم.

وفي النهاية فإن الهدف من تغريب اللغة ليس فقط تشويه لغتنا وإنما هي وسيلة لتشويه ماضينا وحاضرنا ومستقبلنا.

ولكن مهما تعددت المحاولات في القضاء على اللغة العربية " لغة القرآن " وانتهت هـذه المحاولات بنجاح أو فشل برأي القائمين عليها. فإن العربية ستبدأ، والسبب في ذلك أن اللـه تعـالى تولى بحفظها في قوله:

بسم اللـه الرحمن الرحيم

(إنا نَحْنُ نَزلْنَا الذكْرَ وَإِنا لَهُ لَحَافِظُونْ)

(الحجر ٩)

صدق اللـه العظيم

المــراجــع

١- إبراهيم , عبد العليم :- الإملاء والترقيم في الكتابة العربية - لا -ط- القاهرة : دار المعارف ,١٩٧٥.

٢- ابن الأثير :- الكامل في التاريخ ....ج ٤,٧,١٠ , بيروت ,١٩٦٦.

٣- ابن خلكان :- وفيات الأعيان .- ج,٢,٣ _ القاهرة ,١٩٤٨ .

٤- أبو حويج , مروان - المناهج التربوية الحديثة .ط- عمان - الدار العلميّة الدولية ,٢٠٠٠

٥- أديب, سهيل :- التوراة تاريخها وغاياتها .

٦- أبو شريفة , عبد القادر ورفاقه :- دراسات في اللغة العربية : ط٢- عمان : دار الفكر , ١٩٩٠ .

٧- الأسعد , عمر - اللغة العربية دراسات تطبيقية - لا ط - بيروت : دار العلم , ١٩٩٩.

٨- أنيس ,إبراهيم :- دلالة الألفاظ :- ط٢ - القاهرة : مكتبة لأنجلو مصرية , ١٩٦٣.

٩- الباكير , مجد محمد :- مشكلات اللغة العربية المعاصرة ,ط:عمان : مكتبة الرسالة الحديثة ,١٩٨٩.

١٠- البيروني :- ساقطات الآثار الباقية .

١١- تيمور ,محمود :- مشكلات اللغة العربية :ط :- القاهرة :- القاهرة : مكتبة الآداب , 1956.

١٢- تجربة مجمع اللغة العربية الأردني - في تعريب التعليم الجامعي - الموسم الثقافي الأول لمجمع اللغة العربية الأردني , ١٩٨٣.

١٣- جابر - يحيى - نحو دراسات وأبعاد لغويّة جديدة .ط١. نابلس : جامعة النجاح الوطنية , لا سنة .

١٤- الثعالبي , أبو منصور :- فقه اللغة وسر العربية .- ٢١ مصر : مكتبة مصطفى الحلبي , ١٩٥٤ .

١٥- جرار , عادل احمد :- تعريب العلوم - دراسات ومقالات ,ط١, عمان : دار الضياء للنشر والتوزيع ,٢٠٠٤.

١٦- جواد , عبد الستار : اللغة الإعلامية :- لا ,.ط - اربد :دار الهلال للترجمة : ١٩٩٨ .

١٧- حسان , تمام :- اللغة العربية مبناها ومعناها,لا ط : القاهرة : الهيئة المصرية العامّة للكتابة , ١٩٧٣.

١٨- حمادي , سعدون :- اللغة العربية والوعي القومي :- ط١ - بيروت : مركز دراسات الوحدة العربيّة , ١٩٨٤ .

١٩- خاطر , محمود رشيدي :- طرق تدريس اللغة العربية :- لا ط :- القاهرة : مطابع سجل العرب , ١٩٨٤ .

٢٠- خربوش , عبد الرؤوف :- حركة التعريب في الأردن : لا ط : عمان : وزارة الثقافة ,٢٠٠٢ .

٢١- خليفة , عبد الكريم :- اللغة العربية والتعريب في العصر الحديث : لا طبعة : عمان : منشورات مجمع اللغة العربية الأردني , ١٩٨٧ .

٢٢- الخولي , محمد علي :- مدخل الى علم اللغة : لا :ط - عمان : دار الفلاح ,٢٠٠١ .

٢٣- خوري , وطوطح :- جغرافية فلسطين , القدس , ١٩٢٣.

٢٤- الخوري , شحادة :_ دراسات في الترجمة والمصطلح والتعريب , لا ,ط - دمشق : دار طلاس ١٩٩٦.

٢٥- داغر , اسعد - تذكرة الكاتب :- لا ,ط : مصر : المطبعة العصرية ,١٩٣٣.

٢٦- الدباغ , مصطفى, بلادنا فلسطين , ج٥, ٦,٧ ,ط١- لا بلد ,دار الطليعة للطباعة ,١٩٧٤.

٢٧- دار دكة , صالح .- العلاقات العربية اليهودية حتى عهد الخلفاء الراشدين .

٢٨- الدراويش , حسين :- أساليب التهويد اللغوي في فلسطين :عمان : مكتبة الرسالة ,١٩٨٤.

٢٩- الدراويش , حسين : الترجمة والتعريب عند البيروني .

٣٠- راضي , حسين :- أساسيات اللغة العربية :- لا ط - اربد : مكتبة الفجر ,١٩٨٨.

٣١- زيدان , جورجي :- تاريخ التمدّن الإسلامي , ج١ , القاهرة , لا سنة .

٣٢- زكريا ,احمد وصفي :- عشائر الشام - دمشق - ١٩٤٧ .

٣٣- سعد , الياس :- إسرائيل والسياحة - بيروت ١٩٦٨.

٣٤- السعران , محمود :- علم اللغة - لا ,ط - القاهرة : دار الفكر العربي : لا سنة

٣٥- شبل , بدران :- التعليم والتحديث :- لا ,ط , الإسكندرية : دار المعرفة الجامعية , ١٩٩٣ .

٣٦- شحاته , حسن :- أساسيات في تعليم الإملاء - لا ,ط - القاهرة : مؤسسة الخليج ,١٩٨٤.

٣٧- شرف , عبد العزيز :- اللغة الإعلامية :- بيروت : دار الجيل ١٩٩١ .

٣٨- شلش , محمد جميل :- اللغة ووسائل الإطار الجماهيرية :- بغداد : الموسوعة الصغيرة ,١٩٨٦.

٣٩- شكيب ,أرسلان :- حاضر العالم الإسلامي .

٤٠- شريف , محمد أبو الفتوح :- الأخطاء الشائعة في النحو والصرف واللغة :- لا طبعة : القاهرة : مكتبة الشباب : ١٩٧٦.

٤١- الصالح , صبحي , في علوم القرآن , ط٩, بيروت : دار العلم للملايين :١٩٨١.

٤٢- الصالح , صبحي :- دراسات في فقه اللغة - ط٢- بيروت : المكتبة الأهلية , ١٩٦٢.

٤٣- صانع ,أنيس :- بلدانية فلسطين المحتلة من ١٩٤٨-١٩٦٧ :- لا ط , بيروت : لا نشر ١٩٦٨.

٤٤- الصيادي , محمد المنجي :- التعريب وتنسيقه في الوطن العربي :- ط٢- لا بلد : مركز الدراسات الوحدة العربيّة , ١٩٨٢.

٤٥- صالح , بلعيد , لماذا نجح القرار السياسي في فيتنام وفشل في ....؟ - لا بلد : دار هومة للطباعة والنشر والتوزيع ,٢٠٠٢ .

٤٦- عبيدات , سليمان :- التربية والتعليم في الأردن :- لا :ط عمان : جمعية عمال المطابع الوطنية ,١٩٩٣.

٤٧- العابدي . من تاريخنا - ج٢ , عمان : لا ناشر : ١٩٦٣.

٤٨- علي , اسعد - تهذيب المقدمة اللغويّة للعلا يلي :- ط : بيروت : دار النعمان ١٩٦٨ .

٤٩- عياشي , منذر :- قضايا لسانية وحضارية.

٥٠- عدس , محمد عبد الرحيم :- اللغة العربية والثقافة العامة :- ط- عمان :دار الفكر , ١٩٩٤.

٥١- فطيم , لطفي محمد , نظريات التعليم المعاصر , ط١ , القاهرة : مكتبة النهضة المصرية : ١٩٨٨.

٥٢- فك : يوهان :- العربية دراسات في اللغة العربية واللهجات والأساليب , ترجمة رمضان عبد التواب :- لا ,ط - مصر : مكتبة الخاقجي ,١٩٨٠.

٥٣- القرآن الكريم .

٥٤- الكتاب المقدّس , سفر التكوين .

٥٥- كمال , ربحي :- دروس في اللغة العبريّة.

٥٦- لا خوفسكي , جورج: المدينة والجنون العنصري.

٥٧- لو بون , غوستاف , حضارة العرب , ترجمة عادل زعيتر :- القاهرة , لا سنة .

-٥٨ لجنة من الباحثين :- في اللغة العربيّة :- ط١ : لا بلد : مؤسسة ناصر للثقافة ,١٩٨١

-٥٩ لبيب, الطاهر :- العجز عن التعريب :- مجلة المستقبل العربي , العدو ٢٩ تموز , ١٩٨١.

-٦٠ مسعد , بولس حنا :- همجيّة التعاليم الصهيونية ... بيروت :١٩٦٩.

-٦١ محمد , سيد :- الإطار واللغة :- لا ,ط , القاهرة : عالم الكتب , ١٩٨٤.

-٦٢ المصري , عبد الفتاح :- لماذا ينشأ طلابنا ضعافاً في اللغة العربية :- مجلة المعلم العربي , السنة الرابعة والثلاثين , العدد الثاني , حزيران , ١٩٨١ ,ص ٤٥ .

-٦٣ معروف , نايف :- خصائص العربيّة وطرائق تدريسها :ط٢ - بيروت :دار النفائس ,١٩٩٥.

-٦٤ مكاي , وليم :- التعليم وثنائية اللغة , ترجمة إبراهيم القعيد ومحمد مجاهد _ لا :ط - الرياض : جامعة الملك سعود , ١٩٩٥.

-٦٥ الموسى , عصام سليمان :- المدخل في الاتصال الجماهيري ,ط٣: اربد- : مطبعة الكتاني ,١٩٩٨.

-٦٦ الموسى , نهاد :- اللغة العربية وأبناؤها :- لا ط :- بيروت :دار الكتب العلمية , ١٩٨٦.

-٦٧ النجار , محمد علي :- لغويات :- ط١: مصر : دار الكتاب العربي - لا تاريخ .

-٦٨ نهر , هادي :- الصّرف الوافي , لا ,ط ,:- اربد : دار الأمل للنشر والتوزيع , ١٩٩٨ .

-٦٩ وافي , علي عبد الواحد , فقه اللغة :- ط٨ : القاهرة : دار النهضة : لا سنة .

-٧٠ الوحش , إبراهيم محمد :- لسان الضاد :- لا بلد : دار إشراق للنشر والتوزيع ,١٩٩٣.

-٧١ يوسف , ربلين :- ترجمة القرآن الى العبرية , سورة الإخلاص .

-٧٢ أسد رستم :- الأصول العربية لتاريخ سوريا في عهد محمد علي ;ج٥ بيروت , ١٩٤٣.

-٧٣ صحيفة دافار: ١٩٧١/١٠/٢٠.

-٧٤ مجلة الأخبار الأخرى , أيار ,١٩٦٨,ص٥٦.

١- Bonald, Robert ,Morrow , Beity ,Worgeiz ,Lillian . Writing Clear Essays - New jersey : (٠٧٦٣٢) Englewood , ١٩٩٢.

٢- Borchers , Suzanne - Teaching Language Arts An integrated Approach - NewYork : west publishing company ,١٩٩٤.

٣- Bryant , Peter - Why children sometimes write which they don`t read - New York : Academic press,١٩٨٠.

٤- Curevitich M. " the Globalization of Electronic Journalism' in mass Media Society . Ed By Curan and Gurevitich ,New York : Holder headine Group .١٩٩٦.

٥- Davis ,paul ,Rinvolucri marca Dictation New Methods , New possibilities .

٦- Farget , Alan - Teaching Writing and Dentity Arts - vol (٧١) April , p.p٢٥٥ ,١٩٩٤.

٧- Firth ,Uta - Cognitive processes in spelling - New York : Academic press,١٨٠.

٨- Fouly ,Kamal, GZIKO , Gary - Determine the reliability validity and stability of the Graduated Dictation test .Language learning ,a Journal at applied ,Linguistics ,Vol (٣٥) (٤) December ١٩٨٥,p.p.(٥١-٦٤).

٩- Frouklin , Bobbit- The Curriculum- Boston , Hanghton, ١٩٨١.

١٠-   Linkin , Harrieel , Krammer , " Toward a theory of Genders Reading , Journal of reader ,no (٣٠) ,١٩٩٣

      ,p.p-١-١٨.

١١-   Malmath , thommas – A classroom Interaction – oxford University , press , ١٩٨٧.

١٢-   Monolakes ,G .The Teaching of Spelling Apilot study Elementary English – Jan ,١٩٧٤,p.p٢٤٣ –٢٤٧.

١٣-   Mouritz , Johnson – Definitions and Models in Curriculum theory .Educational theory ,vol ,١٧, April ,

      ١٩٦٧.

١٤-   Patterson AC –A Review of Research in Spelling Studies in Spelling –p,p ٦٠ –٦٧.

١٥-   Rabkin ,Eric , smith ,Mackline , Teaching writing that works – the University of Michigan press ,١٩٩٠.

١٦-   Ralph , Tayler , The Curriculum then and now , proceeding of the ١٩٥٦ invitational conference on

      Testing problem , N , p.p ١٥٤.

١٧-   Read A & V .E Bergeman – In the classroom An Introduction to Education – Dushkin pub Co – Inc ,

      ١٩٩٢.

١٨-   Smith ,p ,t , Teaching Spelling , British Journal of educational psychology (٤٥) ,١٩٧٥ ,p,p ٦٨- ٧٢.

١٩-   Tanner L, Tanner Curriculum Development , Macmillan publishing New York , and London ,١٩٧٥.

٢٠-   Hall . E ' the power of Hidline Differences " In Basic Concepts of Interlocutural Communication .ed

      .by Bennet , M. YARMOUTH Interlocutural press, ١٩٨٨ .

٢١-   Innis ,H . Empires and Communication Toronto University of Toronto press, ١٩٧٥.